图 1-10 HC950/1180MS 高速拉伸曲线

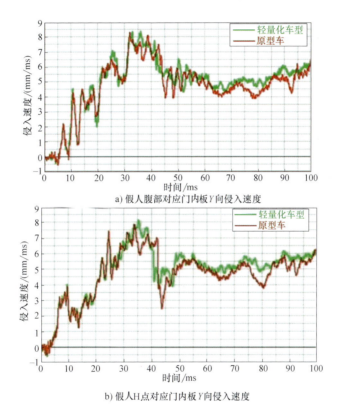

a) 假人腹部对应门内板 Y 向侵入速度

b) 假人 H 点对应门内板 Y 向侵入速度

图 1-16 轻量化方案侧面碰撞性能分析结果（侵入速度）

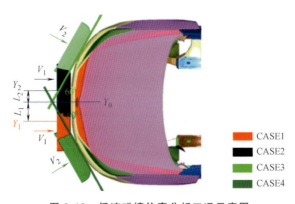

图 3-13 低速碰撞仿真分析工况示意图

Y_0—整车纵向中心面 Y_1—工况 01 的壁障纵向中心面 Y_2—工况 02 的壁障纵向中心面
$V_1 = 4 \text{km/h}$ $V_2 = 2.5 \text{km/h}$ $L_1 + L_2 \geq 300 \text{mm}$ 壁障运动方向为箭头所示方向

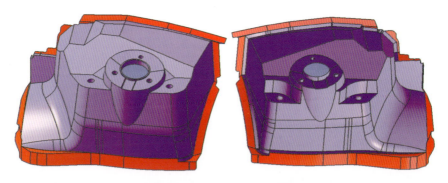

图 4-9 拓扑优化空间三维模型

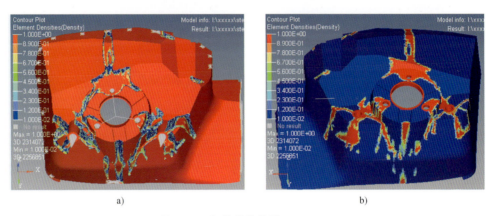

a)   b)

图 4-11 拓扑优化结果 volf=0.1

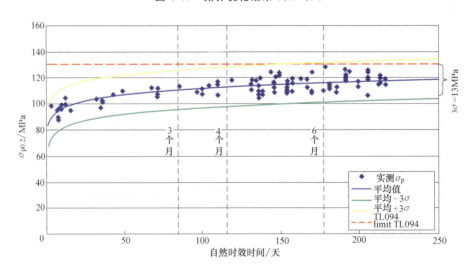

图 5-3 自然时效对屈服强度的影响

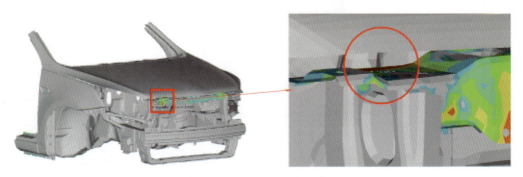

图 5-14 累积疲劳损伤云图

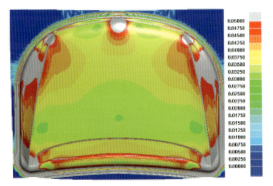

图 5-19　A 铝板塑性应变

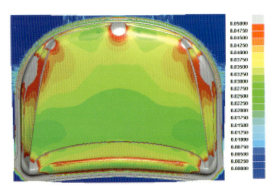

图 5-20　B 铝板塑性应变

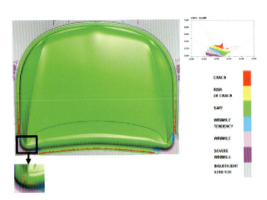

图 5-21　A 铝板 FLD_0

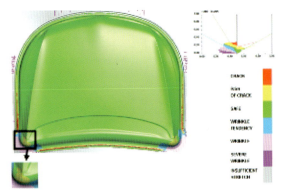

图 5-22　B 铝板 FLD_0

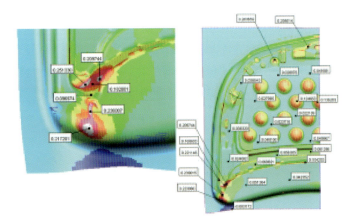

图 5-23　A 铝板减薄率

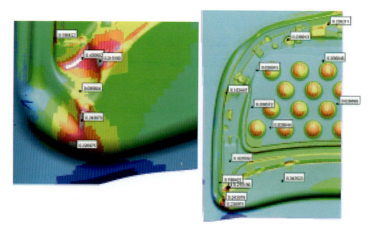

图 5-24　B 铝板减薄率

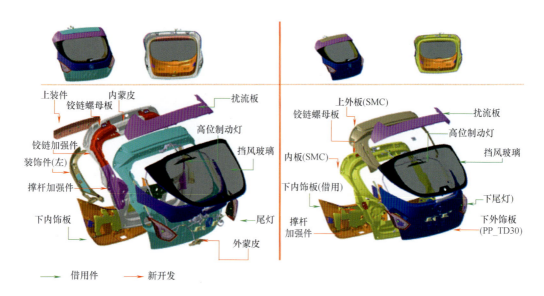

图 7-11　背门"以塑代钢"前后结构变化对比

图 9-28　前端模块概念数据

图 9-31　壁厚优化后的数据

图 9-32 单元材料密度分布

图 9-34 散热器安装点刚度

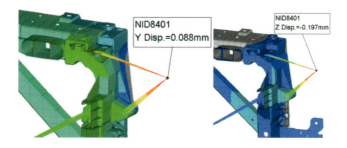

图 9-35 前照灯安装点刚度

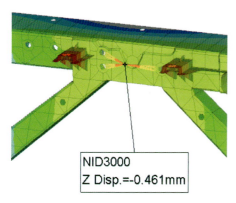

图 9-36 机盖锁安装点刚度

图 9-37 静态分析

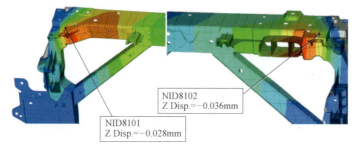

图 9-38 机盖接触部位刚度

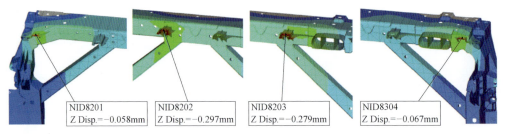

图 9-39　保险杠面罩安装点刚度

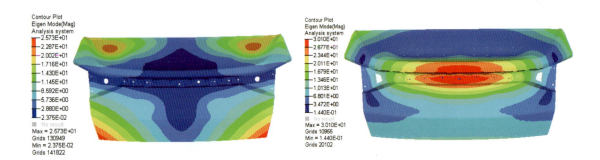

图 11-14　一阶扭转模态　　　　　　　　图 11-15　一阶弯曲模态

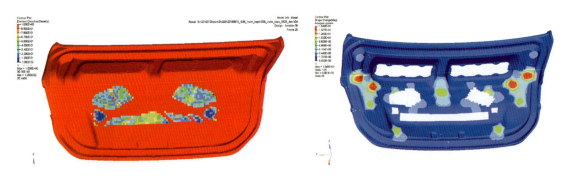

图 11-17　行李舱盖内板的拓扑优化结果　　　　图 11-19　行李舱盖内板的形貌优化结果

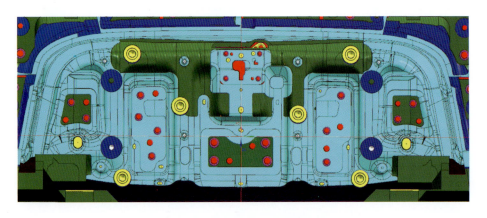

图 11-24　行李箱盖内板导柱布置

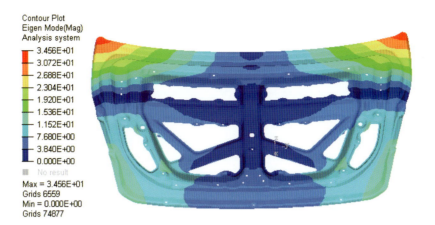

图 11-26 行李舱盖板件系统的一阶弯曲模态

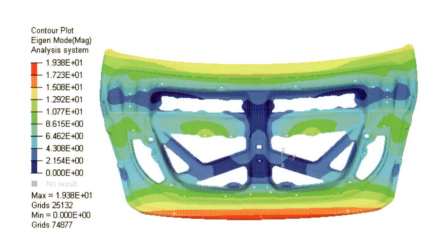

图 11-27 行李舱盖板件系统的一阶扭转模态

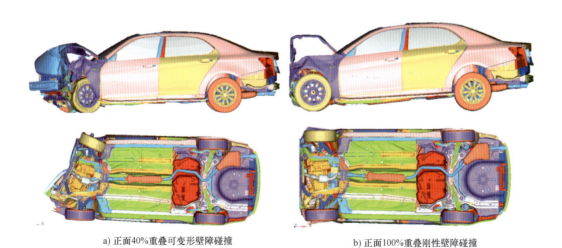

a) 正面40%重叠可变形壁障碰撞　　　　　　　b) 正面100%重叠刚性壁障碰撞

图 12-23 整车搭载 CFRP 件正面碰撞分析结果

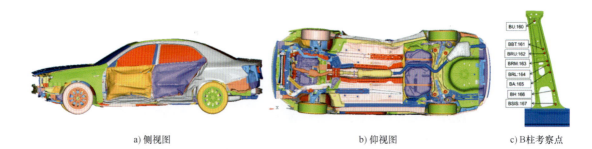

a) 侧视图　　　　　　　　　b) 仰视图　　　　　　c) B柱考察点

图 12-24　整车搭载 CFRP 件侧面可变形壁障碰撞分析结果

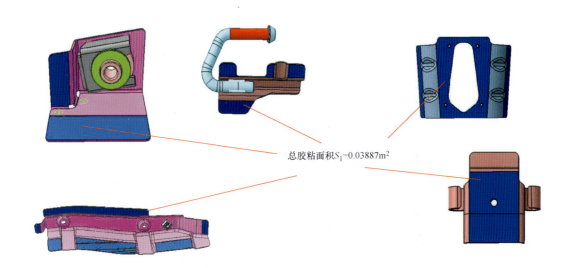

总胶粘面积S_1=0.03887m^2

图 12-25　钢质支架与 CFRP 中央通道加强板胶粘区域

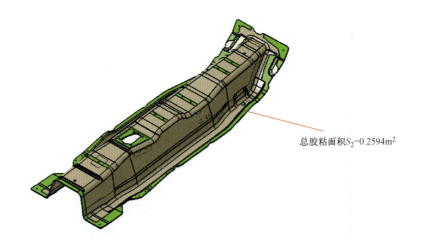

总胶粘面积S_2=0.2594m^2

图 12-26　钢质前地板与 CFRP 中央通道加强板胶粘区域

汽车轻量化技术与应用系列丛书

乘用车车身零部件轻量化设计典型案例

中国汽车工程学会
汽车轻量化技术创新战略联盟　组　编

主　编　刘　波
副主编　宋景良　唐程光　杨　洁
参　编　韩　非　汤　湧　高宪臣　李文德
　　　　鲁后国　李　贺　吴仙和　鲜映国
　　　　丁明德　徐晶才　李　军　夏卫群
　　　　栗　娜　尚红波　张　鹏　王艳青
　　　　袁　亮

机械工业出版社

本书主要介绍乘用车车身典型轻量化零部件的开发案例，包括超高强钢辊压件、热冲压 B 柱加强件、铝合金前碰撞横梁、铝合金机盖、铝合金仪表板横梁、铝合金减振塔、压铸镁合金仪表板横梁、塑料背门、复合材料机舱支架、塑料前端模块、碳纤维顶盖和中通道加强板等典型轻量化零部件的开发。

本书以典型轻量化零部件开发过程为主线，从轻量化关键技术的概况、对标、材料选择、性能要求、结构设计、产品分析、工装开发、样件制作、试验验证到经验总结进行全面的阐述，如同一线产品工程师手把手进行指导。

本书主要由汽车主机厂产品工程师联合编写，聚集了目前中国自主品牌汽车最前沿的轻量化技术经验和智慧，具有较强的实用性。

本书适合国内汽车主机厂、零部件企业和轻量化材料企业的工程师阅读。

图书在版编目（CIP）数据

乘用车车身零部件轻量化设计典型案例/刘波主编；中国汽车工程学会，汽车轻量化技术创新战略联盟组编. —北京：机械工业出版社，2020.4

（汽车轻量化技术与应用系列丛书）

ISBN 978-7-111-64876-5

Ⅰ.①乘… Ⅱ.①刘… ②中… ③汽… Ⅲ.①汽车轻量化-车体结构-结构设计-案例 Ⅳ.①U463.82②U462.2

中国版本图书馆 CIP 数据核字（2020）第 033646 号

机械工业出版社（北京市百万庄大街 22 号　邮政编码 100037）
策划编辑：赵海青　责任编辑：赵海青
责任校对：王　延　责任印制：张　博
北京铭成印刷有限公司印刷
2020 年 7 月第 1 版第 1 次印刷
184mm×260mm · 20.5 印张 · 4 插页 · 519 千字
0001—2200 册
标准书号：ISBN 978-7-111-64876-5
定价：129.00 元

电话服务　　　　　　　　网络服务
客服电话：010-88361066　机 工 官 网：www.cmpbook.com
　　　　　010-88379833　机 工 官 博：weibo.com/cmp1952
　　　　　010-68326294　金 书 网：www.golden-book.com
封底无防伪标均为盗版　　机工教育服务网：www.cmpedu.com

汽车轻量化技术与应用系列丛书

编 委 会

主 任 张进华

副主任 侯福深　王登峰

委 员（按姓氏笔画排序）

马芳武　王　立　王　利　王智文　任　鹏　刘　波
刘永刚　刘宏亮　刘春太　汤　湧　孙凌玉　李占营
李光耀　李彦波　李菁华　邱国华　闵峻英　宋景良
张　海　陈云霞　易红亮　周　佳　赵丕植　夏　勇
徐成林　高宪臣　郭爱民　凌　静　康　明　董晓坤
蒋　斌　韩　聪　程志毅　鲁后国　熊　飞

秘 书 杨　洁　王利刚　项　坤

《乘用车车身零部件轻量化设计典型案例》编著人员

主 编 刘　波

副主编 宋景良　唐程光　杨　洁

参 编 韩　非　汤　湧　高宪臣　李文德　鲁后国　李　贺
吴仙和　鲜映国　丁明德　徐晶才　李　军　夏卫群
栗　娜　尚红波　张　鹏　王艳青　袁　亮

丛书序 Preface

经过20余年的快速发展，我国汽车产业正由产销量持续增长向结构调整和转型升级转变，自主品牌汽车的品牌价值和品质不断提升，新能源汽车的市场份额和总量不断扩大。从技术的发展趋势来看，受能源革命、信息革命和材料革命的影响，汽车产业正迎来百年未遇的大变革，汽车产品"电动化、智能化、共享化"的发展趋势明显。轻量化作为支撑汽车产业变革的重要技术手段，是推进汽车产品节能减排的一项关键共性技术。汽车轻量化是指在保证汽车综合性能指标的前提下，采用科学的方法降低汽车产品重量，以达到节能、减排的目标。目前，轻量化已成为国内外汽车企业应对能源、环境挑战的共同选择，也是汽车产业可持续发展的必经之路。它不仅是节能减排的需要，也是汽车产业结构调整的需要。

近10年来，我国汽车轻量化取得了快速的进步和发展，突破了汽车高强度钢、先进纤维增强复合材料、轻量化结构设计等一系列关键技术，积累了丰富的经验，轻量化产品开发体系基本形成，汽车产品轻量化水平也不断提高，与国际先进水平的差距逐渐缩小，同时，也培养出了一批年轻的、掌握核心技术的工程师。然而，随着轻量化工作不断深入，轻量化技术开发与产业化应用已进入了"深水区"，加快工程师的专业培养和基础技术、数据积累已迫在眉睫。

为此，中国汽车工程学会（以下简称"中汽学会"）和汽车轻量化技术创新战略联盟（以下简称"轻量化联盟"）共同策划了"汽车轻量化技术与应用系列丛书"，计划用3~5年时间，组织汽车企业、材料企业、汽车零部件企业等100多名一线技术专家，在分析大量轻量化案例的基础上，编写包括轻量化材料、结构设计和成形（型）工艺等不同技术领域的系列专著，如《乘用车车身结构设计与轻量化》《乘用车内外饰材料与轻量化》《乘用车用橡胶与轻量化》《车身参数化与轻量化设计》等，以指导年轻工程师更好地从事汽车轻量化技术开发与应用工作。

书籍是知识传播的介质，也是人才培养及经验积累和传承的基础。本套丛书秉承中汽学会和轻量化联盟推动汽车产业快速进步和发展的理念，主要面向国内从事汽车轻量化工作的年轻工程师而编写，同时，也为从事汽车轻量化研究的人员提供参考。

2019年7月23日于北京

降低汽车重量可有效降低油耗是一个不争的事实。研究表明,燃油乘用车每减重100kg,每行驶100km将节油0.3~0.4L。电动汽车轻量化可以降低能耗,提高续驶能力。正因为如此,汽车轻量化成为全球汽车产业技术发展的重要方向之一,是国内外汽车企业应对能源、环境挑战的共同选择。无论是节能汽车还是新能源汽车,无论现在还是将来,轻量化都是汽车技术体系中重要的核心、关键和基础技术,并且随着新能源汽车和智能网联汽车的发展,轻量化技术的重要性也将更加凸显。

在这一背景下,由中国汽车工程学会牵头,国内10家汽车和冶金生产企业联手,于2007年12月共同发起成立了汽车轻量化技术创新战略联盟,踏上了实现中国汽车轻量化的征程。12年过去了,我们欣喜地看到我国汽车轻量化技术取得了显著进步,相关工业的支撑体系不断完善,推动实现了中国自主品牌乘用车平均重量从2007年到2018年下降约5%,为我国汽车产业节能减排目标的实现做出了贡献,为我国自主品牌汽车市场竞争力的提升提供了支撑,也对原材料和装备等行业的转型升级发挥了重要的促进作用。

然而,当轻量化这个词越来越多地出现在消费者眼前时,大家不禁要问,轻量化究竟是什么。从专业角度加以解释,可以说轻量化是在满足汽车使用要求、安全性和成本控制要求的条件下,将结构轻量化设计技术与多种轻量化材料、轻量化制造技术集成应用所实现的产品减重。因此,实现汽车轻量化不能以牺牲车辆安全性和NVH性能为代价,汽车轻量化必须在预设整车减重目标、整车成本控制目标、安全性目标和NVH性能水平的约束下进行。

为实现这一目标,各种材料和各种工艺都有用武之地,而产品的多目标化设计和多材料应用,也使得轻量化设计面临更多的挑战。由于我国轻量化技术发展的历史较短,多数企业积累不足,从事汽车产品开发工作的工程师们迫切需要来自实践经验的指导。集聚在汽车轻量化技术创新战略联盟的旗帜下,伴随着我国汽车轻量化技术发展成长起来的一批优秀工程师和专家为我们提供了解决方案,这就是大家将要读到的《乘用车车身零部件轻量化设计典型案例》一书。

这本书以乘用车车身轻量化零部件开发过程为主线,侧重轻量化材料和先进制造工艺,涵盖高强钢、铝合金、镁合金和复合材料,选择典型的零部件从关键技术的概况、发展历程、对标情况、材料选择、性能要求、结构设计、产品分析、工装开发、样件制作、试验验证、经验总结等方面进行介绍,如同一位经验丰富的产品工程师手把手地进行指导。该书汇聚了编者的智慧和经验,将学术性和实用性进行了很好的融合,是编者在各自领域对自己多年实践工作的总结,具有较强的指导性。该书的出版一定会促进我国汽车轻量化技术的应用推广。

  作为中国汽车工程学会的专务秘书长和汽车轻量化技术创新战略联盟的首任秘书长，我亲自参与并见证了我国汽车轻量化技术的发展，我为年轻工程师们的成长感到欣慰，也由衷钦佩他们服务于全行业汽车轻量化水平提升的热情。在此，对本书作者们的辛勤付出和无私奉献表示衷心的感谢！

张 宁

2019 年 8 月 27 日

2007年毕业后,我有幸在汽车主机厂从事汽车轻量化的应用研究工作,边做边学,我逐渐对该领域有了一些认识。在汽车轻量化技术创新战略联盟的领导和带领下,国内自主品牌汽车厂在轻量化技术领域取得了明显的进步,积累了若干经验,但整个汽车行业还没有系统地总结汽车轻量化的工作经验,因此,中国汽车工程学会、汽车轻量化技术创新战略联盟牵头策划并组织国内汽车主机厂的工程师一起来编写了这本书,主要目的是为一线从事汽车轻量化的产品工程师提供可参考的案例。

汽车轻量化的主要途径是结构优化和材料工艺,本书侧重从材料工艺的角度,总结乘用车车身典型轻量化零部件的开发。从关键技术的概况、发展历程、对标情况、材料选择、性能要求、结构设计、产品分析、工装开发、样件制作、试验验证、经验总结等方面进行全面介绍。

本书分为12章,主要包括高强钢辊压和热冲压两个关键工艺技术,铝合金的板材、型材和铸件三个典型应用,增强的热塑性复合材料和SMC热固性复合材料的典型应用,压铸镁合金、碳纤维、结构优化等技术在车身零部件上的应用,基本涵盖了汽车轻量化的主流材料和先进工艺在车身上的实际应用情况,体现了"合适的材料用在合适的地方"的开发理念。

第1章由宝钢中央研究院的韩非编写,主要总结了超高强钢辊压在汽车侧围门槛加强件上的应用,这是一个减重又降本的典型案例,已得到了广泛的应用和推广。

第2章以B柱加强件为对象,由华晨汽车的汤湧编写热冲压零件设计开发,天津汽车模具股份有限公司的高宪臣、李文德编写热冲压模具开发。高强钢热冲压工艺是目前解决汽车安全性与轻量化矛盾的主流方案,得到了十分广泛的应用。

第3章由长安汽车刘波编写,以铝合金型材在前碰撞横梁的应用为例,总结了铝型材在车身上的典型应用,能为开发框架式铝合金车身提供有益的借鉴。

第4章由江淮汽车的唐程光、鲁后国编写,以铝合金高真空压铸工艺在车身减振塔上的应用为例,系统总结了其设计开发过程,这是扩大铝合金在车身上应用的一条重要路径。

第5章由长城汽车的李贺编写,以铝板在汽车前机盖上的应用为例,总结了铝板在外覆盖件上的开发过程。前机盖是铝板在车身上应用的最佳切入点,其经验能够为车身外覆盖件"以铝代钢"提供非常实用的借鉴。

第6章由长安汽车的吴仙和编写,铝合金仪表板横梁采用铝型材和铝板材混合设计,是国内较早尝试和开发变形铝合金零件的案例,拓展了车身用铝合金的新途径。

第7章由原长安汽车的鲜映国、重庆邮电大学移通学院张鹏编写，详细总结了塑料背门（热固性/热塑性复合材料）的开发过程，为掌握该项核心技术和建立国产化供应体系打下了坚实的基础。

第8章由原长安汽车的丁明德、中国汽车工程学会杨洁编写，以电动车机舱支架为对象，总结了SMC材料及模压工艺的应用。

第9章由华晨汽车的徐晶才编写，以塑料前端模块为例，总结了长玻纤增强塑料复合材料的应用。该产品是目前应用最广的"以塑代钢"零部件。

第10章由奇瑞汽车的李军、王艳青编写，总结了压铸镁合金仪表板横梁的设计开发过程。这是国内自主品牌汽车较早应用镁合金材料的案例，是继镁合金方向盘骨架后最容易应用的零部件，对后续扩大应用镁合金提供了良好的示范。

第11章由东风汽车的宋景良、夏卫群和袁亮编写，以行李舱盖总成为对象，总结了结构优化技术在零部件上的应用，这是在不改变材料和工艺的前提下减重降本的典型案例。

第12章由北京汽车的栗娜、尚红波编写，以汽车顶盖和中央通道加强板为对象，总结了碳纤维复合材料的应用开发过程，为碳纤维在汽车上的应用提供了有益的经验。

长安汽车刘波对全书进行了统稿。

本书引用了国内外行业专家的论文、报告、论述、著作等参考文献，在此表示感谢！同时感谢汽车轻量化技术创新战略联盟的付于武、张宁、侯福深、杨洁、王利刚、项坤、曲兴等多年的支持，感谢东风汽车的袁亮，北京汽车的王智文、曹伟，奇瑞汽车的陈云霞，江淮汽车的阚洪贵等同行的协助，感谢长安汽车轻量化团队的李晓青、陈海波、方向东、张金生、陆波、邱忠财、杨琴、刘建才、陈鑫、廖伟、易宗华、黄利、徐科、刘颖、陈向伟、伍成祁、李刚、陈仁、刘源、鲁文川、杨晓娟、王鑫、王禄儒、尹海龙等同仁的支持。本书是团队的智慧，也是行业的成果！

由于作者水平有限，错误之处在所难免，欢迎各位读者批评指正。

谨以本书向我国汽车行业著名轻量化专家陈一龙先生致敬！

刘 波

2019年8月27日于重庆

目录 Contents

丛书序

序

前言

第1章　超高强钢辊压零件开发

1.1　超高强钢辊压成形工艺应用简介 ·············· 1
　1.1.1　辊压成形工艺简介 ·············· 1
　1.1.2　高强钢辊压成形在车身中的典型应用 ·············· 2
　1.1.3　高强钢辊压成形的关键技术 ·············· 3
1.2　超高强钢门槛加强件开发案例 ·············· 4
　1.2.1　对标分析 ·············· 4
　1.2.2　轻量化设计方案 ·············· 4
　1.2.3　焊接可行性评估 ·············· 6
　1.2.4　性能CAE分析 ·············· 8
　1.2.5　辊压成形工艺与样件开发 ·············· 10
　1.2.6　缺陷调整与样件试制 ·············· 12
　1.2.7　试验验证 ·············· 15
1.3　总结 ·············· 17
参考文献 ·············· 18

第2章　高强钢热冲压B柱开发

2.1　热冲压技术简介 ·············· 19
2.2　热冲压B柱结构对标分析 ·············· 23
　2.2.1　材料对标 ·············· 23
　2.2.2　结构对标 ·············· 24
　2.2.3　表面处理 ·············· 25
2.3　热冲压B柱开发案例 ·············· 25
　2.3.1　总体方案 ·············· 25
　2.3.2　典型断面结构形式 ·············· 25
　2.3.3　冲压方向确定 ·············· 27
　2.3.4　细节设计 ·············· 27
　2.3.5　材料性能目标 ·············· 30

2.3.6 产品性能 CAE 分析 ·················· 32
2.3.7 产品工艺分析 ························ 32
2.3.8 生产线及设备 ························ 37
2.4 热冲压零件工装开发 ···················· 39
2.4.1 热冲压模具的工艺设计 ············ 39
2.4.2 热冲压模具结构设计 ··············· 43
2.4.3 热冲压模具的加工制造 ············ 48
2.4.4 热冲压模具的检查与验收 ········· 49
2.5 零部件 DVP 试验 ························ 50
2.5.1 材质分析 ······························ 50
2.5.2 拉伸试验 ······························ 50
2.5.3 整车碰撞试验 ························ 53
2.6 总结 ·· 54
参考文献 ·· 55

第 3 章　铝合金前碰撞横梁开发

3.1 概述 ·· 56
3.2 设计开发 ·································· 58
3.2.1 技术要求 ······························ 58
3.2.2 总体设计 ······························ 59
3.2.3 碰撞性能分析 ························ 62
3.2.4 拖钩强度仿真分析 ·················· 65
3.3 工艺制造 ·································· 70
3.3.1 挤压工艺仿真分析 ·················· 70
3.3.2 折弯工艺仿真分析 ·················· 72
3.3.3 工装开发 ······························ 74
3.3.4 零部件制造 ··························· 75
3.3.5 零部件装车 ··························· 77
3.4 试验验证 ·································· 77
3.4.1 三点弯曲试验 ························ 77
3.4.2 焊接熔深试验 ························ 77
3.4.3 单件材质拉伸试验 ·················· 78
3.4.4 吸能盒压溃试验 ····················· 79
3.4.5 前拖钩静强度试验 ·················· 79
3.4.6 台车碰撞试验 ························ 80
3.4.7 整车碰撞试验 ························ 83
3.5 总结 ·· 88

第 4 章　铝合金减振塔开发

4.1 概述 ·· 89
4.2 铝合金减振塔对标分析 ················· 91

目 录

　　4.2.1　材料对标 …………………………………… 91
　　4.2.2　结构对标 …………………………………… 92
4.3　铝合金减振塔开发案例 ………………………… 93
　　4.3.1　总体方案 …………………………………… 93
　　4.3.2　性能目标设定 ……………………………… 94
　　4.3.3　典型断面结构形式 ………………………… 95
　　4.3.4　材料选择及优化 …………………………… 100
　　4.3.5　产品性能CAE分析 ………………………… 102
　　4.3.6　产品工艺分析 ……………………………… 104
　　4.3.7　产品工装开发 ……………………………… 107

4.4　铝合金减振塔试验 ……………………………… 108
　　4.4.1　铸造缺陷检查 ……………………………… 108
　　4.4.2　拉伸试验 …………………………………… 110
　　4.4.3　金相试验 …………………………………… 111
　　4.4.4　刚度试验 …………………………………… 112
　　4.4.5　强度试验 …………………………………… 113
　　4.4.6　白车身台架试验 …………………………… 114
4.5　总结 ……………………………………………… 115
参考文献 ……………………………………………… 115

第5章　铝合金机盖开发

5.1　概述 ……………………………………………… 116
　　5.1.1　铝合金机盖应用趋势 ……………………… 116
　　5.1.2　铝合金机盖结构对标 ……………………… 117
5.2　铝合金机盖产品设计 …………………………… 118
　　5.2.1　设计目标 …………………………………… 118
　　5.2.2　材料选择 …………………………………… 119
　　5.2.3　机盖设计关键因素 ………………………… 124
　　5.2.4　机盖材料方案 ……………………………… 126
　　5.2.5　机盖刚度CAE分析 ………………………… 127
　　5.2.6　机盖CAE分析 ……………………………… 128
　　5.2.7　机盖SLAM分析 …………………………… 129
　　5.2.8　机盖冲压CAE分析 ………………………… 129

5.3　铝合金机盖生产工艺 …………………………… 133
　　5.3.1　冲压工艺 …………………………………… 133
　　5.3.2　铆接工艺 …………………………………… 134
　　5.3.3　涂装工艺 …………………………………… 140
5.4　铝合金机盖性能验证 …………………………… 143
　　5.4.1　外板刚度试验 ……………………………… 143
　　5.4.2　扭转刚度试验 ……………………………… 144
　　5.4.3　弯曲刚度试验 ……………………………… 144

5.4.4 疲劳耐久试验 …… 145

5.4.5 机盖装车试验 …… 145

5.5 总结 …… 146

参考文献 …… 146

第6章 铝合金仪表板横梁开发

6.1 仪表板横梁总成概述 …… 147
  6.1.1 定义 …… 147
  6.1.2 分类 …… 148

6.2 对标分析 …… 148

6.3 铝合金仪表板横梁开发案例 …… 149
  6.3.1 总体方案 …… 149
  6.3.2 可行性分析 …… 152
  6.3.3 材料性能目标 …… 153
  6.3.4 产品性能目标 …… 154
  6.3.5 产品性能CAE分析 …… 154
  6.3.6 产品工艺仿真分析 …… 156
  6.3.7 产品工装开发 …… 159
  6.3.8 产品试制 …… 160
  6.3.9 产品试验验证 …… 161
  6.3.10 产品质量整改 …… 162

6.4 总结 …… 163

第7章 塑料背门产品开发

7.1 概述 …… 164

7.2 塑料背门对标分析 …… 164
  7.2.1 塑料背门的种类 …… 164
  7.2.2 结构对标 …… 165
  7.2.3 表面处理 …… 168
  7.2.4 整车间隙对标 …… 168

7.3 塑料背门开发案例 …… 168
  7.3.1 塑料背门简介 …… 168
  7.3.2 可行性分析 …… 170
  7.3.3 分块方案 …… 171
  7.3.4 材料选择 …… 171
  7.3.5 产品性能目标 …… 173
  7.3.6 结构设计 …… 178
  7.3.7 产品性能CAE分析 …… 182
  7.3.8 产品工艺分析 …… 186
  7.3.9 产品制造 …… 187

目 录

    7.3.10　零部件性能验证 …………………………… 193

    7.3.11　整车试验 …………………………………… 197

  7.4　总结 ……………………………………………… 207

  参考文献 ……………………………………………… 207

第8章　复合材料机舱支架总成开发

  8.1　开发背景 ………………………………………… 208

  8.2　纯电动汽车机舱支架总成简介 ………………… 208

    8.2.1　机舱支架总成结构 …………………………… 208

    8.2.2　金属机舱支架总成性能要求 ………………… 209

  8.3　复合材料机舱支架总成开发 …………………… 210

    8.3.1　SMC简介 ……………………………………… 210

    8.3.2　性能要求 ……………………………………… 211

    8.3.3　SMC材料选择 ………………………………… 212

    8.3.4　总成结构设计 ………………………………… 213

    8.3.5　复合材料机舱支架总成CAE分析 …………… 213

    8.3.6　模具设计、制造及样件试制 ………………… 218

    8.3.7　试验验证 ……………………………………… 222

  8.4　总结 ……………………………………………… 231

  参考文献 ……………………………………………… 231

第9章　塑料前端模块产品开发

  9.1　对标分析 ………………………………………… 232

    9.1.1　分类及材料对标 ……………………………… 232

    9.1.2　结构对标 ……………………………………… 235

  9.2　塑料前端模块开发 ……………………………… 244

    9.2.1　总体方案 ……………………………………… 244

    9.2.2　可行性分析 …………………………………… 244

    9.2.3　概念数据设计 ………………………………… 245

    9.2.4　产品性能CAE分析及优化 …………………… 245

    9.2.5　产品装配过程开发 …………………………… 249

  9.3　零部件装车验证 ………………………………… 249

    9.3.1　材料试验 ……………………………………… 249

    9.3.2　环境试验 ……………………………………… 249

    9.3.3　刚度试验 ……………………………………… 253

    9.3.4　整车级试验 …………………………………… 255

  9.4　加强筋设计规范 ………………………………… 257

    9.4.1　加强筋结构形状 ……………………………… 257

    9.4.2　加强筋厚度 …………………………………… 258

    9.4.3　加强筋角度 …………………………………… 258

9.4.4　加强筋间的连接方式 …… 259

9.4.5　加强筋间的深宽比设计 …… 259

9.5　总结 …… 260

参考文献 …… 260

第10章　压铸镁合金仪表板横梁开发

10.1　仪表板横梁轻量化方案简介 …… 261

10.2　镁合金汽车仪表板横梁应用现状 …… 262

10.2.1　国外镁合金仪表板横梁应用现状 …… 263

10.2.2　国内镁合金仪表板横梁应用现状 …… 265

10.3　压铸镁合金仪表板横梁开发案例 …… 265

10.3.1　材料选择 …… 265

10.3.2　结构设计 …… 266

10.3.3　性能CAE分析 …… 267

10.3.4　成形工艺 …… 270

10.3.5　连接技术 …… 270

10.3.6　腐蚀与防护 …… 273

10.3.7　性能验证 …… 273

10.4　总结 …… 276

参考文献 …… 276

第11章　行李舱盖拓扑优化设计

11.1　拓扑优化的背景 …… 277

11.1.1　结构优化在工程中的应用 …… 277

11.1.2　拓扑优化研究发展概述 …… 277

11.2　拓扑优化基本原理、方法及应用 …… 278

11.2.1　拓扑优化基本原理 …… 278

11.2.2　拓扑优化四种常用算法 …… 279

11.3　行李舱盖内板的拓扑优化设计 …… 280

11.3.1　行李舱盖内板初版三维设计 …… 280

11.3.2　优化前仿真分析结果 …… 285

11.3.3　拓扑优化模型 …… 286

11.3.4　拓扑优化过程 …… 286

11.3.5　拓扑优化结果 …… 287

11.4　行李舱盖内板的形貌优化设计 …… 288

11.4.1　形貌优化过程 …… 288

11.4.2　形貌优化结果 …… 288

11.4.3　基于工程可行的三维设计及同步工程分析 …… 288

11.4.4　形貌优化结果 …… 290

11.5　结论 …… 291

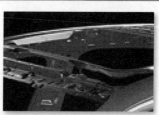

参考文献 …………………………………………………… 292

第12章 碳纤维复合材料汽车零部件开发

12.1 碳玻复合材料车顶盖开发案例 …………………………… 293
  12.1.1 概述 …………………………………………………… 293
  12.1.2 技术对标 ……………………………………………… 293
  12.1.3 总体思路 ……………………………………………… 295
  12.1.4 结构设计 ……………………………………………… 295
  12.1.5 材料选择 ……………………………………………… 296
  12.1.6 性能分析 ……………………………………………… 296
  12.1.7 软模开发 ……………………………………………… 297
  12.1.8 样件试制 ……………………………………………… 297
  12.1.9 试验验证 ……………………………………………… 299
  12.1.10 小结 …………………………………………………… 300

12.2 碳纤维复合材料中通道加强板开发案例 ………………… 300
  12.2.1 概述 …………………………………………………… 300
  12.2.2 材料及成型工艺简介 ………………………………… 300
  12.2.3 技术目标 ……………………………………………… 301
  12.2.4 选材设计 ……………………………………………… 302
  12.2.5 工艺设计 ……………………………………………… 304
  12.2.6 结构设计 ……………………………………………… 305
  12.2.7 铺层设计 ……………………………………………… 305
  12.2.8 性能分析 ……………………………………………… 308
  12.2.9 连接设计 ……………………………………………… 310
  12.2.10 总成分析 ……………………………………………… 310
  12.2.11 样件试制 ……………………………………………… 311
  12.2.12 小结 …………………………………………………… 312

参考文献 …………………………………………………… 312

第 1 章
超高强钢辊压零件开发

汽车用先进高强度钢板以其重量轻、强度高的特点在汽车工业中应用越来越广泛，并已成为满足车身轻量化和高安全性能的重要途径，具有不可替代的优势。辊压成形作为一种先进的成形技术，是先进高强度钢板重要的成形方式。辊压成形由于其工艺上的优势，特别是对于复杂的截面形状，在超高强度钢材上得到了广泛的应用。

1.1 超高强钢辊压成形工艺应用简介

1.1.1 辊压成形工艺简介

辊压成形，又称为辊弯成形或冷弯成形，英文名称为 Rollforming 或者 Roll-forming，是指以金属卷料或板料为原料，通过多架装配了特定形状成形辊的成形机组，对材料逐步进行弯曲变形，从而得到特定截面产品的加工方法，如图 1-1 所示。辊压成形技术在建筑、汽车、电气设备、家具等行业得到了广泛的应用。

图 1-1 辊压成形工艺示意图

辊压成形工艺可以分为四种，即单张（或单件）成形工艺、成卷成形工艺、连续成形工艺和联合加工工艺。考虑到机组效率问题，现在大多数企业采用的是成卷连续成形。即以卷材为原料，前一卷带材的尾部与后一卷带材的头部对焊，使坯料带材连续不断地进入成形机组进行成形。

整个工艺流程大致为：开卷——矫平——预冲孔——进料——成形——（焊接）整形——切断——出件。

辊压成形工艺的优点如下：

1）辊压成形适用的材料广泛，适合各种力学性能及不同组织结构的钢，特别是高强钢、超高强钢。

2）辊压成形采用多道次渐进弯曲成形，与冲压成形相比，可以获得更小的弯曲半径，且能成形制造各种开放或封闭复杂截面形式的零件，成形后零件刚度较好。

3）辊压成形通过多个道次的变形来进行回弹补偿，回弹调整空间大，成形精度高，且零件表面质量好。

4）辊压成形可集成其他加工工艺，如冲孔、焊接、压花、弯圆等，生产中成形速度可超过 10m/min，生产过程自动化程度和生产效率高。

5）辊压成形零件板坯为一定宽度的板带，辊压成形过程中除冲孔外，几乎无其他工艺废料，材料利用率高，材料成本优势明显。

6）辊压成形模具加工简单，使用寿命长，模具制造成本低。

1.1.2　高强钢辊压成形在车身中的典型应用

图 1-2 给出了典型乘用车高强钢辊压成形零件强度分布及其发展趋势，主要有前后碰撞横梁、车门防撞杆、门槛加强件以及座椅滑轨，其中：

1）前碰撞横梁辊压成形零件的抗拉强度多为 800~1000MPa，预测后续将进一步提升到 1200~1400MPa。

2）后碰撞横梁辊压成形零件的抗拉强度主要集中在 600MPa 左右，预测后续将提升到 1000MPa 及以上。

3）车门防撞杆辊压成形零件的抗拉强度多为 800MPa 左右，预测后续将提升至 1200MPa 及以上。

4）门槛加强件辊压成形零件的抗拉强度集中在 1000~1200MPa，预测后续将持续提升

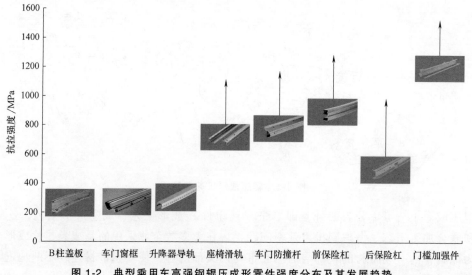

图 1-2　典型乘用车高强钢辊压成形零件强度分布及其发展趋势

至 1500MPa。

5）座椅滑轨的辊压成形零件抗拉强度在 800MPa 左右，预测后续将提升至 1200MPa。

1.1.3 高强钢辊压成形的关键技术

1. 辊花工艺设计与优化

基于辊压成形的车身各类零件，应设计零件截面并优化辊花，零件截面可以分为对称截面、非对称截面，以及开口型和闭合型等。图 1-3 为对称截面的辊花图。

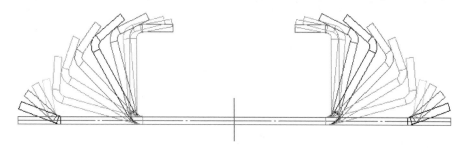

图 1-3 对称截面的辊花图

2. 高强钢辊压模具设计技术

辊压模具的设计主要依据辊花设计图，如图 1-4 所示。

图 1-4 典型辊压模具设计

3. 高强钢辊压成形预冲孔、后冲切技术

预冲孔是在板料进行辊压工序之前，利用冲压模具预先在板料上制孔。后冲切是在成形末端，利用冲切模具在生产线上对产品进行在线冲孔。

4. 高强钢辊压成形工艺仿真技术

图 1-5 所示为对辊压成形工艺进行仿真分析的示意图。

5. 高强钢辊压成形缺陷控制技术

高强钢辊压成形的常见缺陷包括纵向弯曲、侧弯、扭曲、边浪、边部开裂等。对于纵向弯曲，可在出口利

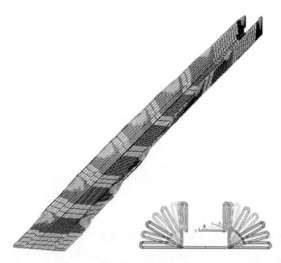

图 1-5 典型辊压成形仿真分析

用矫直机矫正，或者采用轧辊压下装置，使轧辊间隙比板厚小，这是使腹板部分产生轻度压延的方法。对于侧弯和扭曲，一方面可以调整轧辊间隙，另一方面也可以用扭转成形机架和轧辊垫片进行调整和矫正。对于边浪，可对成形中的板施加产品纵向的张力，抑制板带的纵向压缩或者可通过整形辊消除。对于边部开裂，可增加道次，减少每一道次的变形量，降低边部的应力应变或者提高板料的边界质量。

1.2 超高强钢门槛加强件开发案例

1.2.1 对标分析

超高强钢辊压成形技术已在国外多款车型上得到成功应用，门槛加强件作为车身安全的关键零部件，对强度有较高要求，采用超高强钢辊压成形技术存在很大的轻量化空间，因而在多款车型上都得到了广泛应用，所采用的材料强度也不断升高。

作者对国内多款上市车型的公开资料进行研究发现，目前门槛加强梁零件的主流用材强度以980MPa级别为主，如图1-6所示，个别零件采用了1500MPa级别的材料，如图1-7所示。所采用的先进高强钢钢种主要为双相钢（DP）和马氏体钢（MS）。

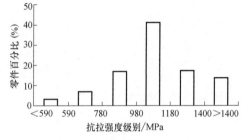

图1-6 门槛零件辊压用材统计

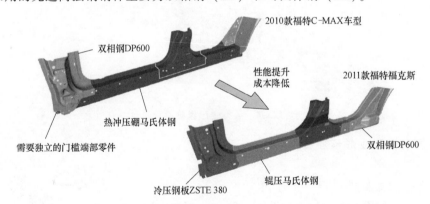

图1-7 福特2011款福克斯门槛加强件应用1500MPa辊压成形技术

资料来源：Euro Car Body 2011-Ford Focus

1.2.2 轻量化设计方案

长安汽车拟在逸动混合动力车型上进行轻量化设计开发。该车型是在逸动燃油版车型上改进而来的，设计目标为百公里燃料消耗量5.5L。原逸动车型的门槛加强件采用厚度为2.0mm的B410LA板材，其截面图与尺寸图如图1-8所示，制造工艺为"V"形折弯+"U"形整形+切边冲孔+斜锲切边冲孔。采用厚度为2.0mm的B410LA零件重量为6.8kg。门槛加强件焊接总成如图1-9所示。

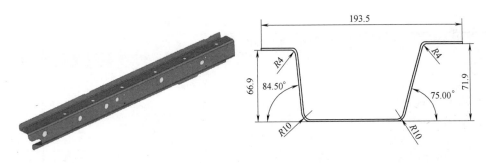

门槛加强件截面图

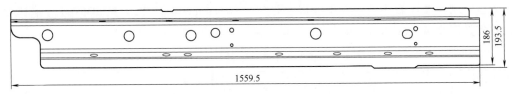

图 1-8 门槛加强件尺寸图

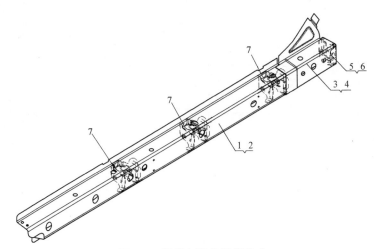

图 1-9 门槛加强件焊接总成
1,2—门槛加强件 3,4—后连接板 5,6—后封板 7—支撑支架

为进行轻量化设计,采用超高强钢替代 B410LA,采用经验公式进行了厚度估算,经验公式为:

$$t_{hs} = t_{ms}\sqrt{\frac{\sigma_{ems}}{\sigma_{ehs}}}$$

式中,t_{hs} 是高强钢厚度;t_{ms} 是低强度钢厚度;σ_{ems} 是低强度钢屈服强度;σ_{ehs} 是高强钢屈服强度。

取性能标准中给出的屈服强度下限,即 B410LA 屈服强度为 410MPa,超高强钢也取屈服强度下限,则计算得到材料替换后的零件厚度及对应的零件重量、减重情况见表 1-1。经减重、降本并综合分析焊装等因素,拟采用方案 4,即厚度为 1.4mm 的 HC950/1180MS 替代 B410LA 且用辊压成形工艺。采用该方案设计的零件重量为 4.76kg,减重效果达 30%,材料利用率可达 93.3%。

表 1-1 超高强钢替代 B410LA 的轻量化效果

方案	材料牌号	屈服强度 /MPa	经验公式厚度推荐/mm	零件单件重量/kg	单件零件板坯重量/kg	材料利用率(%)	减重情况(%)
原方案	B410LA	410	2.0	6.80			
方案 1	HC700/980MS	700	1.50~1.53	5.17	5.53	93.5	24
方案 2	HC950/1180MS	950	1.30~1.31	4.42	4.74	93.3	35
方案 3	HC1030/1300MS	1030	1.20~1.26	4.42	4.34	93.5	40
方案 4	HC950/1180MS	950	1.4	4.76	5.10	93.3	30

为进行刚强度性能及碰撞仿真分析,对厚度为 1.4mm 的 HC950/1180MS 进行了拉伸和高速拉伸性能测试,测试结果见表 1-2,高速拉伸曲线如图 1-10 所示。

表 1-2 HC950/1180MS 的单向拉伸性能

材料	厚度/mm	方向/(°)	屈服强度/MPa	抗拉强度/MPa	均匀延伸率(%)	断裂延伸率(%)
HC950/1180MS	1.4	0	1074	1268	4.3	7.1
		45	1080	1294	2.0	4.7
		90	1041	1306	2.4	4.3

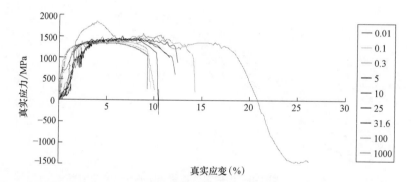

图 1-10 HC950/1180MS 高速拉伸曲线(见彩图)

1.2.3 焊接可行性评估

侧围门槛加强件焊接总成在车身的位置如图 1-11 所示,所涉及的焊接、装配,主要是

图 1-11 侧围门槛加强件焊接总成在车身上的位置

门槛加强件一侧的侧围总成和另一侧地板总成的对拼焊接：①门槛加强件在前段（A柱下端）、中段（B柱下端）、后段与不同的内蒙皮、加强件、支撑件、侧围焊接后，成为侧围总成；②门槛内板前段、中段、后段与地板相关的零配件组成地板总成；③侧围总成与地板总成对拼焊接。侧围门槛加强件焊接相关零件如图1-12所示，表1-3为与门槛加强件焊装的相关零件清单。

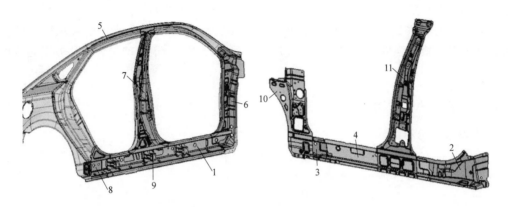

图1-12 侧围门槛加强件焊接相关零件

表1-3 与门槛加强件焊装的相关零件清单

序号	名称	材料	厚度/mm
1	侧围门槛加强件	HC950/1180MS	1.4
2	门槛内板后段(带螺母)	B280VK	1.5
3	门槛内板前段	DC03	1.5
4	门槛内板中段(带螺母)	B340/590DP	1.5
5	侧围外蒙皮	DC06	0.7
6	前立柱下加强件	B280VK	1.8
7	中立柱加强件	B1500HS	1.5
8	侧围门槛加强件后连接板	B340/590DP	1.5
9	侧围门槛支撑板	B280VK	0.8
10	前立柱下内蒙皮(带螺母)	B240ZK	1.0
11	中立柱内蒙皮(带螺母)	B340/590DP	1.0

> **专家点拨**
>
> 由于开发车型的夹具工装需与其他车型共用，必须考虑共线焊装是否可行的问题。由于零件厚度需从2.0mm减薄为1.4mm，经过分析，以门槛件帽型的外表面为基准进行减薄。这样在与地板总成焊接时，将存在厚度减薄量大小不一形成的间隙。在焊装夹具和焊接工艺不调整的条件下，一是可能出现不能夹紧贴合的情况，导致焊接不足或根本无法焊接，二是因为材料强度提高可能导致对夹具强度、刚度要求过高，影响焊装工装的寿命。

可能的解决方案如下：

1）焊装时的夹紧力通过焊装夹具、电极压力提供。一方面，夹具的夹紧力应该可以消除厚度减薄造成的间隙增大；另一方面，适当增大电极压力也可以对间隙增大进行一定的补偿。由此，减薄 0.6mm 带来的间隙增大对焊装有一定影响，但影响程度较小。

2）调查现有间隙的情况，依据现有焊装线推荐合理的焊接工艺方案。主机厂提供该零件与其他零件的详细焊接要求，供应商依据要求给出焊接工艺指导建议。调查轻量化前门槛加强件焊装时的间隙变化情况，以便更好地评估厚度减薄 0.6mm 带来的焊装风险。同时通过对辊压成形门槛加强件上线试装，检查尺寸数据是否合格，最终确定轻量化方案是否可行以及可能存在的问题。

1.2.4 性能 CAE 分析

1. 车身模态分析

上述轻量化方案更改了侧围门槛梁加强件的材料和厚度，针对此方案，对车身的模态进行重新分析，如图 1-13 所示。模态分析结果见表 1-4。

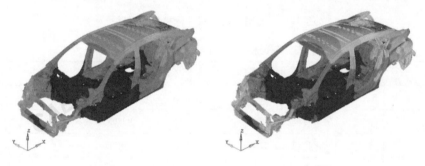

a) 原方案　　　　　　　　　　b) 轻量化方案

图 1-13　一阶扭转模态分析

表 1-4　模态分析结果　　　　　　　　　单位：Hz

序号	分析项	原方案	轻量化方案
1	车顶 Y 向搓动	29.8	29.7
2	一阶扭转	31.9	31.8
3	前端横向弯曲	41.1	41.0
4	一阶弯曲	51.7	51.7

由分析数据可见，实施轻量化方案后，车身的主要模态值都没有明显下降，超高强钢辊压成形轻量化方案，能够保证车身的基本性能。

2. 碰撞分析

侧围门槛加强件使用超高强钢辊压成形技术后，为保证整车的安全性能，要进行整车侧面碰撞安全分析，其边界条件设置如图 1-14 所示，其主要目标值为：左侧 B 柱中部 Y 向速度≤7.0mm/ms，车体 B 柱中部（第 2、3 测量点）最大动态变形量≤130mm。

整车侧面碰撞分析结果显示，轻量化方案侧面碰撞相关区域侵入量均优于原有方案，如

图 1-15 所示，侵入速度相当时，侧面碰撞性能分析如图 1-16 所示，基于超高强钢的辊压成形零件具备轻量化与性能安全优势。

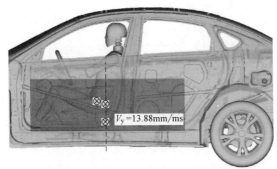

序号	边界条件	设置值
1	台车速度(V)	50km/h (13.88mm/ms)
2	台车壁障下边缘相对门槛上沿的平均高度差	上偏19.5mm
3	地面	虚拟地面

图 1-14 侧面碰撞边界条件设置

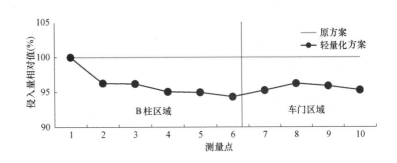

图 1-15 轻量化方案侧面碰撞性能分析结果（侵入量）

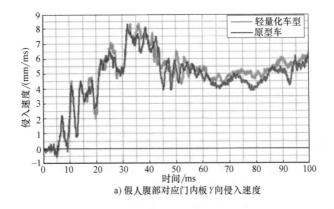

a) 假人腹部对应门内板 Y 向侵入速度

图 1-16 轻量化方案侧面碰撞性能分析结果（侵入速度）（见彩图）

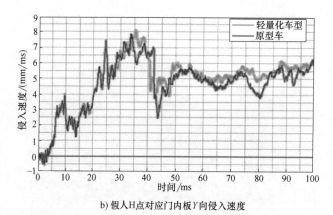

b) 假人H点对应门内板Y向侵入速度

图1-16 轻量化方案侧面碰撞性能分析结果（侵入速度）（见彩图）（续）

1.2.5 辊压成形工艺与样件开发

1. 辊压成形工艺方案设计

门槛加强件属于典型的开口帽形件，且两侧不等高，腹板和翼板均有孔，一侧边缘有缺口，两个端部形状为非齐整端面。针对该零件采用辊压成形时，对于零件上的孔有两种加工方式，即预冲孔和后冲孔；对于边缘缺口，可采用预冲孔或后冲孔工艺；对于端部形状，可采用后冲孔工艺。经过综合分析，采用"预冲孔、先冲切边缘缺口"的工艺方案，即：开卷→矫平→修边→预冲孔及冲切边缘缺口→辊压成形→矫直→切断→冲端部。

该方案可以在生产满足使用要求零件的前提下提高生产效率，极大地实现轻量化，同时降低材料及生产成本。

2. 辊压成形工艺仿真分析

本次设计采用的辊压成形分析软件为Data M公司的COPRA。首先，通过对材料和变形量的计算确定辊压每相邻两次成形的变形量；其次，通过对保压时间和回弹的计算，设计出各道次辊压模具的形状，形成辊花图，如图1-17所示，然后对辊花图进行优化分析，如图1-18所示。

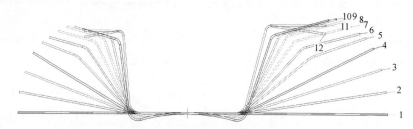

图1-17 门槛加强件的辊花图

3. 模具与工装开发

门槛件的模具包括辊压模具和冲压模具两大类。辊压模具包括平辊、侧立辊、矫直辊、隔套等模具；冲压模具包括冲孔、切断、落料纵向切边等模具。

在辊花图基础上，对辊压成形模具进行设计和制造。图1-19分别给出了第13道次模具的设计，制造完成并安装在辊压成形机上的模具见图1-20。

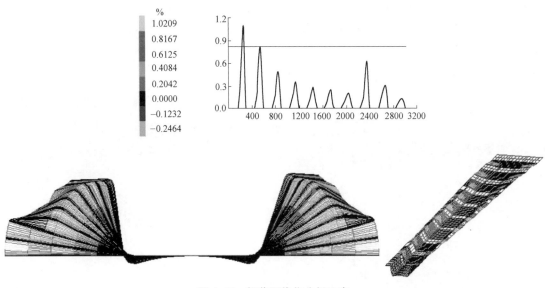

图 1-18 辊花图优化分析示意

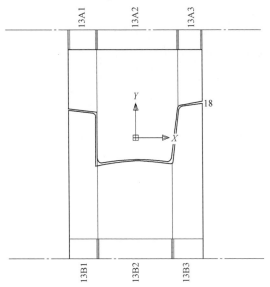

图 1-19 辊压成形模具设计

图 1-20 门槛加强件辊压成形模具

门槛件上共有 25 个孔，按照精度要求可以分为 3 类。数量最多的漏液孔，精度要求最低；而作为基准的定位孔要求最高。选择要求最高的主定位孔和次定位孔设计制造冲孔模具。主定位孔为圆孔，约束 X 向和 Z 向位移，尺寸为 $\phi(32+0.1)\,\mathrm{mm}$；次定位孔为椭圆孔，约束绕 Y 轴的转动，尺寸为长轴 $\phi(32\pm0.5)\,\mathrm{mm}$、短轴 $\phi(26+0.1)\,\mathrm{mm}$。

型材截面由于两侧边的倾斜角 AB 边为 75°、CD 边为 84.5°，接近垂直。端头上下直接切断时，侧边比上下边需要更多的切断行程，断口极易出现撕裂和变形缺陷，冲裁难度较大。模具设计时通过改变冲切轨迹减小侧边的倾斜角度，可保证侧边顺利切断。另外，单侧切边在冲裁时会产生较大侧向力，造成模具间隙增大而使切口毛刺增大。同时，导柱横向受力较大也极易产生磨损破坏。模具设计时在下模的对面增加防侧块，当上模与下模冲切时，上模的另一侧倚靠住防侧块，可抵消部分侧向力。定位方式为形面定位加1个孔定位，即通过截面形状和主定位孔 $\phi(32+0.1)$ mm 进行定位。门槛制件较长，模具上需加托料架进行定位和支撑。

冲孔与切断模具如图1-21所示。

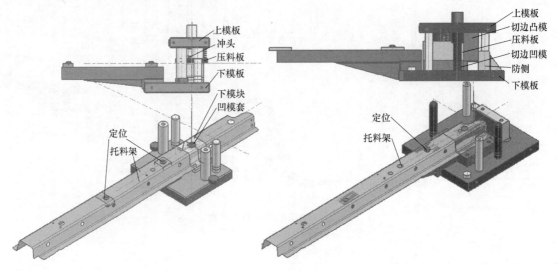

图 1-21　冲孔与切断模具

1.2.6　缺陷调整与样件试制

门槛辊压件截面尺寸的调整需要满足4个角度尺寸、2个高度尺寸、2个宽度尺寸的要求。4个角度的误差对于超高强钢来说，主要是解决回弹控制和过弯平面平整度恢复，调整的步骤确定为：

1）解决底角的回弹。
2）解决上边缘角的回弹或过弯。
3）解决底平面的平整度问题。
4）满足2个宽度尺寸要求、2个高度尺寸要求。

样件的工艺试验及调整可遵从上述的4个步骤。

门槛件是非对称断面，纵向弯曲、侧弯、扭曲等变形缺陷必然发生；边波、裂纹等缺陷也比较常见。因边波问题比较复杂，需单独进行较系统研究。另外，切断端口附近也易发生偏离原始截面形状的局部变形。典型缺陷产生的机理和消除方法讲述如下。

1. 纵向弯曲的发生与消除

发生在 XY 平面内的弯曲（即辊压时的垂直面内），是由边腿部分和腹板部分的纵向薄膜应变不平衡而产生的（图1-22）。上立边腿部分的纵向薄膜应变为拉伸而腹板部分为压缩。腹板部分的压缩是由上立边腿部分在弯曲时的伸长造成的。这是由辊压工艺的特点决定的，适当利用下山法可缓解纵向弯曲，但不能彻底消除。

纵向弯曲的消除采用出口部位的矫直机矫正。在辊压成形机的出口处安放矫直机，对从最末端轧辊出来的产品施加向下的压力，对产品截面施加弯矩，从而消除纵向弯曲。

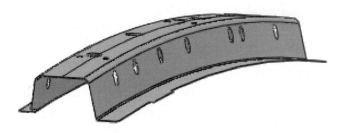

图 1-22　纵向弯曲

2. 侧向弯曲的发生与消除

侧向弯曲（简称侧弯）发生在 XZ 平面内（即辊压时的水平面内，见图 1-23）。辊压件的侧弯取决于其非对称性，非对称率越大的断面材料，侧弯变形也就越严重。断面材料侧弯的方向与两侧斜边高度和帽檐上边宽相关。与较低一侧的斜边相比，较高的一侧因为较高的斜边和较宽的上边产生的拉伸幅度大于较矮和较窄的一侧，从而成为弧线边缘较长的外侧，即在辊压时操作者所在一侧为侧弯的外侧。

消除侧弯可以采用矫直辊让料形产生相反方向的侧弯，使较短的内侧弧线长度延伸，使得两侧的弧线长度相等，从而达到消除侧弯的目的。

消除侧弯的另一个方法在最末道次对轧辊垫片进行调整，实现轧辊沿轴线方向的移动。采用这种方法，需要注意是否会影响截面的宽度尺寸。

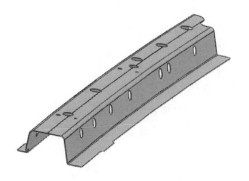

图 1-23　侧向弯曲

3. 扭曲的发生与消除

扭曲是截面绕 X 轴的旋转，发生在成形长度方向（图 1-24）。辊压件的扭曲与断面材料的非对称性有关。计算的截面主惯性矩轴的倾斜角度和断面的非对称率之间具有相关性。辊压时，边腿较高的一侧比较低的一侧需要更大的弯曲力矩。正是这一点使断面全体向上述的方向发生了扭曲。断面材料均向边腿高起的一侧扭曲（即从出料口方向看，料形顺时针方向发生扭曲）。

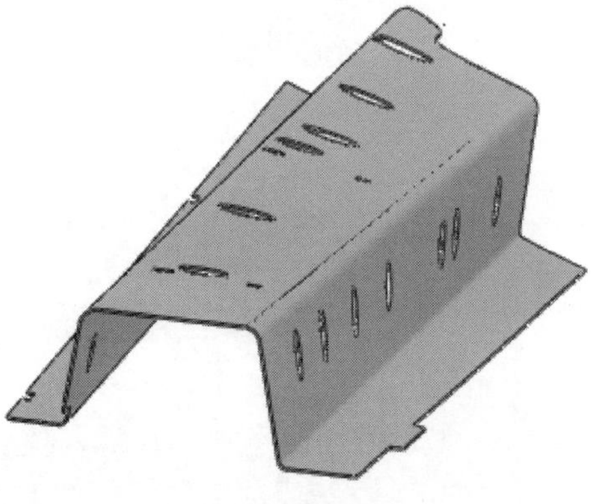

扭曲的消除方法为在辊压成形机的出口处安放矫直装置，对从最末端轧辊出来的产品施加反向旋转力，使产品截面产生逆时针转矩，从而消除扭曲。

图 1-24　扭曲

4. 扭曲、侧弯和弯曲的复合缺陷

侧弯、扭曲、弯曲等缺陷兼具的非对称断面材料想要矫正成为笔直的产品，通常先去除侧弯，然后再去除扭曲和弯曲。这种轧辊调整看似简单，实则不易。因为去除侧弯变形后，再进行去除扭曲的调整时,已去除的侧弯会再度出现,正所谓"按下葫芦浮起瓢"。总而言之,除了踏踏实实地消除变形,别无他法。

5. 切断端口变形与消除

切断辊压成形产品时,由于残留应力的释放,切断端口附近会发生变形,导致两个切断端口面不一致,这种切口变形现象会增加产品切断口配合件安装的难度,解决这一问题很重要。

帽形辊压件的切断端口面均会产生变形(图1-25)。根据断面的形状不同,切口变形的状态也各异。想要去除切口变形,只需减少产品中残留的应力即可。采用过弯轧辊成形是实现这一目的好方法。如果是在最末道次的前道次设置过弯轧辊,在最末道次轧辊中进行弯曲回复的成形,最末道次的成形与从第一道次开始到过弯轧辊为止的成形为反方向成形,此处的力矩方向与前面相反。因此,到过弯轧辊为止的残留应力就与末道次的反方向残留应力相互抵消,从而减少了残留应力。

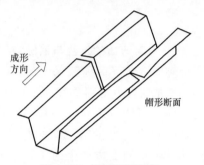

图1-25 帽形断面切断端口产生变形

经过上述调试过程和缺陷调整,试制的门槛加强件如图1-26所示。经过图1-27所示检具检测,零件尺寸精度满足产品设计要求。

进一步地,完成了焊接总成的制造,如图1-28所示。对首批样件进行三坐标扫描,测量点左件合格率为80%,右件合格率为77%,测量结果如表1-5所示。进一步调整和改进后,门槛加强件及小总成尺寸精度全部合格,检测点合格率为100%。

图1-26 辊压成形门槛加强件样件

图1-27 样件的测量位置和左右合格样件

第1章 超高强钢辊压零件开发

图 1-28 首批试制的零件

表 1-5 首批样件三坐标测量结果

测量项目		左件	右件
孔	合格率	100%	100%
	合格点数	6	6
	测量点数	6	6
边	合格率	81.81%	77.78%
	合格点数	9	7
	测量点数	11	9
面	合格率	77.78%	73.52%
	合格点数	35	25
	测量点数	45	34
小计	总合格率	80.64%	77.55%
	总合格点数	50	38
	总测量点数	62	49

1.2.7 试验验证

门槛梁是车体侧面的重要承力部件,能对整车碰撞安全性有十分重要的影响。在整车的碰撞测试中,正面100%碰撞、40%偏置碰撞和侧面碰撞、柱碰是重要的碰撞形式。国外研究表明,部件从整车上分离出来和保留在整车上两种情况下,部件的碰撞特性并不完全相同,但是二者的趋势仍是一致的。因此,可以结合整车碰撞试验,采用零部件碰撞的测试方法来考核其性能。

三点弯曲试验为常用的一种力学性能试验方法,可以稳定地测定部件的抗弯强度,输出测试部件的静压力-位移曲线,具有测试方式简单、测试结果直观的优点,特别有利于考核单个部件的力学性能。

结合防撞梁和门槛梁在整车碰撞中的作用和性能要求,选定了三点弯曲试验及柱碰撞试验作为评价工况。

三点弯曲试验检测结果如图 1-29 所示。

柱碰试验结果表明:1180MPa 级超高强钢门槛梁在柱碰撞过程中,以台车加速度峰值、台车最大位移量和门槛梁稳定变形量作为对比项,1180MPa 级超高强钢辊压样件碰撞加速度峰值更小,碰撞过程更为稳定,如图 1-30 所示。碰撞最终门槛侵入量减小,吸能效果更好,如图 1-31 所示。

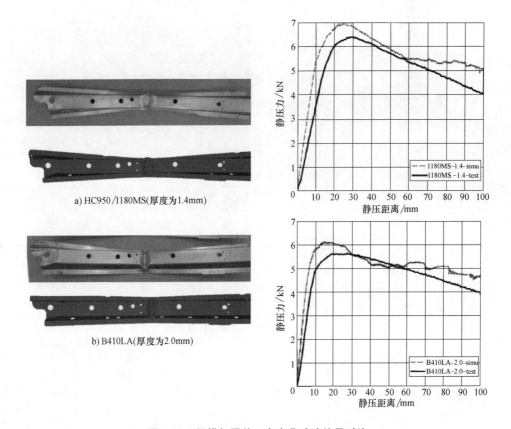

图1-29 门槛加强件三点弯曲试验结果对比

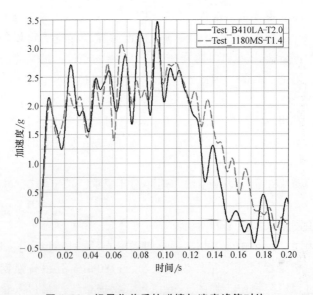

图1-30 轻量化前后柱碰撞加速度峰值对比

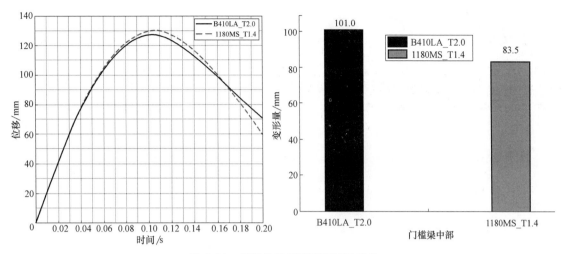

图 1-31 轻量化前后柱碰变形量对比

1.3 总结

> **专家点拨**
>
> 门槛加强件采用辊压成形制造，在进行工艺设计时需考虑如下要点：
> 1) 设计原则：材料按照预想的方式平滑顺畅流动，足够的成形道次数，考虑了产品所有尺寸要求，可避免水平间隔和导入轮缘太小。
> 2) 针对材料 HC950/1180MS 的超高强度和低伸长率，需要采取措施防止材料的弯角处开裂，采用的圆角设计变化规律是由大到小，避免应力集中。
> 3) 变形抗力大，轧辊圆角处载荷大，采用的圆角设计变化规律是由大到小，减少了变形圆角区域的平均载荷，有利于提高轧辊模具的寿命。
> 4) 相对于其他成形方法，圆角设计做出释放角，减少了成形载荷，排除了过约束和由于轧辊制造、安装、板厚度波动造成的局部挤死的可能性，采用了成形功率最小的方法。
> 5) 成形基准：机组要保证轧辊正确的空间位置，轧辊制造准确，并且轧机轴不弯曲，不松动，轴肩定位精确。
> 6) 材料要与成形过程匹配，使用恰当的成形方式。
> 7) 经过良好培训的操作者要能正确地安装调试轧辊，并确保生产线的良好运行。
> 8) 调试基准按照设计基准和轧辊的安装基准一致的原则确定。其中，最重要的第一基准均以轧机的驱动侧为同一基准确定轴向基准（X 向）；第二基准为材料高度方向的成形基准，由轧机的下轴线高度确定（Y 向）；第三基准为材料的成形方向（Z 向）。

随着汽车工业的发展，节能、环保、安全、舒适和智能化是当今汽车技术发展的总体趋势。高燃油经济性、低碳排放和更高的安全性对车身轻量化提出了新的要求和挑战，推进了先进高强钢在车身设计制造上的应用稳步增长。汽车用先进高强钢以其轻质、高强度的特点在汽车工业中的应用越来越广泛，并已成为满足车身轻量化和高安全性能的重要途径，具有不可替代的优势，用辊压成形工艺加工超高强钢也得到越来越广泛的应用。

参考文献

［1］ 小奈弘，刘继英. 冷弯成型技术［M］. 北京：化学工业出版社，2008.

［2］ 乔治·哈姆斯. 冷弯成型技术手册［M］. 刘继英，艾正青，译. 北京：化学工业出版社，2009.

［3］ 韩志武，刘才，陆卫平. 辊弯成型工艺、理论及 CAE 技术研究进展与展望［J］. 钢铁，1999，37（7）：70-72，78.

［4］ 刘继英，艾正青，SEDLMAIER A. 辊弯成型 CAD/CAM 技术的应用与发展［J］. 北方工业大学学报，1999，11（1）：48-54.

［5］ 中国锻压协会. 汽车冲压件制造技术［M］. 北京：机械工业出版社，2013.

第 2 章
高强钢热冲压B柱开发

乘用车的 B 柱（中立柱）是构成白车身侧围的主要部件，既要用来支撑轿车顶盖，同时还要承受前、后车门的支撑力。B 柱大都向外凸，这是由于 B 柱要安装一些附加零部件，例如前排座位的安全带卷收器、后门铰链和限位器以及前门锁扣。在发生侧面碰撞时，B 柱承受很大的碰撞力，但 B 柱抵抗横向力的能力是有限的。为了在结构上保证侧面碰撞时汽车的安全性，除了尽可能增大 B 柱截面积、选用超高强钢和采用背板结构加强它与门槛的连接强度外，还应整体考虑车身的侧围结构，即借助车门、车锁、门槛，以及 A 柱和 C 柱的相互联系，有效地将能量吸收区域扩展到车顶和地板。现代轿车的 B 柱截面形状比较复杂，多采用封闭式截面并用加强板来加强，防止其在碰撞过程中出现中部弯折，保证具有较好的力传递性能。

在碰撞过程中，B 柱对于乘员舱的保护起到了至关重要的作用，既要有高的强度，又要有一定的韧性，因此，目前 B 柱加强件一般采用高强钢热冲压技术，不但可以实现车身轻量化，而且可以提高汽车的碰撞安全性。

2.1 热冲压技术简介

汽车工业中，在保证安全性的前提下，为了达到减重和环保的目的，车用高强钢和超高强度钢板以其强度高的特点受到广泛关注，已经成为满足汽车减重和保证碰撞安全性的重要材料。随着钢材强度的提高，传统冷冲压方法导致高强钢成形过程中易发生开裂、回弹等情况，成形件的形状与尺寸稳定性较差，不宜生产汽车设计所需要的结构复杂零件。为了解决高强钢钢板难以冷成形的问题，热冲压成形的技术逐渐发展并被汽车工业应用。

早在 20 世纪 80 年代初期，萨博汽车公司首先将高强钢热冲压技术应用于萨博 9000 车型上，生产出第一批热冲压成形汽车零件，使得热冲压成形技术在汽车的应用上迈出了第一步。

2008~2010 年，国外大约有 110 条热冲压生产线，主要分布在美国、德国、日本、以及法国、西班牙、瑞典等国家。中国仅 5 条生产线，分别是长春 BENTLER、上海昆山 GESTAMP、上海 BENTLER、上海嘉定 COSMA 及上海宝钢。热冲压生产线大多由瑞典 AP&T 公司及德国 Shuler 公司提供，这两家公司几乎垄断了全球所有的热冲压成形生产线市场。随着热冲压成形技术的不断发展，国内热冲压生产线的数量也不断上升。

2006年，华晨汽车与宝钢通力合作，开发了自主品牌首个量产热冲压成形B柱，应用在"中华尊驰"和"中华骏捷"出口车型上，提高了碰撞安全性能。之后，越来越多的车型应用了热冲压B柱。

热冲压成形（Hot Stamping, Press Hardening）是将钢板加热到奥氏体化温度以上，快速移动到模具上，高温坯料在模具内被冲压成形的同时完成淬火的一种工艺。

热冲压零件是采用热冲压工艺制造的零件。通常，热冲压后还需要进行激光切割、抛丸（若是裸板的情况下）等处理。目前，已经有模具热切边、无切边或少切边等新工艺在开发中。

（1）适用于热冲压成形零件的钢板特性

适用于热冲压成形零件的钢板，主要是低碳微合金硼钢体系，其特性如下：

1）常温状态下，材料的微观组织为铁素体/珠光体混合组织，抗拉强度为400~600MPa。

2）热冲压成形中，板材经奥氏体化（900~950℃，保温3~10min）后，流动性能好，塑性变形能力大幅提高。

3）热冲压成形后，材料发生马氏体相变，抗拉强度提升到1500MPa及以上。

4）相对冷冲压成形，热冲压成形的接触条件对板料成形的影响作用显著提升。板料与模具的接触时序和接触状态差异不仅会影响其冷却相变过程，还将引起温度梯度，温度低的区域变形抗力高，而温度相对较高的区域变形抗力低，易引发应变集中，造成局部失效。

5）热冲压零件在高温下成形，零件表面存在氧化，表面质量控制要求高，不易起皱和破裂，基本没有回弹，尺寸稳定性比较好。

（2）热冲压成形技术的原理

首先将高强钢钢板（图2-1状态1）置于850~950℃的加热炉中加热，保温3~10min，使高强钢钢板完全均匀奥氏体化（图2-1状态2）；然后送入带有冷却系统的模具中在高温下进行冲压成形，材料在该温度下仅有约200MPa的强度和高于40%的伸长率，成形性能极好，可成形为形状复杂的零件；之后保压、快速冷却淬火，使奥氏体转变成马氏体（图2-1状态3），构件的强度有很大提高，其抗拉强度可达到1500MPa左右，屈服强度可达到1000MPa左右。

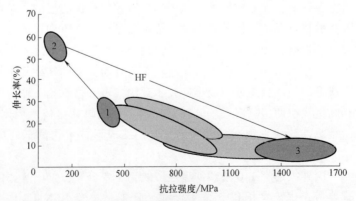

图2-1 热冲压成形技术原理

HF—热成形钢

在实际生产过程中,热冲压成形过程通常有两种工艺:直接工艺与间接工艺,如图 2-2 所示。在图 2-2a 所示的直接工艺中,将钢板置于加热炉中加热一段时间,而后将其转移到带有冷却系统的模具中,经过冲压成形和模内淬火等工序后制成热冲压工件。这种直接工艺主要用于生产形状简单而且变形程度较小的工件。在图 2-2b 所示的间接工艺中,首先对钢板进行冷冲压预成形及切边工序处理,再将其放入加热炉中加热,最后经过热冲压及淬火得到高强度的热冲压钢板。间接工艺主要用于生产一些形状比较复杂或拉深深度较大的工件。

随着热冲压成形技术的不断发展,直接成形工艺不断替代间接工艺,目前车身上用热成形零件95%以上都可采用直接成形工艺进行生产。生产线工艺流程为:料片拆垛→双料检测、打标→加热炉上料→料片加热→压力机上料→成形、保压淬火→压力机下料。辅助工艺包括前处理工艺:进料检验和落料/堆垛;后处理工艺:激光切割、抛丸防锈处理、零件检验等。

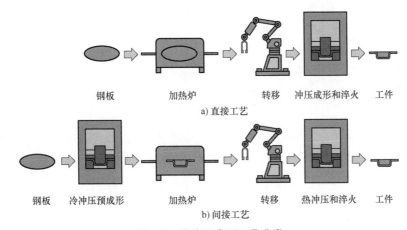

图 2-2 热冲压成形工艺分类

(3) 热冲压成形工艺的优点

与传统冷冲压成形工艺相比,热冲压成形工艺有如下诸多优点:

1) 成形性好。高温下材料成形性好,可用于成形复杂结构零件。

2) 回弹小,零件尺寸精度高。高温下成形没有回弹,消除了回弹对零件形状的影响,可实现高精度成形,这是常规冷冲压成形无法比拟的。

3) 需要模具数量少,成本低,周期短。可将冷冲压成形需要多道工序、多套模具才能成形的零件一次成形,还可将几个冷冲压件合成一个件一次成形。

4) 得到超高强度的车身零件,从而减小零件厚度,减少车身加强板、加强筋的数量,并提高车身的碰撞性能,实现车身重量的有效减轻。目前,已经研制出 1.8~2.0GPa 级别零件。

5) 所需压力机吨位小。高温下材料变形阻力小,成形力小,热冲压压力机吨位一般在1200t 以内,冷冲压成形压力机在 2500t 以上,因此可以大幅削减设备投资,减少能耗。

(4) 热冲压成形有待解决的问题

热冲压成形工艺有诸多优点的同时,也存在一些有待解决的问题:

1) 模具复杂。模具设计、加工难度大,制造及调试周期长,模具及其配套工装价格高,维护成本大。

2）工作环境相对较差。非镀层钢板热冲压后会产生氧化皮。

热冲压成形技术克服了传统冷冲压工艺成形困难、回弹严重以及容易开裂等诸多问题，已在欧、美等国汽车企业和国内汽车企业大范围应用。热冲压成形件主要应用于车身结构中对强度要求高的零部件，如图2-3所示。

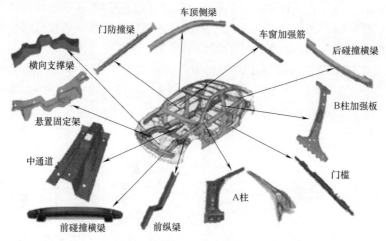

图2-3 典型的热冲压成形件

从2013~2016年的欧洲白车身会议（ECB）的统计来看，热冲压成形技术的应用比例在提高，热冲压成形零件占车身重量比率情况如表2-1所示。

表2-1 热冲压成形零件占车身重量比率情况

年份	车型	比率（%）	热冲压成形零件
2013	福特 Transit Custom	8.19	B柱、上边梁、前地板下纵梁、前地板下横梁
	本田飞度	1.2	B柱加强板
	英菲尼迪 Q50	2.2	B柱加强板
	雷克萨斯 IS	4.0	B柱加强板、上边梁、车门加强梁
	奔驰 S 级	8.0	B柱加强板、上边梁、中通道
	欧宝 Cascada	1.6	上边梁、前地板内部加强梁、中地板上横梁
	雷诺卡缤	3.7	防火墙加强梁、B柱加强板、顶盖横梁
2014	奥迪 TT	14.3	前纵梁后段、中通道、中地板上加强梁
	菲亚特 500X	10.0	上边梁、车门加强板
	马自达 2	1.7	前防撞梁、车门加强板
	标致 308	10.28	A柱加强板、上边梁、车门加强板
	斯巴鲁 WRX	2.0	上边梁、与B柱相连的顶盖横梁
	雷诺 Twingo	3.0	B柱加强板
	福特 Mustang	12.0	B柱加强板、中地板上横梁
	沃尔沃 XC90	30.0	前纵梁内板、前纵梁后段、防火墙加强梁、上边梁、B/C柱加强板、门槛、中通道、后地板上加强梁
	奔驰 C 级	11.9	上边梁、B柱加强板、防火墙加强梁、中通道加强件、前风窗下横梁

(续)

年份	车型	比率(%)	热冲压成形零件
2015	凯迪拉克 CT6	10.5	B柱加强板、上边梁
	雷诺 Espace	12.0	B柱加强板、前纵梁后段、防火墙加强梁、座椅横梁、中通道上部加强件
	宝马7系	15.0	防火墙加强梁、B柱加强板、上边梁、门槛
	欧宝 Astra	18.5	A/B柱加强板、上边梁
	马自达 MX-5	28	防火墙加强件、车门加强板
	奥迪 Q7	9.2	B柱加强板、门槛
2016	斯柯达柯迪亚克 3008	20.3	防火墙下加强梁、上边梁、B柱、中通道、后防撞梁
	沃尔沃 V90	28.9	前纵梁、前轮罩后板、防火墙加强梁、上边梁、后地板上加强梁
	讴歌 NSX	2.2	上边梁
	奥迪 A5	14.3	B柱加强板、防火墙加强梁、上边梁、门槛、中通道加强板
	标致 3008	9.4	A/B柱加强板、上边梁、车门加强板
	宾利添越	8.3	B柱加强板、上边梁、门槛、前纵梁后段内部加强梁
	阿尔法罗密欧 Giulia	12.0	A/B柱加强板、上边梁、防火墙加强梁、中通道加强板、后地板上加强梁

2.2 热冲压B柱结构对标分析

2.2.1 材料对标

目前，热冲压钢板从成分上可分为：Mn-B、Mn-Mo-B、Mn-Cr-B、Mn-Cr 和 Mn-W-Ti-B 系列，其中，Mn-B 系硼钢系列钢板的使用量最大，技术也最成熟，Mn-Mo-B 系列钢板主要是北美、欧洲等车企所用的热冲压用钢，Mn-Cr-B 为高淬透性热冲压用钢，Mn-Cr 为部分马氏体热冲压用钢，Mn-W-Ti-B 系列为韩国浦项（Posco）开发的高烘烤硬化的细晶粒热冲压用钢。目前，我国各大钢厂研发仍以 Mn-B 系硼钢系列钢板为主，热冲压用 Mn-B 钢材料化学成分如表 2-2 所示。

表 2-2　材料化学成分（质量分数）

牌号	C	Si	Mn	Cr	Mo	Al	Ti	B	N
22MnB5(%)	0.23	0.22	1.18	0.16	—	0.03	0.04	0.002	0.005
22MnB5 Al-Si 镀层(%)	0.23	0.25	1.2	0.23	0.22	0.04	0.0380	0.003	—

从总体上讲，我国热冲压材料市场上主要有：宝钢 B1500HS 材料、安赛乐米塔尔公司以 22MnB5 作为基板的 Al-Si 镀层板（USIBORl500P）、SSAB 公司的 Docol Boron 02/Domex 024B 和 Docol Boron 04/Domex044B 等裸板材料、韩国 POSCO 开发的 PCT1470 裸板及纳米镀层材料、蒂森克虏伯开发的 Mn-B 合金钢、新日铁的含硼钢等材料。从总体的用量来看，热冲压裸板材料（22MnB5 类似）及 Al-Si 镀层占据了 90% 的热冲压材料市场。

案例　B 柱冷冲压方案：HC420LA、$t=1.5\mathrm{mm}$（B 柱外板）；HC420LA、$t=2.0\mathrm{mm}$（B

柱加强板)。当B柱外板采用冷轧板时,其内部一般设计有上下贯通的B柱加强板,二者配合才能满足碰撞性能要求。

热冲压材料选择一般原则如表2-3所示。

表2-3 热冲压材料选择原则

牌　　号	厚度范围/mm	材料表面
B1500HS(不带涂层)	<1.8	冷轧表面
BR1500HS(不带涂层)	>1.8	热轧表面、热轧酸洗表面

热冲压与冷冲压零件结构设计基本一致,但热冲压零件为一次成形,也会出现开裂和起皱的现象,因此热冲压零件型面高度差不要过大,R角尽量放大。

2.2.2 结构对标

冷冲压和热冲压的B柱,截面结构尺寸上基本一致,如图2-4所示。

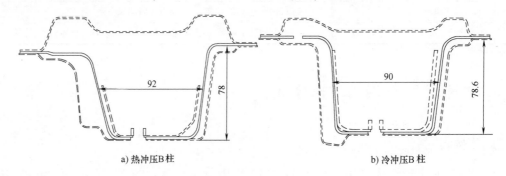

a) 热冲压B柱　　　　　　　　b) 冷冲压B柱

图2-4 B柱截面结构尺寸

热冲压B柱条件下,铰链加强板结构尺寸减小,如图2-5所示。

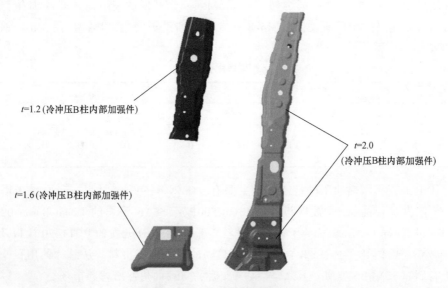

图2-5 B柱铰链加强板结构

2.2.3 表面处理

1. 带涂层

铝硅镀层板在成形时,形成氮化铝保护层可以阻止铁向镀层扩散,因此铝硅镀层在加热、冲压过程中无氧化皮生成,后续无需抛丸、涂油处理,且零件在储存过程中不生锈,耐腐蚀性能好,但原材料价格较贵且供应商单一。

2. 不带涂层

不带涂层即裸板,在加热时必须添加保护气体(惰性气体),加热过程中有氧化皮生成,需抛丸处理清除氧化皮,再进行涂油,以防止储存过程中生锈,但其原材料价格较低,具有成本优势。

2.3 热冲压B柱开发案例

2.3.1 总体方案

B柱外板采用热冲压钢板(B1500HS,$t=1.6$mm),考虑成本采用不带涂层的裸板,其内部加强件分为上、下两个零件,上加强件材料厚度为1.2mm,下加强件材料厚度为1.6mm。

2.3.2 典型断面结构形式

车身结构典型断面作为设计前期定义车身关键区域、关键结构、布置细节几何关系、校核造型可行性的重要工具。与B柱相关的断面包括B柱上部、后门上下铰链部位、前门锁扣处、后门限位器处,如图2-6所示。

B柱上部典型断面如图2-7所示,包含布置零件有:①前门玻璃;②前门密封;③前门止口处密封;④后门玻璃;⑤后门密封;⑥后门止口处密封;⑦安全带高调器;⑧后门框密封。

图2-6 B柱典型断面分布

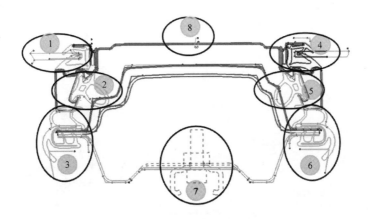

图2-7 B柱上部典型断面

前门锁扣处典型断面如图2-8所示，包含布置零件有：①后门止口密封；②后门密封；③后门运动空间；④前门止口处密封；⑤玻璃导轨；⑥前门密封；⑦胶堵。

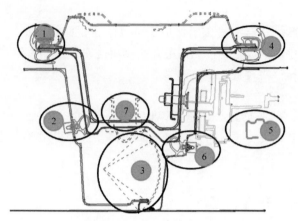

图2-8　前门锁扣处典型断面

后门上铰链处典型断面如图2-9所示，包含布置零件有：①后门止口密封；②后门密封；③后门运动空间；④前门止口处密封；⑤前门密封。

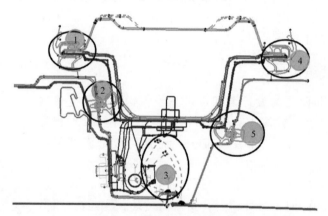

图2-9　后门上铰链处典型断面

后门下铰链处典型断面如图2-10所示，包含布置零件有：①后门止口密封；②后门密封；③后门下铰链运动空间；④前门止口处密封；⑤前门密封；⑥安全带卷收器。

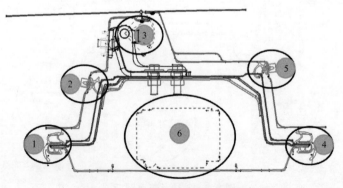

图2-10　后门下铰链处典型断面

后门限位器处典型断面如图2-11所示，包含布置零件有：①后门止口密封；②后门密封；③胶堵；④前门止口处密封；⑤前门密封；⑥后门运动空间。

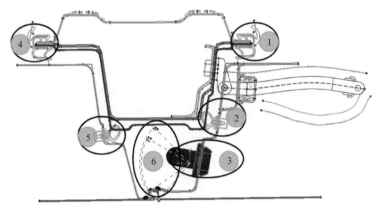

图2-11 后门限位器处典型断面

依据B柱结构的典型断面设计，B柱加强板各处位置形状基本确定。基于侧围外板几何形面设计B柱的基础面，并通过修剪形成B柱加强板的基础结构，如图2-12所示。

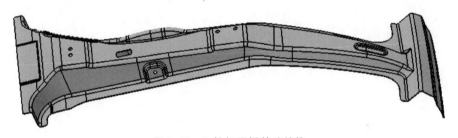

图2-12 B柱加强板基础结构

2.3.3 冲压方向确定

热冲压零件为一次成形，选择产品各方面比较均衡的方向，以保证上模时零件两边最低点能同时接触坯料为原则制定冲压方向，如图2-13所示。冲压方向确定后零件不能出现负角。

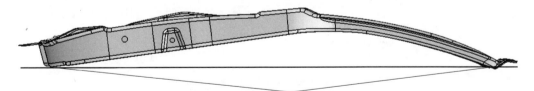

产品两边的最低点尽量做在同一高度，保证上模和坯料能同时接触

图2-13 冲压方向确定

2.3.4 细节设计

热冲压零件应该避免圆孔翻边设计，目前热冲压工艺中进行圆孔热翻边比较困难，很难达到要求的精度，且很难将坯料优化到可以翻孔位置，并且翻边后难以做激光切割，如图

2-14 所示。

热冲压零件设计翻边结构时应注意拉延-法兰边区域，这些区域有更高的起皱、开裂倾向。外凸翻边的最终线长度比初始长度短会产生压缩法兰边，如图 2-15a 所示，容易导致起皱和折叠，且起皱的趋势随翻边高度的增加而增大。内凹翻边属于伸长类翻边，产生拉伸法兰边，如图 2-15b 所示，竖边的长度在成形过程中会被拉长，当变形程度过大时，竖边边缘的切向伸长和厚度减薄就比较大，容易发生拉裂。法兰边越高，拉伸失稳越明显。无论是外凸翻边，还是内凹翻边，都应降低翻边高度和曲率。总体上说，热冲压 B 柱不宜有翻边，尤其是 90°的翻边特征。

图 2-14　热冲压零件避免圆孔翻边设计

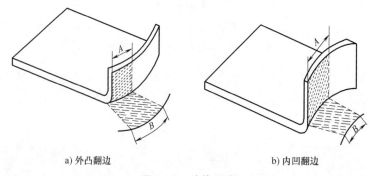

a) 外凸翻边　　　　　　b) 内凹翻边

图 2-15　外缘翻边

降低拉延深度，且成形深度尽可能相同，应能够采用一次拉延成形，避免多道次拉深。冷拉深成形中，零件易在凸模圆角处开裂。而热拉深成形时，板料与模具在凸凹模圆角处先接触，导致这些部位首先冷却硬化，变形抗力增大（图 2-16）。变形将转向温度较高、具有良好塑性流动性的拉延侧壁，导致应变集中。由于侧壁处于平面应变状态，拉延深度的增加

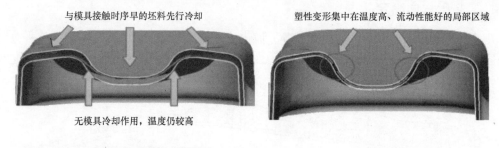

a) 接触时序不同导致温度分布不均匀　　　　b) 局部塑性变形

图 2-16　板料与模具接触时序对成形的影响

依靠材料厚度的减薄，因而易产生拉裂，且拉裂的倾向随着拉深深度的增加而加剧。

B 柱零件应尽量采用规则的形状设计，降低不对称度，B 柱的截面形状应该尽量简单对称。对称度较差的零件设计，会导致坯料难以定位（图 2-17）。此外，在成形

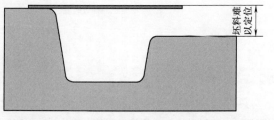

图 2-17　不对称零件设计引起的坯料定位问题

过程中，坯料还可能产生转动，模具与坯料接触状态差，甚至影响材料的流动和淬火冷却。

B柱的截面形状应避免直壁和阶梯形。直壁和阶梯形截面形状在成形过程中，材料流动阻力增大，且热板料与模具的接触状况差，接触压力低，甚至出现不与模具接触的非接触区域，影响板料快速淬火。因此，应采用锥形（α≥93°）或是抛物线形拉深成形（图2-18）。

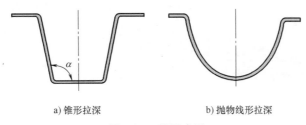

图2-18 拉深成形

侧壁的拔模角尽量加大，否则造成侧壁有可能产生非全马氏体区域，侧壁冲压拔模角最好在7°以上，冲压拔模角如图2-19所示。

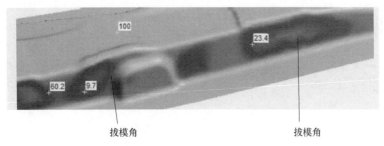

图2-19 冲压拔模角

一般情况下，零件结构中应避免出现较深和较大区域的反向冲压成形（图2-20）。若无法避免，则应采用较大的过渡圆角，防止引发由高温度梯度导致的局部变形，降低起裂风险。

反冲结构（图2-21）容易产生堆料，反冲区域的形状特征尽可能平顺过渡。

图2-20 反向冲压拉延

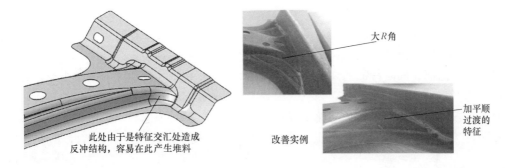

图2-21 反冲结构

拉延成形角尽可能大些，方便在成形过程中材料的流动，避免产品表面的刮伤和刮痕。

一般应满足：$R \geq 5t$（t为料厚，R为圆角半径），如图2-22所示。

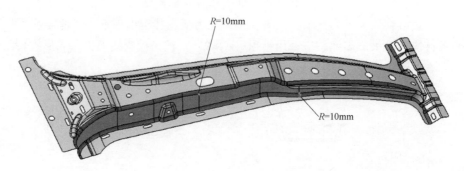

图2-22 拉延成形角设计

前门锁扣位置的凸包（图2-23）在满足功能要求的情况下，尽可能地降低高度，且凸包面的角度要尽可能大，倒角最好在R10mm以上，形状特征避免高度落差急剧变化，以减少堆料问题。

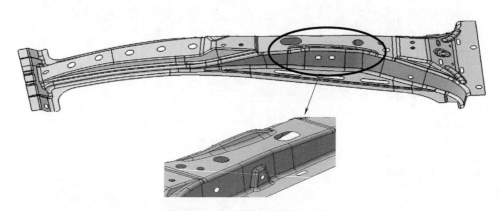

图2-23 前门锁扣位置凸包设计

设计吸皱筋，降低起皱倾向。板料在奥氏体状态下的变形抗力低，流动速度快，易形成起皱。因此，应设计吸皱筋，降低起皱倾向，如图2-24所示。

设计板件（侧壁）弯曲时，应预留切口（图2-25），防止圆角在弯曲时受压产生挤料后起皱。

避免封闭式设计，应采用开放式设计（图2-26）。封闭式的"杯状"结构会导致成形过程中材料在凸凹模拐角处产生压缩变形和起皱。

设计减少凸起、凹陷特征的高度或深度（图2-27），并增大特征处的圆角半径。这些小的特征减薄严重，易拉裂。

热冲压零件修边、冲孔都采用激光切割（图2-28），不用考虑冲压工序问题，其数量一般为≤30个，并且在弧度较大曲面上也可以切孔，且精度可以保证技术要求。

2.3.5 材料性能目标

热冲压成形后，材料屈服强度为950~1250MPa，抗拉强度为1300~1600MPa，伸长率≥6%。热冲压件组织应以马氏体为主，心部硬度不低于400 HV10。对于厚度不超过1.0mm

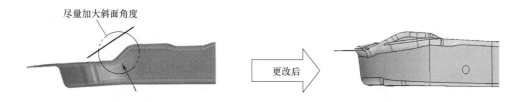

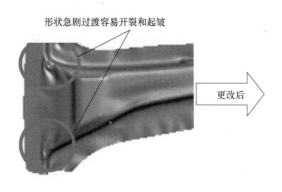

图 2-24 设计吸皱筋

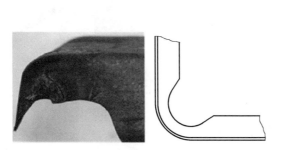

图 2-25 切口示意

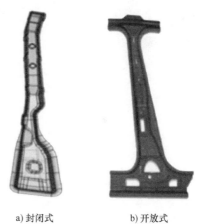

a) 封闭式 b) 开放式

图 2-26 封闭式和开放式结构示意

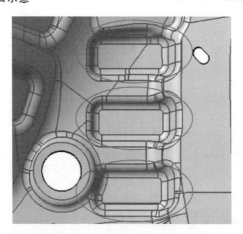

图 2-27 较深凹陷特征示意

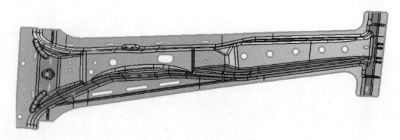

图 2-28 激光切割边界

的热冲压件，表面脱碳层深度不应超过原材料厚度的 10%；对于厚度超过 1.0mm 的热冲压件，表面脱碳层深度不超过 0.1mm。

2.3.6 产品性能 CAE 分析

从侧面碰撞仿真分析结果来看，考察项符合要求（图 2-29、图 2-30）。

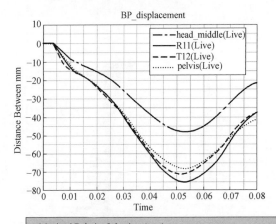

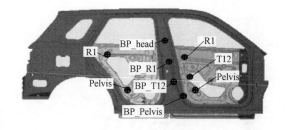

Position		Target(≤)		Max
		dyn	stat	
B_pillar	head-middle	132	110	48
	R1	132	110	76
	T12	132	110	71
	Pelvis	132	110	68

Maximal Relative Inlrusions(mm)c

图 2-29 侧碰 B 柱侵入量仿真结果

车门铰链安装点刚度仿真分析，考察项符合要求（图 2-31）。

2.3.7 产品工艺分析

1. 热冲压成形分析

热冲压数值模拟过程包含了板料加热过程中的温度场变化、热膨胀、奥氏体相变转变及奥氏体均匀化阶段；将板料传递到模具过程中红热板料的热传导、对流、辐射；板料接触模具的热传导、高温接触、高温摩擦、冷却收缩及成形与相变同时进行等复杂问题。热冲压数值模拟不仅多了温度场、相变场两个物理场,而且它们与传统冷冲压的应力场相互耦合,这使得热冲压数值模拟问题更加复杂。

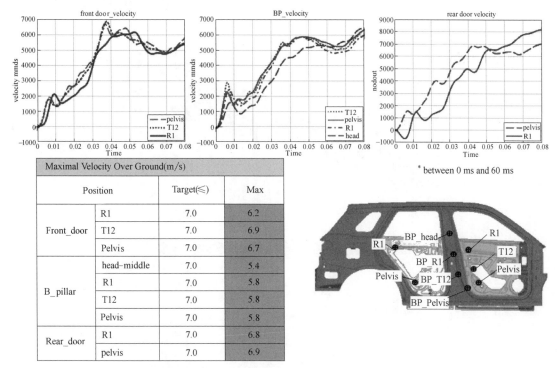

图 2-30　侧碰侵入速度仿真结果

目前,许多材料成形有限元分析软件都加入了热冲压分析模块,都能对热冲压零件进行仿真分析。Dynaform 和 Pam-stamp 软件都采用壳单元,运用动力学中心差分格式的显式算法求解,而 Autoform 软件采用三角形膜单元,基于完全拉格朗日(Total Lagrange)静力隐式解耦算法求解。

(1) 模面设计

热冲压零件为一次成形,不允许出现负角,其模面的设计与冷冲压的不同,压边圈的作用较小。使用 Autoform 软件进行分析,根据提供的 B 柱加强板零件数模,对其进行网格划分、工艺参数设置等,建立热力耦合冲压分析模型,料厚为 1.6mm,摩擦系数设为 0.4,模面设计如图 2-32 所示。

(2) 减薄率、起皱分析

热冲压仿真分析与冷冲压分析的结

图 2-31　铰链安装点刚度分析仿真界面

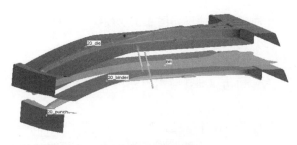

图 2-32　模面设计

果判定标准一样，主要从减薄率、厚度变化、主应变及材料流动方向等方面进行冲压仿真结果的判定。计算结果显示减薄率不大于20%（图2-33），无起皱现象（图2-34）。

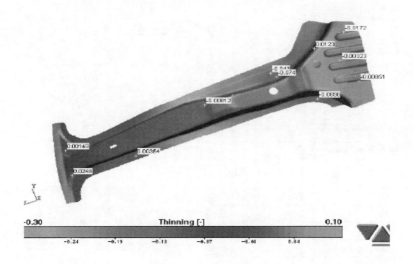

图2-33 减薄分析

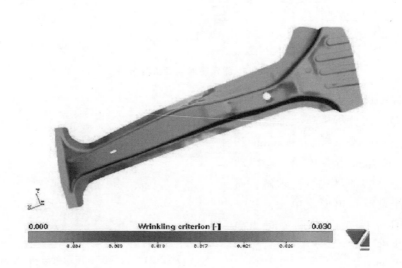

图2-34 起皱分析

热冲压变形过程如图2-35所示。

（3）马氏体含量分布（图2-36）

（4）成形后温度分布（图2-37）

（5）切边、冲孔采用激光切割（图2-38）

（6）排样设计

通过产品设计变更，B柱与其他热冲压件的材质、厚度一致，对毛坯料的合理排样设计（图2-39），可以有效降低料片尺寸，进而降低成本。

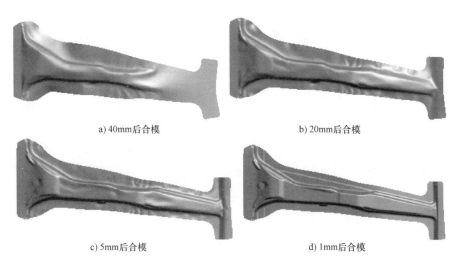

a) 40mm后合模　　　　　　　　b) 20mm后合模

c) 5mm后合模　　　　　　　　d) 1mm后合模

图 2-35　热冲压变形过程

图 2-36　马氏体含量分布

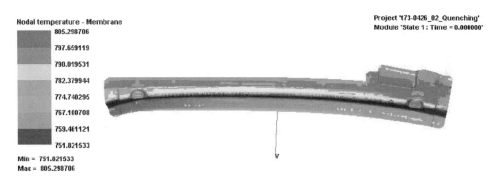

图 2-37　温度分析

图 2-38　激光切割

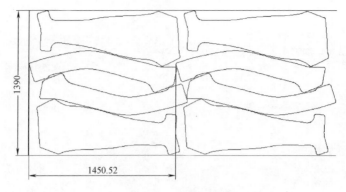

图 2-39 排样设计

2. 焊接可行性分析

(1) 有效焊接边长度最小 15mm（图 2-40）

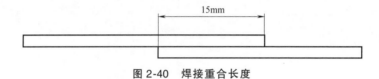

图 2-40 焊接重合长度

(2) 侧围止口焊接边长度最小 13mm（图 2-41）

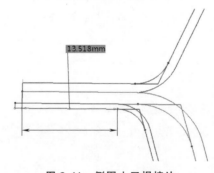

图 2-41 侧围止口焊接边

3. 涂装可行性分析

非涂层热冲压零件需抛丸、喷油（图 2-42），涂油量需控制，避免过多造成电泳液腐蚀，一般涂油量检验方法为：零件涂油后挂置 0.5h，无淌油现象即可。

图 2-42 抛丸、喷油

2.3.8 生产线及设备

引进国外的热冲压成形自动化生产线（简称热冲压生产线），将耗资近2亿元，其中，带有冷却系统的热冲压成形零件模具的设计技术、带有保护气氛的加热炉设计技术、热冲压生产线的可编程逻辑控制器（Programmable Logic Controller，PLC）总线控制系统等都是热冲压生产线建设的关键所在。

热冲压生产线设计是一个系统工程，包括自动化生产线本身的组成和管理两部分。目前，热冲压生产线上的进口设备大部分是由瑞典AP&T公司和德国舒勒公司生产的非标设备。对于这两家公司来说，大部分设备都是根据各公司标准化的生产体系定制生产的。

热冲压生产线的生产节拍决定了生产线的生产效率、设备利用率等。生产线建设初期，一个零件生产周期为20~30s（生产中通常记为2~3SPM），对工艺及设备进行改进可提高循环时间，达4~5SPM等。假如生产节拍为2~3SPM，按照一模两件计算，每分钟生产4~6件，激光切割单件工作时间为30~60s，需配备4~6台激光切割机。抛丸生产线单件处理时间较短，且大部分抛丸生产线是2件或4件同时工作，一条抛丸生产线足以满足生产节拍需要。

热冲压生产线核心设备是液压机、加热炉、上下料系统和模具，如图2-43所示，同时配备激光切割机、抛丸生产线、制氮机、冷却塔、换模装置等辅助设备。

图2-43 热冲压生产线及设备

1. 液压机

热冲压成形液压机不同于传统的液压机和机械式压力机，由于机械式压力机不具备保压功能，传统液压机快下速度慢等特点都不符合热冲压成形的要求。热冲压成形液压机要求既能快速合模，又能实现任意时间保压的功能。空程快下速度达到700mm/s，传统液压机目前的快下速度普遍为300~400mm/s，热冲压成形液压机主要参数如表2-4所示。

表2-4 热冲压成形液压机主要技术参数表

序号	主要参数名称	典型值
1	公称力	5000kN
2	回程力	500kN
3	液压垫力	1000kN
4	液体最大工作压力	25MPa
5	开口高度	2000mm
6	滑块行程	1000mm

(续)

序号	主要参数名称	典型值
7	液压垫行程	300mm
8	工作台有效尺寸(左右)	2000mm
9	工作台有效尺寸(前后)	1500mm
10	液压垫有效尺寸(左右)	1650mm
11	液压垫有效尺寸(前后)	1050mm
12	滑块速度(快速下行)	700mm/s
13	工作速度(0~1900kN 时)	75~195mm/s
14	工作速度(1900~5000kN 时)	30~75mm/s
15	回程速度	450mm/s
16	液压垫顶起速度	80mm/s
17	回程速度	120mm/s
18	移动工作台承重	17t
19	侧向移动距离	3000mm
20	移动速度	50mm/s
21	主电机功率	180kW

2. 上下料系统

热冲压生产线上下料系统包含加热炉上下料机械手、液压机上下料机械手,如图 2-44 所示。设备可以实现机械手暂停,方便工人对模具上油,所有设备可以 24h 连续工作,其主要技术参数如表 2-5 所示。

图 2-44 上下料系统

表 2-5 上下料系统主要技术参数

序号	主要参数名称	加热炉上下料机械手	液压机上下料机械手
1	X 轴最大位移/mm	2800	2800
2	Y 轴最大位移/mm	4000	3200
3	Z 轴最大位移/mm	1800	500
4	最大负载/kg	120	120
5	定位精度/mm	±1	±1
6	最大 X 轴移动速度/(mm/s)	5000	5000
7	最大 Y 轴移动速度/(mm/s)	3500	3500
8	最大 Z 轴移动速度/(mm/s)	800	800

3. 激光切割机

激光切割机主要用于成形后板料的切边和切孔，选取合适的激光器决定了合理的激光切割精度，选用固体激光器，采用柔性化控制。其主要技术条件为：

1) 切割宽度为 1000~3000mm。
2) 精度高：定位精度为 0.05mm，重复定位精度为 0.02mm。
3) 切缝窄：切口宽度一般为 0.10~0.20mm。
4) 切割面光滑：切割面无毛刺，切口表面粗糙度一般控制在 $Ra12.5\mu m$ 以内。
5) 速度快：最大定位速度可达 50m/min。
6) 切割质量好：无接触切割，切边受热影响很小，基本没有工件热变形，完全避免材料冲剪时形成的塌边，切缝一般不需要二次加工。
7) 不损伤工件：激光切割头不会与材料表面相接触，保证不划伤工件。
8) 不受被切材料的硬度影响：激光可以对钢板、不锈钢、铝合金板、硬质合金等进行加工，不管什么样的硬度，都可以进行无变形切割。
9) 不受工件形状的影响：激光加工柔性好，可以加工任意图形，可以切割管材及其他异型材。

激光切割机主要技术参数如表2-6所示。

表2-6 激光切割机主要技术参数

序号	主要参数名称	典型值
1	X轴移动量	4500mm
2	Y轴移动量	1150mm
3	Z轴移动量	500mm
4	C轴旋转角度	±700°
5	A轴旋转角度	±135°
6	X/Y/Z轴进给速度	100m/min
7	C/A轴旋转速度	540°/s
8	X/Y/Z轴定位精度	±0.05mm 以下
9	C/A轴精度	±0.015° 以下

2.4 热冲压零件工装开发

热冲压零件的工装，主要有热冲压模具、落料模具、激光切割夹具、检具、端拾器，部分零件还含有快速模具，以及热冲压零件的冷切模具。本节主要对热冲压零件模具进行介绍，热冲压模具大多采用板式结构，用标准内六角螺栓固定模块，凸凹模采用镶块结构，内置冷却水道，采用可升降定位热坯料托料杆，模板水槽串联各模块的冷却水道。

2.4.1 热冲压模具的工艺设计

1. 热冲压模具稳定性工艺设计方式

热冲压模具工艺的设计方式，直接决定了冲压成形过程中零件的成形性、生产稳定性。

模具结构一般分为以下四种：
1）两件式结构，如图2-45所示。
2）带有上活动块的三件式结构，如图2-46所示。
3）带有下活动块的四件式结构，如图2-47所示。
4）带有上、下活动块的四件式结构，如图2-48所示。

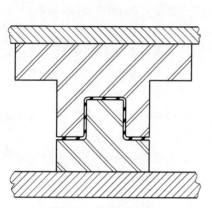

图2-45 两件式结构

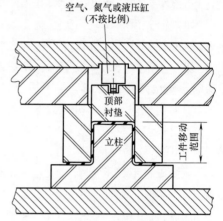

图2-46 三件式结构

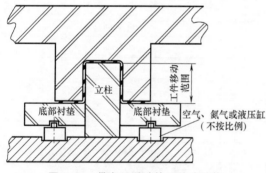

图2-47 带有下活动块四件式结构

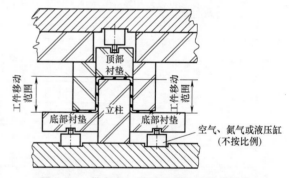

图2-48 带有上、下活动块的四件式结构

一般来说，活动部件越少，模具动作越简单，模具结构也越容易加工制造；活动部件越多，对零件成形过程控制越精细，模具结构越复杂。

针对不同的热冲压零件断面形状，热冲压模具也需要采用不同的模具结构形式。热冲压常见的A柱、B柱零件，其热冲压模具结构介绍如下。

典型的A柱零件，其形状和断面如图2-49所示。

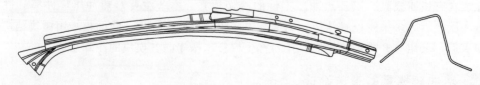

图2-49 A柱零件形状及断面

A柱零件一般断面形状比较简单，热冲压工艺一般采用两件式结构，上下模具直接压制

成形；对于部分模具结构，为了防止冲压过程中料片窜动，一般会做几个小的局部预压块。

以典型的 B 柱零件为例，其形状和断面如图 2-50 所示。

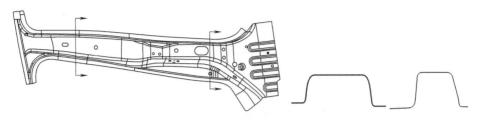

图 2-50　B 柱零件形状及断面

B 柱零件一般断面形状相对比较复杂，底端断面成形深度较深，宽度也较大；向头部成形深度逐渐变浅，跨度也变窄。B 柱热冲压工艺一般采用具有顶部衬垫的三件式结构，由上模、下模、压料器构成，压料器先压住大头位置中间部分，再使用上模冲压成形，如图 2-51 所示。

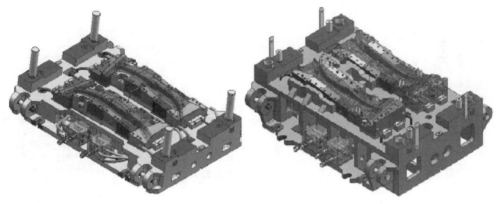

图 2-51　B 柱模具

对于法兰边宽度较大、在法兰面平面内有较大翘曲的零件，一般还需要做下托芯，以便控制成形过程中的起皱。在这种情况下，模具变成带有上、下活动块的四件式结构，其热冲压模具如图 2-52 所示。

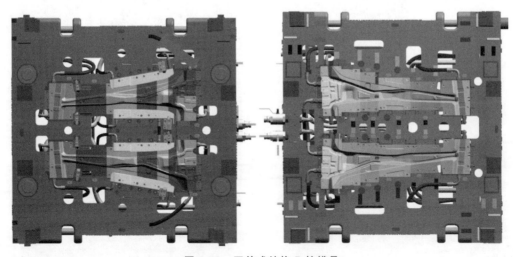

图 2-52　四件式结构 B 柱模具

2. 热冲压模具的零件排布组合方式

热冲压的生产过程在高温下进行，一般采用自动化的上下料系统，热冲压模具的结构设计，需要与热冲压生产线的设备相匹配。

热冲压零件的冲压过程，与传统冷冲压过程相比，在料片冲压成形后，增加了一个保压的过程，因此，热冲压的冲次周期大于冷冲压的冲次周期。

同时，热冲压一般应用于车身上的加强结构件，其零件尺寸相对偏小。

综合以上特点，目前热冲压一般尽可能地采用一模多件技术，以提高生产效率。

典型的热冲压零件的模具排布方式，一般按如下方式进行：

1) 对于地板中通道、前围板等较大的零件，一般采用"1模1出"的方式进行模具排布设计。

2) 常规的零件，例如B柱、前纵梁等零件，考虑到加热炉宽度、液压机台面尺寸、冷却系统的冷却能力等，一般来说采用"1模2出"的方式进行模具排布设计，如图2-53所示。

图2-53 "1模2出"模具排布设计

3) 门防撞梁、顶盖横梁、地板纵梁加强板等细长形梁夹件，一般采用"1模4出"的方式进行模具排布设计，如图2-54所示。

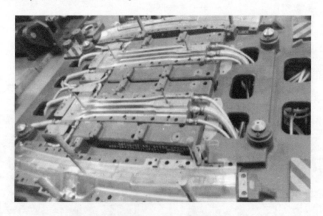

图2-54 "1模4出"模具排布设计

4) 对于其他小件，通过合理的工艺连料，可以做到"1模6出"或"1模8出"，从而大幅提高生产效率。

2.4.2 热冲压模具结构设计

1. 热冲压模具的主要构成

热冲压模具主要由基体、镶块、导向部件、定位系统、退料部件、冷却循环系统等构成,如图 2-55 所示。

模具的基体、导向部件,采用的材质或零部件与传统冷冲压一致。基体(模架)一般采用 HT300 材质铸造,导向采用导柱、导套或者导腿形式,其设计方法与传统冷冲压基本一致;而冷却系统、退料部件、定位系统的设计需要根据热冲压的特点进行专门的设计。

2. 热冲压模具的镶块材质

由于钢板热量的传递,在冲压前以及冲压过程中短暂的时间内,热冲压模具的镶块表面温度急速上升,随后在保压过程中逐步冷却。镶块表面的温度长期在 70~300℃ 之间交替变化。

对于热冲压生产来说,热冲压模具镶块材料具有以下特性:导热性能、抗高温回火性能、延展性/韧性、热屈服强度、热膨胀系数、耐磨性能、可焊接性。

为了满足以上要求,热冲压模具镶块材料,需要严格控制钢材的化学成分,遵守严谨的热处理工艺条件。

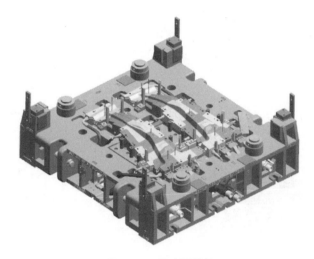

图 2-55 热冲压模具

对于生产出来的镶块材料,需要对实物进行金相组织检查,检测镶块材质的非金属夹杂物(纯净度),测试不同温度下的冲击韧性(V形口),检测镶块材质在高温(400~600℃)下的热传导性能、强度,以及硬度随保温时间的变化等。

3. 热冲压模具的水路设计

(1) 热冲压模具的水路结构

为了对加热后的板材实施有效的冷却淬火,热冲压模具的一个典型特征是镶块模面下方约 10~15mm 范围内布满了冷却水道。有效的水道设计,需要在满足强度要求的情况下,实现快速冷却(冷却速度不小于 27℃/s)。模具需满足一定的传热效率并确保模具型腔表面温度均匀。

热冲压模具的水路,一般采用深钻孔或者铣刀加工方式。冷却水路系统设计目前主要有以下几种方式:①分段式倒 U 形水路;②直通式水路;③壳式水路;④插片式水路。其中,前两种采用深钻孔方式加工,后两种采用铣切削加工。

1)分段式倒 U 形水路。根据分段的位置,一般有以下两种,如图 2-56 和图 2-57 所示。

2)直通式水路。整个镶块组从头开始,一条水路直通到底。相邻的镶块之前没有水路折弯减速效应,有利于保障水流速度,水流可快速通过。由于此特点,直通式水路(图 2-58)是目前热冲压模具水路设计的主流方案。

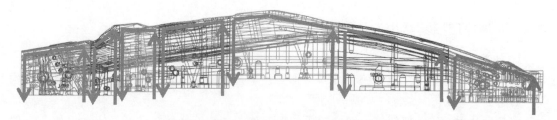

图 2-56 单个镶块内循环的倒 U 形水路设计

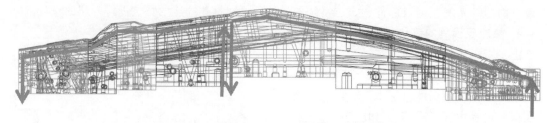

图 2-57 单个镶块组合内循环的倒 U 形水路设计

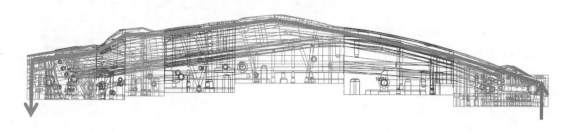

图 2-58 直通式水路

由于一组镶块全部串行为一体,直通水路一个不便利之处是拆卸、安装其中某个镶块的时候,需要将全组的镶块拆开,这会造成维护保养不便。另外,直通式水路镶块与镶块之间的密封全部采用橡胶密封圈,冲压到一定冲次后,橡胶老化失效的可能性增大,会增加维修的频次。

分段式倒 U 形水路、直通式水路加工采用的设备都是枪钻。由于机加工的钻机,仅可在直线方向加工,对于多个方向翘曲的复杂型面,采用深钻孔加工水道的方式比较困难。后面的两种水路设计方式,是通过机械铣切削加工的方式来实现水路的效果。

3) 壳式水路。由于加工工艺限制,深钻孔方式加工的水道与模面之间的距离很难做到均匀一致,从而导致零件出模后精度受到影响,壳式水路则解决了这个问题,如图 2-59 所示。

 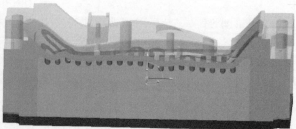

图 2-59 壳式水路

当然，壳式水路也有缺点，首先，壳式水路两端壁厚区域冷却效果不及中央部分；其次，壳式水路对高度方向的装配精度提出了更高的要求；最后，模面所在整体薄层强度欠佳，冲压过程中受力容易发生永久性损伤。

4）插片式水路。插片式水路（图2-60）能针对性地解决壳式水路的缺点，但由于较大的加工量，目前未被普遍采用。

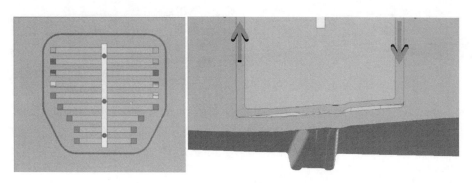

图2-60　插片式水路

（2）热冲压模具的水路连接方式和密封设计

水路从压力机接口处通过快插接头连接进入模具，然后通过模具分水块，给各部分镶块进行供水，如图2-61所示。

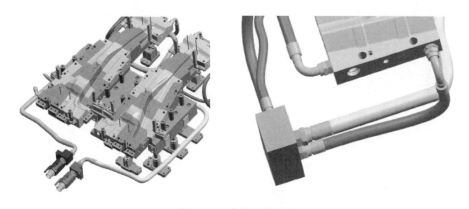

图2-61　水路连接方式

镶块之间通过直接孔连接的水路，镶块之间一般采用O形密封圈进行密封，两个镶块在长度方向需要设计锁紧螺钉，通过螺钉锁紧，确保不发生漏水，如图2-62所示。

4. 热冲压模具的板料设计原则

热冲压生产的关键在于提高生产效率，降低生产成本，原材料成本占热冲压零件成本的40%~60%，优良的板料设计是热冲压生产的关键技术之一。

由于热冲压工艺特点类似于冷冲压的非拉延成形，热冲压工艺过程具有缩小废料区的板料尺寸的能力，因此，热冲压的板料一般都尽可能得小，产品边界周圈除了预留3~10mm激光切割余量外，基本接近净尺寸。

（1）第一个原则是满足成形性

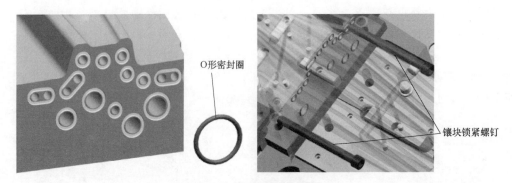

图 2-62 镶块的密封与连接

案例 B柱零件的板料设计，热冲压后周圈留有5mm左右激光切割余量，产品分析发现底部大头段成形过程中减薄过大，首轮调试出现开裂。然后通过仿真分析，并现场验证，局部适当将料片增大，最终解决了此问题，如图2-63所示。

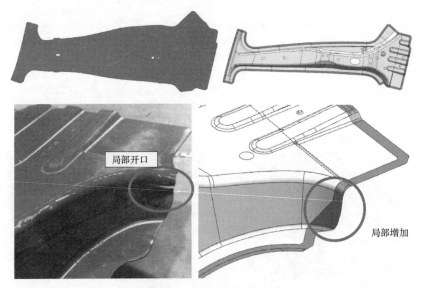

图 2-63 增加板料满足成形性

（2）第二个原则是满足生产工艺性稳定性

板料设计需要考虑生产过程中的稳定性问题，主要体现在以下几个方面：

1）辊底式加热炉，出炉撞阻挡器的位置设计。
2）加热炉对中位置板料局部边线设计。
3）端拾器抓取板料位置局部形状考虑。
4）热压模具上定位用孔设计、定位杆位置局部边线形状考虑。
5）冲压完成，脱模零件料片顶出辅助特征设计。
6）后续定位用板料辅助特征设计。

案例 下B柱的板料设计就需要考虑稳定性问题。料片在加热炉内运行中并非一条完整的直线，料片在加热炉撞料端错开10mm的距离，出炉撞挡板后容易发生偏离，不利于料片进行对中，如图2-64所示。

（3）第三个原则是在满足前2个原则同时兼顾经济性，尽可能缩小板料

以上所述原则，需要结合现场调试、落料工艺设计综合考虑，最终确定板料的形状。图2-65为某B柱最终的落料工艺排样图。

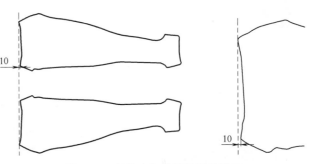

图2-64　料片在加热炉撞料端错开

5. 热冲压模具的定位系统设计

热冲压模具对料片的定位系统设计，一般采用边缘定位杆初定位、定位销精确定位的方式进行，如图2-66所示。其周圈采用四个定位杆对料片进行粗定位，板料中央采用一个圆孔加一个长圆圈孔的方式，来实现精确定位。

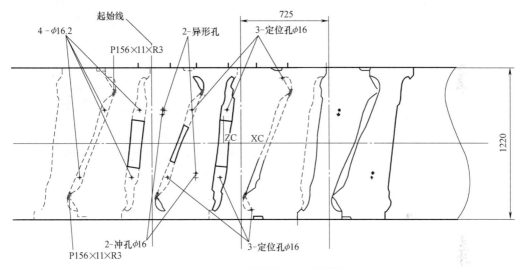

图2-65　B柱落料工艺排样图

（1）定位杆设计注意事项

1）周圈定位杆的高度，应该高于定位销的高度，起到初始导向的作用，但是也不能过高，否则冲压后取件需要的取件空间加大。

2）定位杆一般采用带托料爪的设计，避免料片放入模具的瞬间大面积接触凸模，温降过快。

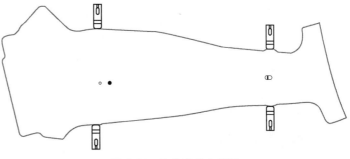

图2-66　B柱定位布置图

3）定位杆在模具结构上需要留出足够的调整空间，需要考虑料片的热胀冷缩效应。

4）定位杆需要有足够的强度，冲压过程中定位杆温度会升高，对于分段焊接式定位杆的强度不利，需要做加强筋增强，避免生产过程中断裂。

（2）定位孔、定位销设计注意事项

1)板料上定位孔必须为一个圆孔,一个长圆孔。圆孔的孔心与长圆孔直边段在一条直线上,保证板料冲压过程中的热胀冷缩不会造成卡死定位销或拉断定位销。

2)翻边孔位置设计,尽量靠近圆孔区域。翻边销一定要设计退料装置,因为成形后,由于冷收缩效应,容易将定位销卡死,无法退料。

3)为了防止定位销断裂,圆孔定位销尽量设计在成形过程中材料不发生流动或流动较小的区域。如果非得设计在材料流动大的区域,定位销所在区域需要设置压料装置,在整理料片成形前先行压住该区域,防止成形过程中,出现料片拉断定位销的情况。

2.4.3 热冲压模具的加工制造

1. 热冲压模具的加工制造流程

模具结构设计完成后,会分为以下两部分开始实施制造:①模具本体实型、模具本体铸造、模具本体加工;②镶块采购、镶块水道加工、镶块3D粗仿形、镶块淬火、镶块装配。

两部分并行进行,同时工作完成后,将镶块安装到模座上,进行整体仿形,然后安装模具标准件与非标件等装配工作,最后开始调试并出件。

一个标准的热冲压模具项目运作流程如图2-67所示。

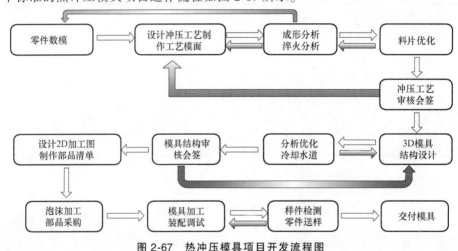

图2-67 热冲压模具项目开发流程图

2. 热冲压模具的开发周期

(1)热冲压量产模具的开发周期

从接到产品开始到交出合格的工装样件,热冲压模具的开发周期根据零件的复杂程度不同,一般需要5~6.5个月,如图2-68所示。

专家点拨

关于开发周期,由于TRB、TWB板材获取渠道特殊,如市场上找不到现货的情况下,重新制作周期为7~8个月,超过模具本身的开发周期,需提前准备。

关于产品变更的模具开发周期,传统冷冲压项目可通过先将模具底座铸造出来,等产品变更完成后再加工镶块的方式来缩短产品设计变更的模具开发周期。对于热冲压模具,由于镶块的加工周期是整个模具加工中周期最长的部分,且镶块模面下方全是水道,因此,需要从新的产品加工指令下发后开始计算模具开发周期,无法再采用冷冲压的方式来缩短产品变更的模具开发周期。

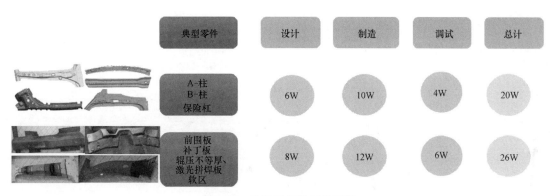

图 2-68 热冲压模具开发周期

(2) 热冲压快速模具的开发周期

基于验证产品设计可行性、项目周期紧张等情况考虑，可以采用快速模具来提供小批量的样件。快速模具，行业内一般称为软模，不考虑批量生产的要求，仅保证能提供样件为目的。

通过使用标准模座、简化模具脱模动作、取消镶块水道等一系列操作，大幅缩短模具的开发周期，一般开发周期为 2~2.5 个月。

由于快速模具仅仅为提供前期试装样件，快速模具的样件与产品的复合率一般在 80%~90%；同时因为无冷却水道，每次生产一件后，需等模具冷却下来后再进行下一件的生产，约 15min 能生产一冲次，生产效率较低。另外，由于采用的镶块材质、热处理工艺等因素，一般快速模具仅能提供 300~500 冲次的样件生产能力。

2.4.4 热冲压模具的检查与验收

热冲压模具的验收，主要从以下几个方面来进行检查：外观、安全部件、导向、镶块、型面、定位件、活动部件、水路、电路、气路油路、生产线匹配等，验收过程一般重点关注以下三方面：

1. 静态检查

包括模具外观检查、起吊以及安全部件检查、导向间隙检查、密封性检查、镶块硬度检查、镶块安装间隙检查、水路畅通性以及密封效果检查，与生产线安装匹配相关的检查等。

2. 动态检查

包括研合率检查、料片投入模具动作稳定性检查、卸料可靠性检查、气路（或油路）动作检查、热点区域检查、装配拆卸便利性检查、批量生产能力检查、生产裕度检查等。

3. 热冲压零件性能检查

热冲压后的零件，主要检查几何尺寸、零件成形风险区局部、零件表面质量。力学性能方面主要检查零件硬度、抗拉强度、屈服强度、硬断后伸长率、金相组织。对于涂层板材料的热冲压零件，需要检查零件**涂层厚度**，对于裸板材料的热冲压零件，需要检查**脱碳层厚度**。

热冲压模具验收一般按照各个公司设定的验收表格进行，验收合格的模具，经过双方确认后，则可以发运到母线进行调试并批量生产。

热冲压模具的典型动态验收表示例如表 2-7 所示。

表 2-7 热冲压模具的动态验收表示例（部分）

类别 Item	子项 NO	内容 Content	检查方法 Check method	技术要求 Technical requirements	检查结果 Result 不合格：合格√；不合格×；可放行→；未检查☉ Not Available×；OK √；No Ok×；Can be release→；Not check☉				备注说明 Remark
一 模具起吊 Tooling lift	1	模具起吊 Tooling lift	实测 Actual Measure	要求模具能正常起吊、翻转无任何干涉、挂钢绳； Normal operation, turn without any interference, hanging wire.					
二 生产线匹配 Home line match	2	快速定位 Fast location	直尺 Ruler	定位销直径60，设计4处，与压机位置对应，中心距为300mm整数倍，形状为喇叭口形 Location pin diameter 60, design 4, corresponding with press position:The shape is a horn					
	3	下模压板槽 Lower die clamping slot	直尺 Ruler	高度60mm；宽度40mm；位置与压机对应 60 mm height，40 mm inner wide, and press the corresponding position					
	4	上模压板槽（快卡）Upper die clamping slot (automatic clamping)	直尺 Ruler	高度60mm；宽度40mm；位置与压机对应 60 mm height，40 mm inner wide, and press the corresponding position					
	5	上模快卡(automatic clamping)	直尺 Ruler	感知面宽度140mm Perception surface width of 140 mm,					
	6	上模快卡(automatic clamping)	直尺 Ruler	高度空间170mm space need 170mm					
	7	中心键 Center key	直尺 Ruler	中心键槽高度20，宽度32 Center key hight 20, wide32					
三 水路 Water Channel	8	水管分布合理、美观、稳固 The water pipes are reasonable, beautiful and stable	目视 visual	模具成型时水管与铸件及锻件无干涉，水管分布美观且稳固 The water pipes are not interfered with castings and steel, and the water pipes are beautiful and stable					
	9	水管、接头 Water pipe,connector	目视 visual	水管不得老化，脱落漏水等 Water Pipe shall not be aging, fall off leaking, etc					
	10	水管标识 Water pipe distinguish	目视 visual	冷水水管蓝色，热水管（模具出水）红色 cold water pipe blue， hot water pipe（out of tooling）red					
	11	分水块 Water divided block（water go in tooling）	目视 visual	不得有生锈、漏水情况 No rusting and leakage					
	12	分水块位置 Water divided block position	直尺 Ruler	水管分布不得与上下模快卡干涉，需留170mm安全距离 Reasonable water piping distribution					
	13	分水块数量 Water divided block number	目视 visual	每路水路单独使用一个分水块，不得共用分水块 Each channel is used by a separate water block					
四 气路 Air circuit	14	接线盒位置及防护 Location and protection of the terminal box	目视 visual	线盒采用铁质线盒					
	15	气顶动作 Part lifting action	目视 visual	气顶针顶出顺畅，无卡顿 The gas thimble is smooth, not carton					
	16	气路转接头位置及防护 The position and protection of the gas circuit	目视 visual	气路转接头安装时气孔方向与工作台平面平行，且需面装铁板进行防火保护 When the gas circuit adapter is installed, the stomata direction is parallel to the surface of the workbench, and the iron plate is required to be protected by fire protection					
	17	整线信号匹配 The whole line matches	实测 Actual Measure	每个气缸需串联在每个气缸接线圈标号上，可追溯 Each cylinder should be in series and each cylinder shall be labeled					

2.5 零部件DVP试验

2.5.1 材质分析

（1）成形前钢板化学成分检验（表2-8）

表2-8 热冲压成形用钢板化学成分 （单位：%）

牌号	化学成分质量分数										
	C	Si	Mn	P	S	Al	B	N	Cr	Ti	Mo
B1500HS	0.20~0.25	≤0.5	1.0~1.5	≤0.025	≤0.01	0.01~0.06	≤0.005	≤0.008	≤0.35	0.02~0.05	≤0.35
BR1500HS											

（2）成形后钢板材料金相分析

热冲压成形零件的金相组织主要为马氏体组织，一般要求达到95%以上，如图2-69所示。在强度满足要求的前提下，允许有少量的铁素体、贝氏体或残余奥氏体组织存在。

金相试验取样需要选取平面位置，因为热冲压成形零件接触模具的时间先后顺序会影响金相组织，所以分别在平行和垂直冲压两个方向上取样条。

2.5.2 拉伸试验

对于拉伸试验取样，方法与金相试验相同，也是分别在平行和垂直冲压方向两个方向上取样条，见图2-70。采用JIS Z2241规定的No.5试样。一般要求拉伸屈服强度为950~

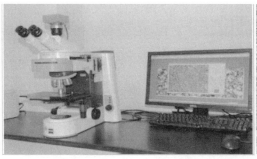 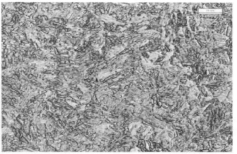

图 2-69 热冲压成形零件金相组织

1250MPa，抗拉强度为 1300~1600MPa，伸长率≥6%。

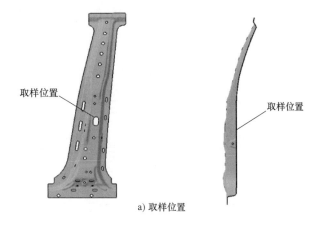

a) 取样位置

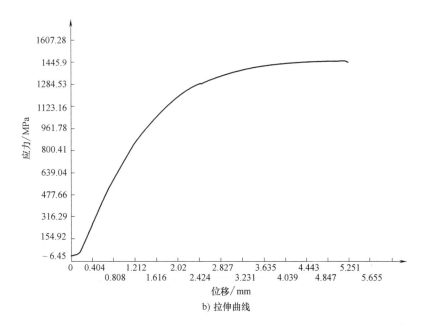

b) 拉伸曲线

图 2-70 金相试验取样位置及拉伸曲线

1. 力学性能分析

检验设备：拉伸试验机按照 GB/T 228—2002 标准进行测试，热冲压成形零件力学性能需满足表 2-9 所示的要求。

表 2-9　力学性能要求

牌号	屈服强度/MPa	抗拉强度/MPa	断后伸长率
B1500HS	950~1250	1300~1700	≥6%
BR1500HS			

拉伸试验测试结果如图 2-70 和表 2-10 所示。

表 2-10　拉伸试验测试结果

	屈服强度($\sigma_p 0.2$)/MPa	抗拉强度(σ_m)/MPa	断后伸长率(A)(%)	最大力(F_m)/N
试样 1	985.3425	1457.5889	7.4400	28718.5801

2. 硬度分析

检验设备为维氏硬度仪，硬度试验取样与金相试验一样。热冲压零件硬度检测标准见表 2-11。

表 2-11　硬度检测标准

牌号	HV	HRV
B1500HS	≥400	≥40
BR1500HS		

3. 零件质量检验

（1）外观质量要求

热冲压件表面无叠料、开裂、划痕、锈蚀等缺陷，搭接面毛刺公差不超过 0.2mm，自由面毛刺公差不超过 0.5mm。裸板热冲压成形后，零件表面应无氧化皮，通过电泳后进行划格试验，应符合 GB/T 9286—1998 的规定，评判等级应小于 3 级。

（2）零件尺寸检验

先用便携式关节臂扫描仪对零件原始数据进行采集，采集误差在 0.1mm 以内，然后采用 Geomgic Qualify12 软件，对实测点云与理论数模进行比对。比对原理首先采用特征点（孔、槽）进行特征对齐比对，再采用最佳拟合对齐方式比对，最后得出比对结果。为了将比对后的实测点云与理论数模的误差能直观地表示出来，采用 Geomgic Quality12 软件中的"3D 比较"的色谱颜色段表示两者之间的误差，用详细的偏差值标示出色谱图，可得到实际偏差，如图 2-71 所示。

量产时，根据产品几何尺寸和公差（GD&T）图样，采用检具对零件尺寸进行检测，如图 2-72 所示。

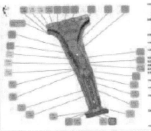

图 2-71 三坐标测量设备及检测

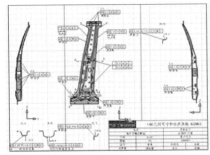

图 2-72 热冲压 B 柱零件 GD&T 图样示例及检具

2.5.3 整车碰撞试验

2018 版 C-NCAP 侧面碰撞试验采用了新的移动壁障试验装置，总重量提高了 350kg，高达 1300kg，整体长度增大至 1700mm，对于抵抗侧面碰撞的主要部件 B 柱提出更严格的挑战。例如，中华 V7 车型使用了热冲压 B 柱、热冲压门防撞梁、高强钢辊压门槛，在 C-NCAP 侧面碰撞试验（图 2-73）中，获得满分的优秀成绩（表 2-12）。试验结果表明，热冲压 B 柱起到了很好的支撑作用，有效减小了碰撞变形，提高了对前后排乘员的保护，碰撞安全试验结果满足标准要求。

图 2-73 侧面碰撞试验

表 2-12 侧面碰撞试验结果

分值及得分	前排分值及得分				后排分值及得分			
	头部	胸部	腹部	骨盆	头部	胸部	腹部	骨盆
满分	4	4	4	4	1	1	1	1
试验得分	4.000	4.000	4.000	4.000	1.000	1.000	1.000	1.000

2.6 总结

一般的高强钢钢板的抗拉强度为 400~450MPa，而热冲压成形钢材加热前抗拉强度就已达到 500~800MPa，加热冲压后则可提高至 1300~1600MPa，为普通钢材的 3~4 倍，其硬度仅次于陶瓷，但又具有钢材的韧性。因此，由热冲压成形钢板制成的车身极大地提高了车身的抗碰撞能力和整体安全性，在碰撞中会对车内人员起到很好的保护作用。

由于热冲压零件极高的材料强度，因此在设计时可用一个热冲压零件代替多个普通钢板零件。在保证强度的情况下，减少零件数量，可降低成本并实现减重。

热冲压钢板具有很好的材料成形准确度，消除材料回弹的影响，可以实现复杂的形状。由于热冲压钢板的特殊性质，并且是加热后成形，因此可以在一道工序完成普通冷冲压成形需多道工序才能完成的复杂形状。一次成形的工艺好处在于可以确保钢板在加工过程中，钢板内部纤维流向不必受到二次受力的冲击，保证钢板保持最好的强度和韧度，而且在零件成形后进行快速冷却，零件成形后的回弹量很小，极大地提高了材料成形准确度，保证了零件尺寸精度，为下一步的车身焊接打下良好的基础。

关键技术点主要有以下几个方面：

1）热冲压的仿真分析过程中应考虑材料成形温度、降温速率及相变行为的本构关系描述。材料的本构关系是表征材料力学性质的数学关系式，准确的流变行为描述是影响计算机仿真精度的首要条件，对于丰富板料成形理论有重要的意义。在材料本构关系研究中，热冲压过程耦合了传热和力学性能。在一定板料升温速度和降温速度下进行高温拉伸试验，根据应力-应变曲线可进行本构描述，但考虑到成形过程中，不同板料降温速度会使构成各相的体积比不同，应力—应变曲线也不同，因此可通过改变试验条件，获得考虑降温速率及相变行为等的材料本构关系。

2）热冲压的仿真分析过程中应考虑成形温度、降温速率和相变行为的热冲压成形极限。在以弯曲为主的成形情况下，热冲压不会发生冷加工成形时的问题，即弹性变形。但在对复杂部件进行成形时，需要进行凸肚、深冲和凸缘等成形加工，必须弄清它们在高温下的成形极限。变形阻抗不仅与温度有关，而且冲头接触部分温度的下降和氧化铁皮的润滑效果会产生复合影响。因此通过改进常温成形极限试验装置，考虑成形温度、降温速度及材料相变行为等，建立热冲压成形极限很有必要。

3）加强对热冲压零件的质量控制。热冲压零件最终质量既受宏观工艺条件影响，又由材料微观组织变化决定。一方面冲压过程中零件的温度不均匀性直接导致最终零件性能的不均匀性；另一方面控制冲压作业线的节拍与零件的最终性能呈对立关系。如果在冲压零件没有充分冷却时就从金属模取出，制品的硬度和形状精度会下降。因此，针对不同零件，在进行模具结构及其冷却系统设计,改进冷却水道的布置,提高模具冷却速度的同时,保障零件均匀降温,是热冲压零件质量控制的重要手段。

4)热冲压模具技术一直是热冲压成形技术的核心,是模具设计、计算机仿真分析、优化设计及先进加工技术的集成。具体来说,工艺面设计根据热冲压成形的特点进行成形分析,根据分析结果,找出解决成形困难的措施,如优化零件形状、修改模面、增设拉延筋等方法。冷却水道优化设计是热冲压模具的关键,水道直径大小、到模面距离都是关键的参数,冷却水道的布置在考虑可加工性的条件下,必须是尽量贴近模面,这样才能保证冷却效果。除此之外,冷却水管的接口应具备可快速拆卸,便于运输和安装,冷却水管的布置与模体的布局相匹配,可结合流体仿真技术验证冷却水道设计的合理性。目前采用的压边装置为氮气弹簧,可以根据水道的布置和模体设计灵活地布置氮气弹簧的位置。最后需要对设计的模具进行强度校核,确保模具使用的寿命。

新型热冲压成形技术,如不等强度、不等厚度热冲压、补丁板、激光拼焊门环已经在部分量产车型应用。比如,分段强化技术使B柱下部分的抗拉强度降低,从而更有效地提高侧面碰撞安全性;不等厚板热冲压B柱,抗碰撞性能得到更细致的控制;基于激光拼焊板整体式热冲压门环,更有效地提高车身刚度及安全性;预先点焊补丁板后一起热冲压,加强局部结构的同时可降低开发成本。

参考文献

[1] 曹立波,白中浩,千年妃,等. 汽车车身结构与设计 [M]. 北京:人民交通出版社,2012.
[2] 马鸣图,张宜生,王智文,等. 热冲压B柱设计方法 [C] //中国汽车工程学会. 2013中国汽车工程学会论文集. 北京:北京理工大学出版社,2013.
[3] 保罗·格克. 汽车轻量化用先进高强度钢 [M]. 魏巍,杨文明,译. 北京:北京理工大学出版社,2017.
[4] 林建平,田浩彬,张燕,等. 超高强度硼钢板热冲压成形技术 [M]. 北京:机械工业出版社,2017.

第 3 章
铝合金前碰撞横梁开发

3.1 概述

前碰撞横梁的作用主要是在低速碰撞过程中，最大限度地优化其产品的破坏性和可维修性。主要目标是降低碰撞车辆的维修成本，并在满足法规要求、不危及乘员安全的条件下提高车辆的耐撞性。主要设计原则为：①高速碰撞时，前碰撞横梁要产生理想的变形模式，要保证前碰撞横梁先于纵梁变形。②碰撞载荷均匀地分配到纵梁的整个截面。③前碰撞横梁的弧度要小，减少不必要的孔，选择适当的厚度和材料。

前碰撞横梁总成主要包括横梁本体内/外板、左/右吸能盒内外板、连接支架、前拖钩总成等，如图 3-1 所示。前碰撞横梁一般采用高强钢辊压或者冲压成形。两者相比，辊压弯曲

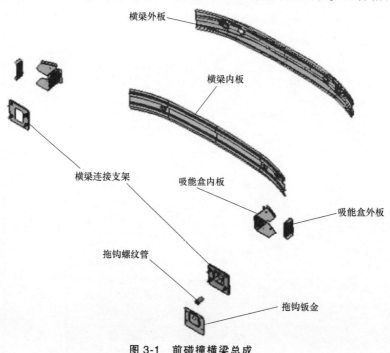

图 3-1　前碰撞横梁总成

第3章 铝合金前碰撞横梁开发

成形节约材料,成本较低。横梁本体厚度一般为 0.9~2.1mm,常使用 2mm。横梁和吸能盒由高强钢钢板制成。

铝合金碰撞横梁模具费用低,材料利用率高,在保证碰撞安全性能的前提下能实现轻量化。目前,汽车行业有不少车型已经量产应用,表 3-1 是几种车型的铝合金前碰撞横梁应用情况。

表 3-1 典型铝合金前碰撞横梁

序号	年度	车型名称	图片	重量/kg
1	2015	欧宝 Astra		4.5
2	2015	奥迪 Q7		—
3	2017	雪佛兰 Bolt		4.8
4	2018	福特 Focus		4.1
5	2018	奔驰 A Class		6.4
6	2018	奥迪 A6		—

(续)

序号	年度	车型名称	图片	重量/kg
7	2018	捷豹 I-PACE		6.2
8	2018	沃尔沃 V60		—

3.2 设计开发

3.2.1 技术要求

1. 零部件功能

零部件功能需满足与车身其他零件的装配，满足导风板、线束的装配。低速碰撞时保护车身结构，最大限度地降低车辆的维修成本。高速碰撞时吸收一部分能量，降低对乘员的伤害程度。

2. 产品开发试验及要求

铝合金前碰撞横梁的试验要求如表 3-2 所示。

表 3-2 典型铝合金前碰撞横梁试验要求

序号	试验项	试验方法	判断标准	引用的标准
1	焊点拉裂试验	以榔头、錾子进行錾切	不允许焊点拉脱	Q/JD 616—2012《汽车焊接总成检查验收技术条件》[①]
2	吸能盒压溃试验	取样长度为 500mm 吸能盒进行试验，进行 60%压缩量的整截面压缩性能试验	试验后，不应出现能目测的裂纹或断裂	
3	拖钩固定点静强度试验规范	VS-01.00 T-05004-A1-2014《拖钩固定点静强度试验规范》	试验后拖钩固定点部位不允许失效；拖钩固定点焊接部位不允许有脱焊；可拆卸拖钩固定装置联接螺纹部位不允许失效	VS-01.00-T-05004-A1-2014《拖钩固定点静强度试验规范》

① Q/JD 616—2012 为××汽车公司企业标准。

3. 质量要求

铝合金前碰撞横梁总成加工表面的起皮、气泡、压坑、碰伤、擦伤、划伤、表面粗糙、局部机械损伤等缺陷的深度不允许超过所在部位壁厚公称尺寸的8%,不得超过0.5mm,其余性能要求如表3-3所示。

表3-3 典型铝合金前碰撞横梁质量要求

序号	检测内容	要求	备注
1	三坐标检测	满足产品的切边精度和装配精度	
2	抗拉强度	6063-T6:$\sigma_b \geq 215$MPa 6082-T6:$\sigma_b \geq 325$MPa	《GB/T 228.1—2010 金属材料 拉伸试验 第1部分:室温试验方法》、《GB/T 2975—2018 钢及钢产品力学性能试验取样位置及试样制备》
3	屈服强度	6063-T6:$\sigma_s \geq 190$MPa 6082-T6:$\sigma_s \geq 310$MPa	
4	伸长率	$A_{50} \geq 10\%$	

3.2.2 总体设计

前碰撞横梁方案阶段设计有钢制前碰撞横梁总成和铝合金前碰撞横梁总成两种状态(图3-2和图3-3),前碰撞横梁总成由前碰撞横梁本体、前拖钩管、左/右吸能盒(总成)、左/右前碰撞横梁安装板、室外温度传感器支架等组成。

图3-2 钢制前碰撞横梁总成

图3-3 铝合金前碰撞横梁总成

1. 零部件材料对比

钢制前碰撞横梁总成与铝合金前碰撞横梁总成的材料厚度对比如表3-4所示。

表3-4 钢制和铝合金前碰撞横梁总成材料厚度对比

零件名称	材质类别	
	钢制前碰撞横梁	铝合金前碰撞横梁
前碰撞横梁本体	HC950/1180MS,$t=1.5$mm	6082-T6(变厚度)
左吸能盒(总成)	B400/780DP,$t=1.6$mm	6063-T6,$t=2.2$mm
右吸能盒(总成)	B400/780DP,$t=1.6$mm	6063-T6,$t=2.2$mm
左前碰撞横梁安装板	B400/780DP,$t=2.2$mm	6082-T6,$t=4.0$mm
右前碰撞横梁安装板	B400/780DP,$t=2.2$mm	6082-T6,$t=4.0$mm
室外温度传感器支架	DC01,$t=1.0$mm	6082-T6,$t=2.0$mm
前拖钩管	35CrMo	6082-T6

2. 轻量化前后结构

钢制前碰撞横梁总成主要是由左/右吸能盒总成、前碰撞横梁本体、左/右前碰撞横梁安装板、室外温度传感器支架、前拖钩管等部分组成,具体详见图3-4所示。

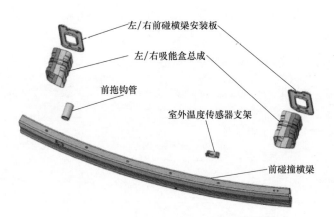

图 3-4 钢制前碰撞横梁总成结构示意图

铝合金前碰撞横梁总成主要由左/右吸能盒、前碰撞横梁本体、左/右前碰撞横梁安装板、室外温度传感器支架、前拖钩管等部分组成，具体详见图 3-5 所示。

3. 铝合金前碰撞横梁优化

（1）前碰撞横梁截面优化

钢制前碰撞横梁为了满足碰撞前碰撞抗凹性能，降低料厚，采用 HC950/1180MS 超高强钢。由于马氏体钢具有强度高、伸长率低等特性，不适合进行拉延成形，钢制前碰撞横梁总成采用辊压工艺，料厚设计为 1.5mm，设计重量为 4.426kg。辊压截面如图 3-6 所示，考虑吸能材料边界公差，在辊压料边结合区域设计预留 1.0mm 间隙。

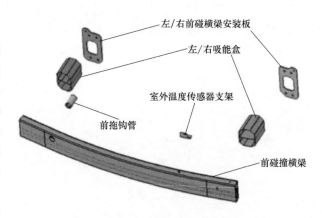

图 3-5 铝合金前碰撞横梁总成结构示意图

铝合金前碰撞横梁轻量化方案为了满足碰撞前碰抗凹性能和成本要求，采用 6 系列中使用较多的 6082-T6，该材质的抗拉强度较高（$\sigma_b \geq 325MPa$）。由于采用挤压工艺成形，铝合金前碰撞横梁的截面设计如图 3-7 所示，该零件设计重量为 2.51kg，相对钢制前碰撞横梁减重 1.916kg，减重率达 43.3%，达成了性能要求，又满足整车轻量化要求。

（2）吸能盒截面优化

钢制吸能盒总成为了满足碰撞吸能要求，采用 B400/780DP 的双相钢，钢制吸能盒总成由吸能盒外板和吸能盒内板焊接而成（图 3-8），吸能盒内外板由于结构简单采用冷冲压成形，吸能盒的截面尺寸如图 3-9 所示，吸能盒内外板料厚为 1.6mm，该零件设计重量为 0.962kg。

铝合金吸能盒方案采用 6063-T6 材质，其截面如图 3-10 所示，该零件设计重量为 0.502kg，相对钢制吸能盒减重 0.46kg，减重率达 47.8%。

（3）前碰撞横梁安装板优化

钢制前碰撞横梁安装板为了将碰撞力量有效传递到发动机舱边梁上，采用 B400/780DP 的双相钢。前碰撞横梁安装板由于结构简单采用冷冲压成形，前碰撞横梁安装板如图 3-11 所示，前碰撞横梁安装板料厚设计为 2.2mm，该零件设计重量为 0.605kg。

第3章 铝合金前碰撞横梁开发

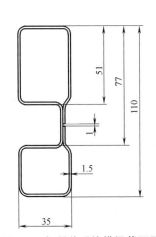

图 3-6 钢制前碰撞横梁截面图

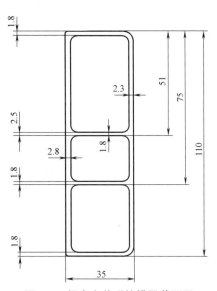

图 3-7 铝合金前碰撞横梁截面图

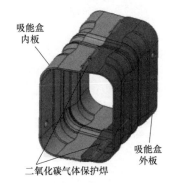

图 3-8 钢制吸能盒结构示意图

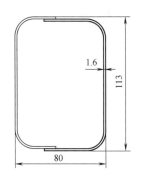

图 3-9 钢制吸能盒截面图

铝合金前碰撞横梁安装板采用 6 系列中的 6082-T6。由于铝合金具有熔点低、焊接变形大的不足，为了减小前碰撞横梁安装板的焊接变形，铝合金前碰撞横梁安装板的厚度设计为 4.0mm。为了减重，设计了前碰撞横梁安装板的减重孔，具体详见图 3-12 所示，最终既满足焊接变形小的要求，又满足整车轻量化要求。该零件设计重量为 0.281kg，相对钢制零件减重 0.324kg，减重率达 53.6%。

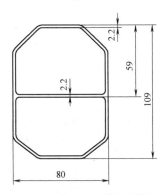

图 3-10 铝合金吸能盒截面图

图 3-11 钢制前碰撞横梁安装板

图 3-12 铝合金前碰撞横梁安装板图

3.2.3 碰撞性能分析

1. 低速碰撞仿真分析

低速碰撞仿真分析验证四个工况，具体详见图3-13。

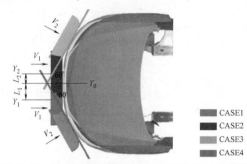

图3-13 低速碰撞仿真分析工况示意图（见彩图）

Y_0—整车纵向中心面　Y_1—工况01的壁障纵向中心面　Y_2—工况02的壁障纵向中心面

$V_1 = 4\text{km/h}$　$V_2 = 2.5\text{km/h}$　$L_1 + L_2 \geq 300\text{mm}$

壁障运动方向为箭头所示方向

分析结果详见表3-5。

表3-5 前碰撞横梁低速仿真分析结果

工况	撞击位置	撞击速度/(km/h)	质量	结论
工况01	前保险杠正中向左偏移110mm	4	整备质量	没有接触冷凝器；右侧雾灯碰撞过程中后移撞击洗涤壶，存在损坏风险，通过整改洗涤壶布置，满足要求
工况02	前保险杠正中向右偏移210mm	4	加载3个假人	没有接触冷凝器；左侧雾灯碰撞过程中后，基座附近撞击DC/DC散热片，通过更改DC/DC布置，满足要求
工况03	壁障与整车纵向中心面(Y_0)60°夹角	2.5	加载3个假人	没有接触到冷凝器以及锁机构，满足要求
工况04	壁障与整车纵向中心面(Y_0)60°夹角	2.5	整备质量	没有接触到冷凝器以及锁机构，满足要求

结论 钢制、铝合金前碰撞横梁低速碰撞4个工况仿真分析结果都符合要求，钢制、铝合金前碰撞横梁低速碰撞仿真性能合格。

2. 高速碰撞仿真分析

（1）高速碰撞工况

仿真分析有两个工况：50km/h的正面碰撞（正碰）和64km/h的40%偏置碰撞（偏置碰）。正碰的工况主要是虚拟的刚性壁障和虚拟的刚性地面，偏置碰的工况主要是可变形壁障重叠宽度为40%车宽，其高度为200mm，如图3-14和图3-15所示。

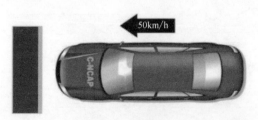

图3-14 正碰工况

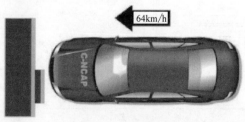

图3-15 偏置碰工况

（2）正碰分析的结果

前碰撞横梁总成轻量化前后的正碰分析结果详见表3-6。

表3-6 前碰撞横梁正碰分析结果

评价内容		钢制前碰撞横梁	铝合金前碰撞横梁	目标值
B柱下加速度峰值/g	左侧B柱	38.7	40	≤40
	右侧B柱	35.7	37.4	
车体反弹时刻/ms	左侧B柱	52	55	≥60
	右侧B柱	54	52	≥60
前壁板侵入量/mm		89.4	78	≤120
驾驶员侧搁脚区侵入量/mm	左脚区域	40	40	≤70
	右脚区域	26	26	
乘员侧搁脚区侵入量/mm		69	29	≤40
左侧上门框变形量/mm		2.8	7.5	≤20
左侧下门框变形量/mm		6.0	14.6	≤20
右侧上门框变形量/mm		6.8	16.4	≤20
右侧下门框变形量/mm		5.4	14.6	≤20
踏板安装区侵入量/mm		32	52	≤120
油箱应变率		0.18	0.171	0.2

安装钢制前碰撞横梁总成的整车正碰B柱加速度曲线如图3-16所示，安装铝合金前碰撞横梁总成的整车正碰B柱加速度曲线如图3-17所示。

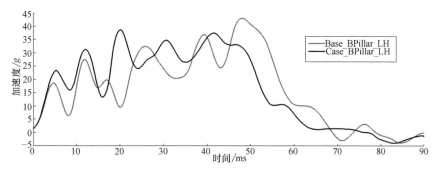

图3-16 钢制前碰撞横梁总成正碰B柱加速度曲线

钢制前碰撞横梁总成正碰的前壁板侵入分析如图3-18所示，铝合金前碰撞横梁总成正碰的前壁板侵入分析如图3-19所示，具体侵入量如表3-7所示。

表3-7 轻量化前后正碰侵入量对比

分析项	钢制	铝合金	目标值
前壁板最大侵入量/mm	89.4	78	≤100
驾驶员左脚搁脚区最大侵入量/mm	37.6	40	≤70
驾驶员右脚搁脚区最大侵入量/mm	18	26	≤70
乘员侧搁脚区最大侵入量/mm	69	29	≤40
踏板安装区域/mm	32	52	≤120

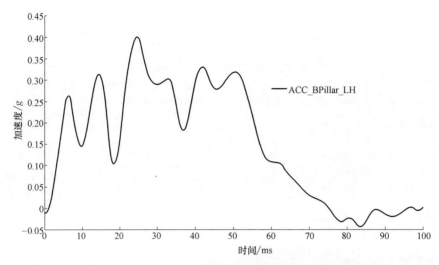

图 3-17　铝合金前碰撞横梁总成正碰 B 柱加速度曲线

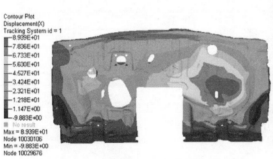

图 3-18　钢制前碰撞横梁总成正碰的前壁板侵入分析　　　图 3-19　铝合金前碰撞横梁总成正碰的前壁板侵入分析

（3）偏置碰分析结果

前碰撞横梁总成轻量化前后偏置碰分析结果如表 3-8 所示。

表 3-8　轻量化前后偏置碰分析结果

评价内容		钢制前碰	铝合金前碰	目标值
B 柱下加速度峰值/g	左侧 B 柱	36.6	36.8	≤40
	右侧 B 柱	37.4	32.8	
车体反弹时刻/ms		91.5	91	≥90
前壁板侵入量/mm		137	161	≤150
驾驶员侧搁脚区侵入量/mm	左脚区域	100.6	90	≤100
	右脚区域	37.2	55	≤60
踏板安装区侵入量/mm		89.6	112	≤120
左侧上门框变形量/mm		5.5	22	≤20
左侧下门框变形量/mm		9.2	12.5	≤20
右侧上门框变形量/mm		4.1	6.1	≤20
右侧下门框变形量/mm		7.0	4.4	≤20
油箱应变率		0.107	0.188	0.2

钢制前碰撞横梁偏置碰 B 柱加速度曲线如图 3-20 所示，铝合金前碰撞横梁偏置碰 B 柱加速度曲线如图 3-21 所示。

钢制前碰撞横梁偏置碰的前壁板侵入分析及侵入量如图 3-22 所示，铝合金前碰撞横梁正碰的前壁板侵入分析及侵入量如图 3-23 所示。

综上可知，钢制前碰撞横梁碰撞和铝合金前碰撞横梁都可满足碰撞性能要求。

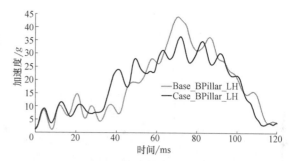

图 3-20　钢制前碰撞横梁偏置碰 B 柱加速度曲线

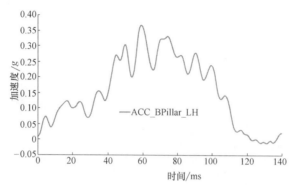

图 3-21　铝合金前碰撞横梁偏置碰 B 柱加速度曲线

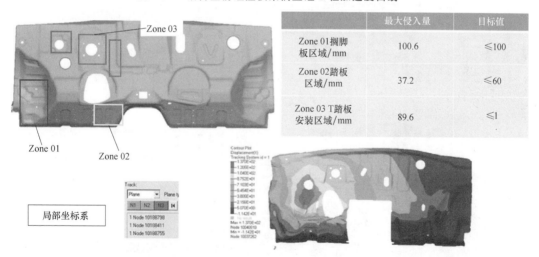

	最大侵入量	目标值
Zone 01 搁脚板区域/mm	100.6	≤100
Zone 02 踏板区域/mm	37.2	≤60
Zone 03 T踏板安装区域/mm	89.6	≤1

图 3-22　钢制前碰撞横梁偏置碰后前壁板侵入分析

3.2.4　拖钩强度仿真分析

（1）钢制前碰撞横梁拖钩强度分析

针对钢制前碰撞横梁前碰方案数据进行拖钩强度分析，分析结果如图 3-24a 所示，企标 1.5 倍满载直拉工况前碰撞横梁安装板应力值为 441.5MPa，材料的抗拉强度为 312MPa，该值超标，不满足要求。前碰撞横梁拖钩强度分析见表 3-9。

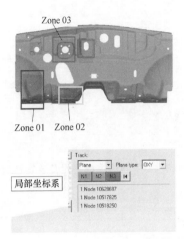
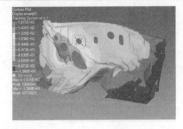

图 3-23 铝合金前碰横梁偏置碰的前壁板侵入分析

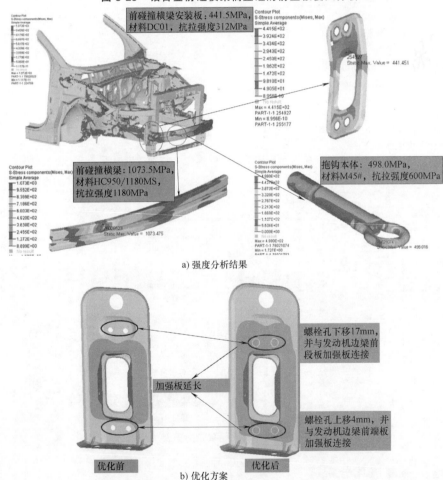

a) 强度分析结果

b) 优化方案

图 3-24 钢制前碰撞横梁拖钩强度分析结果及优化方案

优化方案把前碰撞横梁安装板材料由 DC01 改为 HC420/780DP，并优化碰撞横梁安装板与边梁前端板螺栓位置及加强板结构，如图 3-24b 所示。

第3章 铝合金前碰撞横梁开发

表 3-9 前碰撞横梁拖钩强度分析结果

零件	最大应力/MPa	材料	材料抗拉强度/MPa
拖钩本体	498	M45#	600
螺纹管	455.4	M35CrMo	985
前碰撞横梁安装板	441.5（超标）	DC01	312.1
前碰撞横梁	1073.5	HC950/1180MS	1180
前吸能盒外板	458.6	HC420/780DP	780
前吸能盒内板	425.4	HC420/780DP	780
发动机舱边梁前端板	600.8	HC420/780DP	780
发动机舱边梁前端板内侧加强件	493.8	HC420/780DP	780

优化后前拖钩强度分析结果如表 3-10 所示，满足要求。

表 3-10 优化后前拖钩强度分析结果

零件	最大应力/MPa	材料	材料的抗拉强度
拖钩本体	498.1	M45#	600
螺纹管	435.4	M35CrMo	985
前碰撞横梁安装板	506.5	HC420/780DP	780
前碰撞横梁	1171.6	HC950/1180MS	1180
前吸能盒外板	448.5	HC420/780DP	780
前吸能盒内板	420.2	HC420/780DP	780
发动机舱边梁前端板	430.5	HC420/780DP	780
发动机舱边梁前端板内侧加强件	461.4	HC420/780DP	780

（2）钢制方案拖钩强度分析

按照优化后的状态和国标要求进行拖钩强度分析，应力云图如图 3-25 所示，强度分析结果如表 3-11 所示。

表 3-11 钢制方案拖钩强度分析结果

项目	最大应力/MPa							
零件	拖钩本体	螺纹管	前碰横梁安装板	前碰撞横梁	吸能盒外板	吸能盒内板	舱边梁前端板	舱边梁前端板内侧加强件
材料	M45#	M35CrMo	HC420/780DP	HC950/1180MS	HC420/780DP	HC420/780DP	HC420/780DP	HC420/780DP
材料抗拉强度	600	985	780	1180	780	780	780	780
1.5倍满载直拉	358.2	537.4	485.9	1121.5	430.9	450.6	445.7	513.1
0.5倍满载直拉	172.5	201.6	323.8	957	381.7	405	274.8	421.8
0.5倍满载直压	170.7	157.8	323.8	958.5	400	406.2	278.7	424.5
垂向5°拉伸	176.9	223.6	285	960.7	318	403.4	237.7	395
垂向5°压缩	180.5	202.6	278.3	969.4	306.4	403.6	233.4	395.3
垂向-5°拉伸	179.4	231.3	370.3	962.3	400.7	405.4	302.2	427.5
垂向-5°压缩	186.1	167.3	382.4	968.7	401.6	409.1	321.4	429.6
水平45°斜拉	368.2	327.7	229.8	954.9	244.4	381.4	210.8	341.9
水平-45°斜拉	370.5	309.5	320.9	922.5	314.9	401.9	308.5	424.3

(续)

项目	最大应力/MPa							
零件	拖钩本体	螺纹管	前碰横梁安装板	前碰撞横梁	吸能盒外板	吸能盒内板	舱边梁前端板	舱边梁前端板内侧加强件
材料	M45#	M35CrMo	HC420/780DP	HC950/1180MS	HC420/780DP	HC420/780DP	HC420/780DP	HC420/780DP
水平25°拉伸	355.1	270.3	277.3	957.4	329.2	403.4	256.8	402.5
水平25°压缩	355.9	246.9	277.2	958.2	349.2	404.4	269.1	420.3
水平-25°拉伸	355.7	226.1	340.2	953.7	360.9	404.2	298.4	424.7
水平-25°压缩	356	226	338.7	955	374.7	405	306.5	425.7

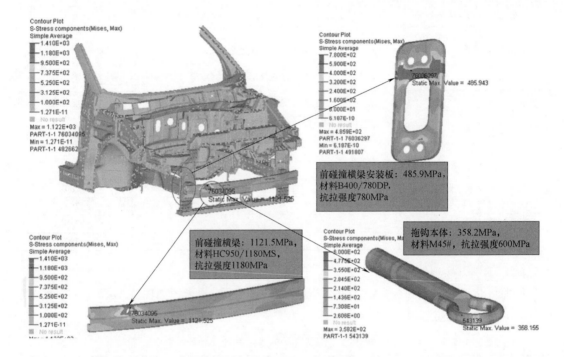

图 3-25 钢制方案拖钩强度分析应力云图

(3) 铝合金前碰撞横梁拖钩强度分析

铝合金强度较低，铝合金前碰撞横梁拖钩要满足企标、国标对拖钩强度的要求，这就对横梁的结构设计提出了挑战。本案例通过对横梁结构不断进行优化调整，最终使铝合金前碰撞横梁拖钩达到了企标及国标要求。

1) 针对铝合金前碰撞横梁拖钩方案进行强度分析，发现在企标工况（1.5 倍满载直拉）下分析，该方案不满足要求，应力云图如图 3-26 所示，强度分析结果如表 3-12 所示。

表 3-12 铝合金前碰撞横梁拖钩强度分析结果

项目	最大应力/MPa	
	拖钩本体	前碰撞横梁
材料	M45#	6082-T6
抗拉强度（目标值）	600	357

(续)

项 目		最大应力/MPa	
		拖钩本体	前碰撞横梁
原规范(企标)	1.5倍满载直拉	358.2	376.6(超标)
	0.5倍满载水平45°	367.6	344.1
	0.5倍满载水平-45°	369.7	340.8
国标拉工况	0.5倍满载直拉	172.6	344.0
	0.5倍满载垂向5°	176.2	344.1
	0.5倍满载垂向-5°	179.5	346.5
	0.5倍满载水平25°	355.2	343.6
	0.5倍满载水平-25°	355.6	342.5
国标压工况	0.5倍满载直压	170.6	344.5
	0.5倍满载垂向5°	181.9	345.5
	0.5倍满载垂向-5°	185.9	348.1
	0.5倍满载水平25°	356.0	343.9
	0.5倍满载水平-25°	356.0	342.9

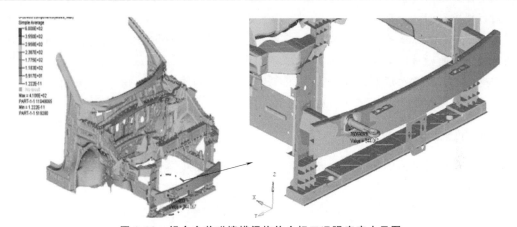

图 3-26 铝合金前碰撞横梁拖钩企标工况强度应力云图

2) 提出优化方案。横梁第二根加强筋位置下移,避开螺纹管,使应力分布更均匀;横梁第二根加强筋近吸能盒侧区域的料厚增至 2.3mm,增大应力集中区域的局部强度,如图 3-27 所示。优化方案在不增重的情况下能够达成拖钩强度企标要求,该方案得以应用。铝合金前碰撞横梁拖钩强度优化结果见表 3-13。

表 3-13 铝合金前碰撞横梁拖钩强度优化结果

项 目	1.5倍满载直拉工况最大应力/MPa				
	拖钩本体	螺纹管	吸能盒	安装板	前碰撞横梁
材料	M45#	6082-T6	6063-T6	6082-T6	6082-T6
抗拉强度(目标值)	600	357	200	357	357
优化前	358.2	252.9	138.8	336	376.6
优化后	358.1	250.2	137.8	334.6	353.9

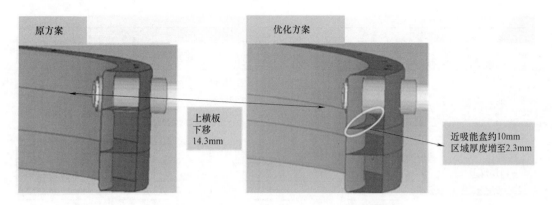

图 3-27 铝合金前碰撞横梁优化方案示意图

3.3 工艺制造

此案例中，铝合金前碰撞横梁中各零件的截面均相等，属于典型的挤压件。挤压后材料需依据具体长度进行锯切，前碰撞横梁本体还需进行拉弯。由于铝合金材料为 T4 状态，因此需对材料进行时效处理以达到 T6 状态，再根据零件各自的孔位及大小选择冲压或者数控机床（Computer Number control，CNC）工艺进行加工，最后再进行总成焊接，即：挤压→锯切→拉弯→时效→CNC 或冲压→焊接。

根据前碰撞横梁总成 6 种零件的截面形状可知，前碰撞横梁本体的挤压难度最大，因此下面以前碰撞横梁本体的工艺和制造为例进行介绍。

3.3.1 挤压工艺仿真分析

以前碰撞横梁本体的截面尺寸进行挤压模具设计，在建模软件中进行数值仿真的三维建模，所建模型如图 3-28 所示，在铝合金前碰撞横梁挤压数值仿真过程采用的是四孔分流组合模，包括有挤压筒、挤压垫、挤压模上模、挤压模下模和坯料。

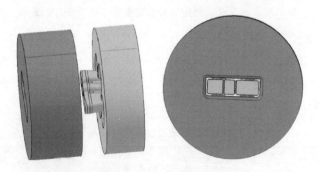

图 3-28 挤压模三维模型

前碰撞横梁本体的材料为 6082-T4，其屈服强度为 176MPa，抗拉强度为 280MPa，伸长率为 21%，弹性模量为 70GPa。

由 $\sigma = K(\varepsilon)^n$ 可得其等效应力应变曲线，如图 3-29 所示。

第3章 铝合金前碰撞横梁开发

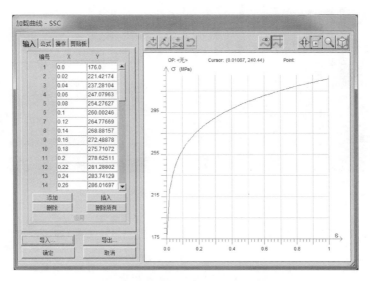

图 3-29 6082-T4 等效应力应变曲线

挤压过程的仿真参数设置如表 3-14 所示。

表 3-14 挤压过程仿真参数设置表

参　数	参数值
坯料温度/℃	480
模具温度/℃	470
挤压垫、挤压筒/℃	450
工模具间摩擦系数	1
挤压杆速度/(mm/s)	1.8

铝合金型材挤压仿真时,温度场的分布如图 3-30 所示。由图可知,金属在挤压模内各区域温度不同,最高温度出现在横梁本体加强筋的下端,四周温度相对较低,温差只有10℃左右,整体温度分布状态比较理想。

图 3-30 模具温度场分布

铝合金挤压流速分析如图 3-31 所示,由图可知,金属在进入分流孔时,由于距离模具中心的位置不同,流速也有所不同,距离模具中心近的位置,金属的流动速度较慢,不过整体流速相对均匀。

根据以上仿真结果,选择合适吨位的挤压机进行挤压加工,加工工艺参数如表 3-15 所示。通过挤压成形,可获得中空带筋型材,用于后续工艺。

图 3-31 挤压流速分析

表 3-15 挤压生产工艺参数表

参　　数	参数值
铝棒温度/℃	470~500
模具温度/℃	460~480
挤压垫、挤压筒/℃	440~460
挤压杆速度/(mm/s)	1.8
淬火条件	水雾淬火

3.3.2 折弯工艺仿真分析

图 3-32 是折弯后前碰撞横梁本体设计图,根据成品形状和尺寸设计折弯模具并进行仿真分析。

图 3-32 折弯后前碰撞横梁本体

图 3-33 是折弯仿真模具设计图。凸模在向下运动时会将灰色物料弯成形,两端油缸相向运动,并推动楔块相向运动顶起压板,角度为 13.5°,保压一段时间后打开回到初始状态。

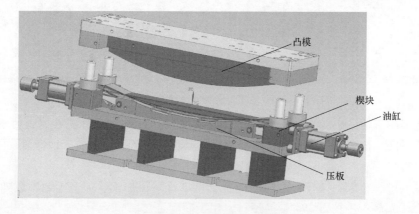

图 3-33 折弯仿真模具设计图

在折弯仿真分析时不需要完整的全部模具曲面，只需要与板材有直接接触关系的曲面即可。基于此将原始曲面进行简化处理，去除与板材没有直接接触的部分，得到如图 3-34 所示的简化曲面模型。

板材为镂空的型材，在网格划分时采用体单元，如图 3-35 所示。

折弯仿真分析时，参数应尽量选择合理范围内的参数。实际现场情况的变化会影响仿真分析与实物的匹配程度，分析参数如表 3-16 所示。

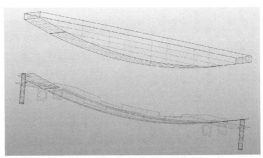

图 3-34　简化曲面模型

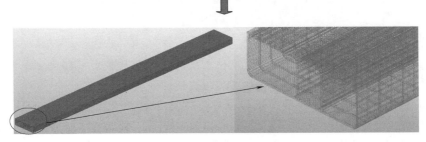

图 3-35　型材网格划分

表 3-16　折弯仿真分析参数

参数	参数值	参数	参数值
材料牌号	6082	回弹方式	自由回弹
单元类型	体单元	计算方式	显式
材料厚度	35mm	合模方式	位移
接触方式	F-O-S-S	时间	-3.63e-007
虚拟速度	2000mm/s	Mass S	无

采用表 3-16 所示参数在进行自由回弹分析时，约束刚体位移为零件中心，分析结果如图 3-36、图 3-37 所示，由此可预测自由回弹的最大值为 10.2mm。

零件设计时的最大回弹数值要求为 10.0mm，考虑到材料的稳定性以及现场工艺等状况，可判断出仿真分析所得的误差不大，可以用于实际生产。

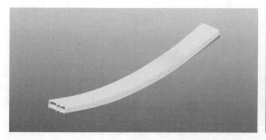 

图 3-36 折弯自由回弹分析

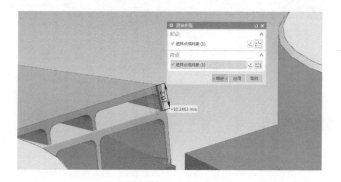

图 3-37 折弯自由回弹分析结果对比

3.3.3 工装开发

前碰撞横梁总成模具包括前碰撞横梁本体、吸能盒等挤出模、前碰撞横梁本体压弯模、室外温度传感器支架冲孔模、前碰撞横梁安装板修边冲孔模。

前碰撞横梁总成夹具开发重要节点包括焊接夹具方案澄清（10天）、夹具设计与冻结（30天）、机加工（20天）、装配（5天）、调试（10天）、预验收、样件试制（8天），共计83天，夹具实物图如图3-38所示，检具实物图如图3-39所示。

图 3-38 铝合金前碰横梁总成夹具实物图

第3章 铝合金前碰撞横梁开发

图 3-39 铝合金前碰横梁总成检具实物图

3.3.4 零部件制造

1. 锯切

前碰撞横梁本体、前拖钩管、前吸能盒（左、右）、前碰撞横梁安装板（左、右）、室外温度传感器支架、导风板安装支架依尺寸锯切，锯切机的精度达±0.2mm，满足铝合金前碰撞横梁总成散件的公差要求，锯切示意图如图 3-40 所示。

2. 折弯

前碰撞横梁本体需进行折弯，关键点是通过控制折弯回弹来保证弧度要求，其折弯过程示意图如图 3-41 所示。

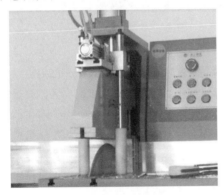

图 3-40 锯切示意图

图 3-41 铝合金前碰撞横梁本体折弯示意图

3. 时效

铝合金型材挤压出的状态均为 T4 状态，其性能不能满足设计及使用要求，可以通过人工时效处理提高其强度。铝合金前碰撞横梁总成要求 6082 材料屈服强度≥310MPa，抗拉强度≥325MPa；6063 材料屈服强度≥190MPa，抗拉强度≥210MPa；6082-T4 时效制度为 175℃/10h，6063-T4 时效制度为 200℃/5h，时效处理如图 3-42 所示。

4. 机加工

前碰撞横梁本体由于孔位较多且不适于冲压成形，因此需要进行数控机床加工铣削，如图 3-43 所示。铝合金前碰撞横梁本体的定位孔、拖钩套孔及线束孔等都是通过数控机床加工，其定位精度为±0.01mm，加工精度为±0.02mm，加工节拍74s，满足横梁本体孔的加工技术要求。

5. 冲压

由于前碰撞横梁安装板（左、右）、室外温度传感器支架、导风板安装支架为直板或者 L 形支架，利用板材冲压技术可快速成形，如图 3-44 所示。

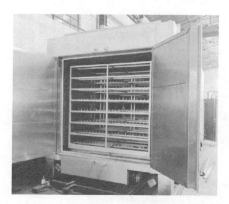

图 3-42 时效处理

图 3-43 CNC 机加工

图 3-44 铝板冲压成形

6. 焊接

由于铝合金前碰撞横梁总成除吸能盒材料为 6063-T6 外，其余材料均为 6082-T6 铝合金，为了使焊缝金属流动性充分，保证焊接质量，选择的焊丝为 5 系列铝合金焊丝。前碰撞横梁总成经过两道工序焊接，第一道工序是将吸能盒与安装板进行焊接，将横梁本体与前拖钩管、室外温度传感器支架、导风板安装支架进行焊接；第二道工序是将上述两个分总成进行组装焊接。焊后产品如图 3-45 所示。

图 3-45 铝合金前碰撞横梁焊接总成

提示：在焊接过程中，遇到前碰撞横梁安装板焊接变形大的问题。首先，因为铝合金在焊接过程中，不均匀的加热会使焊缝及其附近的温度很高，冷却后焊缝产生不同程度的收缩和内应力（纵向内应力和横向内应力），致使焊接后零件产生变形。其次，铝的热导率是钢的 3 倍，铝合金焊接变形的控制要比碳钢零件难度大，使得焊后铝合金零件的变形无法达到要求。

改进措施：

1）在焊接夹具上增加水冷，减小焊接热变形。增加该措施后，焊接面变形量由 1.0mm 减为 0.8mm。

2）优化焊接顺序，优先焊刚度较弱区域，最后焊刚度较好区域。调整对接焊缝顺序：先焊角焊缝焊接，再焊短焊缝，后焊长焊缝；先焊横焊缝，后焊纵焊缝。经过调整之后，焊接变形问题得以有效解决，焊接面变形由 0.8mm 减为 0.5mm，最终满足零件尺寸精度要求。

3.3.5 零部件装车

铝合金前碰撞横梁总成在总装车间的分装线进行装配，首先通过螺母（M6）联接在塑料前端模块支架上，形成前端模块总成，如图 3-46 所示。

前端模块分总成再通过 14 颗 M8 螺栓联接到车体总成上。如图 3-47 所示，这种模块化装配方式可提高总装装配效率约 5%。

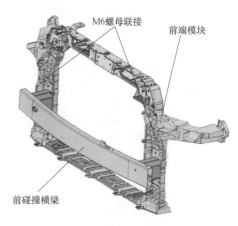

图 3-46　前碰撞横梁总成与前端模块支架分装示意图

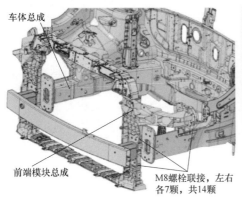 

图 3-47　前端模块分总成与车体装配及实车装配示意图

3.4 试验验证

在项目开发过程中，主要完成了铝合金前碰撞横梁总成三点弯曲试验、单件材质拉伸试验、吸能盒压溃试验、前拖钩静强度试验、台车碰撞及整车碰撞试验，铝合金前碰撞横梁总成满足所有试验的相关要求。

3.4.1 三点弯曲试验

铝合金前碰撞横梁总成三点弯曲试验如图 3-48 所示，试验结果合格，满足碰撞性能要求。

3.4.2 焊接熔深试验

铝合金前碰撞横梁焊接熔深试验如图 3-49 所示，试验结果满足技术开发要求所规定的焊接熔深要求。

图 3-48 三点弯曲试验图

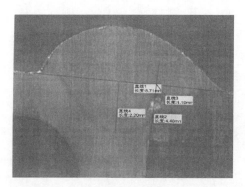

图 3-49 铝合金前碰撞横梁焊接熔深图

3.4.3 单件材质拉伸试验

在铝合金前碰撞横梁上取样进行材料拉伸试验,材料拉伸曲线如图 3-50 所示,试验结果满足材质要求。

力学性能报告

试验方案: 2010板材拉伸试验方案(引伸计5)	计算标准: GB/T 228.1-2010	试验速度: 3 mm/min
试验日期: 2016-09-25 10:41:48	试样编号: PSH015	

备注

	试样宽度 b_0	试样厚度 a_0	最大力 F_m	抗拉强度 R_m	规定塑性延伸强度 R_p	断后伸长率 A	弹性模量 E
单位	mm	mm	N	MPa	MPa	%	MPa
试样8	19.64	2.70	18802.00	354.57	337.11	17.87	70775.85

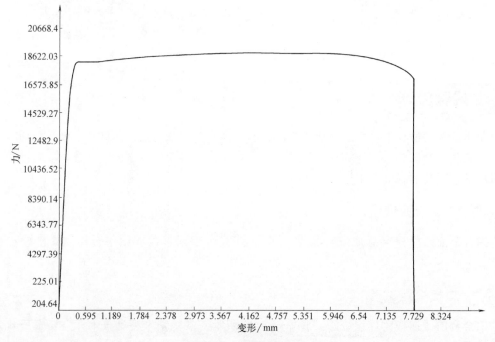

图 3-50 材料拉伸曲线

3.4.4 吸能盒压溃试验

铝合金吸能盒压溃试验曲线如图 3-51 所示，试验结果满足技术开发要求的吸能效果要求。

顺序号	位移/mm	负荷/kN	Integrated Y1
0	0	0	0
1	0.095	0.16726	0.00794
2	0.145	0.26762	0.01882
3	0.195	0.36612	0.03466
4	0.245	0.48877	0.05603
5	0.29375	0.58541	0.08222
6	0.34375	0.67648	0.11376
7	0.39375	0.78055	0.15019
8	0.445	0.88463	0.19286
9	0.49375	1.011	0.23906
10	0.54375	1.10207	0.29189
11	0.59375	1.19127	0.34923
12	0.64375	1.29906	0.41148
13	0.69375	1.41615	0.47936
14	0.74375	1.51279	0.55259
15	0.79375	1.615	0.63078
16	0.84375	1.71908	0.71413
17	0.89375	1.83988	0.80311
18	0.94375	1.93652	0.89752
19	0.99375	2.05546	0.99732
20	1.04375	2.13909	1.10218
21	1.09375	2.25059	1.21192
22	1.14375	2.35839	1.32715
23	1.19375	2.45874	1.44758
24	1.245	2.57025	1.57644
25	1.29375	2.67804	1.70437
26	1.345	2.78026	1.84424

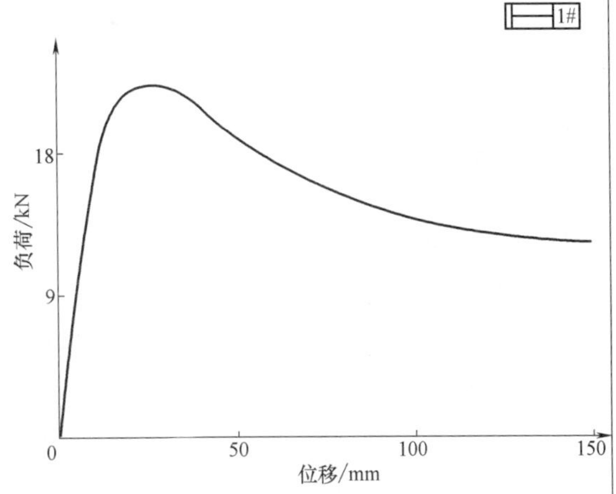

图 3-51 铝合金吸能盒压溃试验曲线

3.4.5 前拖钩静强度试验

前拖钩静强度试验如图 3-52 所示。

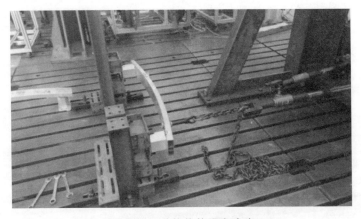

图 3-52 前拖钩静强度试验

在做拖钩静强度试验时，加载到约 1.2 倍满载时出现开裂。经分析发现零部件供应商的材料参数弱于前期主机厂 CAE 强度分析所用材料参数，开裂位置发生在拖钩管与横梁焊缝附近，而且试验样件采用手工焊接，焊接质量难以保证，也是开裂的原因之一。按照供应商材料参数进行强度计算，发现前碰撞应力超标，其位置与实际开裂区域一致，如图 3-53 所示。

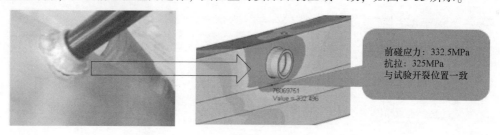

图 3-53　试验开裂位置与仿真风险位置示意图

整改方案一：焊接工艺由手工焊接更改为机器人焊接，进行前碰撞总成拖钩强度企标 1.5 倍满载直拉试验。试验结果为保压阶段出现开裂，开裂位置与手工焊接一致，但加载载荷较手工焊接明显提高。

整改方案二：拖钩管位置 Z 向下移 5mm，基于成本、工艺等因素考虑，在供应商提供的材料基础上进行优化，横梁前后拖钩管处分别增加加强板，以改善传力路径，加强局部强度。在不明显增重情况下（增重约 0.05kg），经采用 CAE 计算其强度满足拖钩性能要求，分析结果如图 3-54 所示。

图 3-54　优化方案及分析结果

整改方案三：拖钩管位置 Z 向下移 5mm，在方案二基础上取消前后加强板，经过 CAE 分析得到的结果是存在风险，建议通过试验验证来确定其是否满足要求。

经试验验证，试验样件如图 3-55 所示，方案二和方案三均满足总成拖钩企标强度试验要求，基于减重及成本考虑，最终采用整改方案三。

图 3-55　三种整改方案的试验样件

3.4.6　台车碰撞试验

通过试验验证铝合金前碰撞横梁的吸能特性，为铝合金前碰撞横梁在汽车上的应用提供依据。

第3章 铝合金前碰撞横梁开发

1. 试验准备

1）碰撞试验台车重量为996kg，把铝合金前碰撞横梁总成采用螺栓联接在台车前端，以一定的速度撞向刚性壁障，如图3-56所示。

2）安装高速运动摄像机。根据试验需要在碰撞试验刚性壁障上方、左方和右方各安置一台高速运动摄像机。

3）根据设计要求安装1个加速度传感器，即整车电子控制单元（Electronic Control Unit，ECU）位置安装X向加速度传感器，测X正向加速度，如图3-57所示。

图 3-56 碰撞试验台车

图 3-57 碰撞X向加速度传感器布置位置图

针对研究目的，选取正面100%碰撞试验方案，并通过两次重复试验进行对比，试验方案参数如表3-17所示。

表 3-17 台车碰撞试验方案参数

编号	材料	形状	速度/(km/h)	车重/kg
1	6082铝合金	弧线	20.04	1000
2	6082铝合金	折线	20.20	1000

2. 仿真分析

台车碰撞系统由前碰撞横梁、吸能盒、刚性台车和刚性壁障四部分组成。针对三种不同结构的前碰撞横梁建立台车碰撞系统有限元模型，如图3-58所示。

试验加载及边界条件：

1）台车质量为1180kg，分别以20km/h、50km/h的初速度撞向刚性壁障。

2）系统接触使用 *CONTACT_AUTOMATIC_SINGLE_SURFACE 接触类型。

3）完成相关参数设置后，将生成的key文件导入LS-DYNA中进行计算。

仿真分析结果：图3-59为铝合金前碰撞横梁在20km/h碰撞条件下的仿真结果。由图3-59可知，在该变形条件下，铝合金前碰撞横梁弓形段压溃变形，碰撞盒充分变形，变形状态良好。

图 3-58 台车碰撞系统有限元模型

3. 台车试验

图3-60为台车碰撞试验后铝合金前碰撞横梁实际变形情况，由图可知，横梁本体及吸能盒变形的仿真结果与试验结果吻合较好。碰撞变形后，所有铝合金焊接均未失效，在低速碰撞

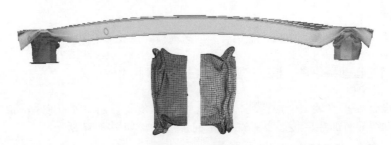

图 3-59 20km/h 台车碰撞仿真横梁变形结果

时,前碰撞横梁本体首先发生变形,与吸能盒焊接区域发生失效,仿真表现与试验表现一致,吸能盒发生"手风琴"式折叠式压溃,变形模式较好,吸能效果更好,仿真与试验对标结果一致。

图 3-60 20km/h 台车碰撞试验横梁实际变形情况

4. 结果对比

图 3-61 为台车碰撞试验与仿真加速度时间历程曲线对比,其中,实线为两次重复碰撞试验采集结果(试验一致性较好),虚线为仿真结果。对比试验与仿真加速度时间历程曲线可见,仿真结果与试验结果吻合较好。

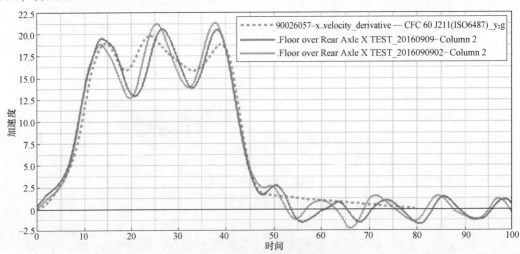

图 3-61 仿真与试验加速度曲线对比

3.4.7 整车碰撞试验

碰撞试验设备如表 3-18 所示，试验环境温度为 21.2~22.7℃，湿度为 46%~65%。

表 3-18 碰撞试验设备表

序号	仪器、设备名称	生产厂家
1	车辆牵引控制系统	德国 MESSRING
2	数据采集系统	德国 KT
3	碰撞假人	美国 FTSS
4	高速摄像系统	美国 IDT
5	高照度灯光系统	德国 KHS

1. 64km/h 偏置碰撞试验

将装有铝合金前碰撞横梁总成的工装样车，按照 C-NCAP（2015 版）的规定进行 64km/h 正面 40%重叠可变形壁障碰撞试验。偏置碰撞试验前的样车如图 3-62 所示，试验后的样车如图 3-63 所示。

图 3-62 偏置碰撞试验前

图 3-63 偏置碰撞试验后

偏置碰撞试验后假人伤害值如表 3-19 所示。

表 3-19 偏置碰撞试验后假人伤害值表

位置	检验项目		C-NCAP 插值范围	检验结果
头部	HIC 值	驾驶员 HIC36	650~1000	330
		前排乘员 HIC36		278
		第二排女性乘员 HIC36	500~700	未发生二次碰撞
	合成 3ms 加速度	驾驶员/g	72~88	43.11
		前排乘员/g		42.89
	修正项	转向管柱向上位移量/mm	小于等于 72mm 时不扣分；大于等于 88mm 时扣 1 分	—

(续)

位置	检验项目		C-NCAP 插值范围	检验结果
颈部	剪切力 F_x	驾驶员/kN	曲线评价	在范围内
		前排乘员/kN		在范围内
	伸张力矩 M_y	驾驶员/(N·m)	42~57	9.55
		前排乘员/(N·m)		17.76
	拉伸力 F_z	驾驶员/kN	曲线评价	在范围内
		前排乘员/kN		在范围内
		第二排女性乘员/kN	1.7~2.62	2.101
胸部	压缩变形量	驾驶员/mm	22~50	29.5
		前排乘员/mm		23.8
		第二排女性乘员/mm	23~48	21.5
	粘性指数	驾驶员/g	0.5~1	0.08
		前排乘员/g		0.09
	修正项	A 柱向后位移量	小于等于 100mm 时不扣分；大于等于 200mm 时扣 2 分	1.6
	修正项	转向管柱向后位移量/mm	小于等于 90mm 时不扣分；大于等于 110mm 时扣 1 分	66.4
大腿	压缩力	驾驶员/kN(左/右)	曲线评价	在范围内
		前排乘员/kN(左/右)		在范围内
	膝盖滑动位移	驾驶员/mm(左/右)	6~15	0.978/1.803
		前排乘员/mm(左/右)		2.347/1.791
小腿	胫骨指数(TI)	驾驶员左腿(上/下)	0.4~1.3	0.266/0.18
		驾驶员右腿(上/下)		0.335/0.186
		乘员左腿(上/下)		0.266/0.244
		乘员右腿(上/下)		0.63/0.166
	小腿压缩力	驾驶员左腿(上/下)/kN	2~8	1.15/1.502
		驾驶员右腿(上/下)/kN		0.861/1.076
		乘员左腿(上/下)/kN		1.023/1.341
		乘员右腿(上/下)/kN		0.871/1.090
	修正项	踏板后移量	小于等于 100mm 时不扣分；大于等于 200mm 时扣 1 分	65.2
	修正项	踏板上移量	小于等于 72mm 时不扣分；大于等于 88mm 时扣 1 分	50.4
髋部	髂骨力	第二排女性乘员/(N/ms)(左/右)	1000	406.8/335.7

64km/h 偏置碰撞试验车身指标结果如表 3-20 所示。

第3章 铝合金前碰撞横梁开发

表3-20 偏置碰撞车身指标结果表

位置	C-NCAP插值范围或要求	检验结果
车门	试验过程中不得开启	未开启
	试验后,对于每排座椅,若节气门且在不使用工具的前提下,两侧车门均不能打开	均能打开
安全带	不能失效	未失效
驾驶员锁扣解锁力	不大于60N	48N
前排乘员锁扣解锁力	不大于60N	42N
后排女性锁扣解锁力	不大于60N	40N
燃油泄漏情况	碰撞试验后,若燃油供给系统存在液体泄漏且在碰撞后前5min平均泄漏速率超过30g/min	无泄漏

按照C-NCAP 2015版打分,64km/h偏置碰撞试验得分为16.5分,满足项目碰撞要求。

2. 50km/h正碰试验

将装有铝合金前碰撞横梁总成的工装样车,按照C-NCAP(2015版)的规定进行50km/h正面100%重叠刚性壁障碰撞(正碰)试验。正碰撞试验前的样车如图3-64所示,试验后的样车如图3-65所示。

图3-64 正碰撞试验前　　　　图3-65 正碰撞试验后

正碰撞试验后假人伤害值如表3-21所示。

表3-21 正碰撞试验后假人伤害值表

位置	检验项目		C-NCAP插值范围	检验结果
头部	HIC值	驾驶员 HIC36	650~1000	302
		前排乘员 HIC36		373
		第二排女性乘员 HIC36	500~700	未发生二次碰撞
	合成3ms加速度	驾驶员/g	72~88	47.18
		前排乘员/g		58.17
	修正项	转向管柱向上位移量/mm	小于等于72mm时不扣分;大于等于88mm时扣1分	37
颈部	剪切力F_x	驾驶员/kN	曲线评价	在范围内
		前排乘员/kN		在范围内
	伸张力矩M_y	驾驶员/(N·m)	42~57	42.17
		前排乘员/(N·m)		33.63

（续）

位置	检验项目		C-NCAP 插值范围	检验结果
颈部	拉伸力 F_z	驾驶员/kN	曲线评价	在范围内
		前排乘员/kN		在范围内
		第二排女性乘员/kN	1.7~2.62	2.9
胸部	压缩变形量	驾驶员/mm	22~50	29.02
		前排乘员/mm		28.65
		第二排女性乘员/mm	23~48	24
	黏性指数	驾驶员/g	0.5~1	0.14
		前排乘员/g		0.3
	修正项	A柱向后位移量	小于等于100mm时不扣分；大于等于200mm时扣2分	0
	修正项	转向管柱向后位移量/mm	小于等于90mm时不扣分；大于等于110mm时扣1分	81
大腿	压缩力	驾驶员/kN（左/右）	曲线评价	在范围内
		前排乘员/kN（左/右）		在范围内
	膝盖滑动位移	驾驶员/mm（左/右）	6~15	1.029/1.603
		前排乘员/mm（左/右）		2.315/1.513
小腿	胫骨指数（TI）	驾驶员左腿（上/下）	0.4~1.3	0.396/0.238
		驾驶员右腿（上/下）		0.479/0.204
		乘员左腿（上/下）		0.358/3.296
		乘员右腿（上/下）		0.286/0.198
	小腿压缩力	驾驶员左腿（上/下）/kN	2~8	1.534/1.919
		驾驶员右腿（上/下）/kN		1.33/1.772
		乘员左腿（上/下）/kN		1.699/1.998
		乘员右腿（上/下）/kN		1.638/1.912
	修正项	踏板后移量	小于等于100mm时不扣分；大于等于200mm时扣1分	68
	修正项	踏板上移量	小于等于72mm时不扣分；大于等于88mm时扣1分	32
髋部	髂骨力	第二排女性乘员/(N/ms)（左/右）	1000	450/430

正碰试验车身指标碰撞结果如表 3-22 所示。

表 3-22 正碰试验车身指标碰撞结果表

位置	C-NCAP 插值范围或要求	碰撞结果
车门	试验过程中不得开启	未开启
	试验后，对于每排座椅，若节气门且在不使用工具的前提下，两侧车门均不能打开	均能打开
安全带	不能失效	未失效
驾驶员锁扣解锁力	不大于60N	48N
前排乘员锁扣解锁力	不大于60N	42N
后排女性锁扣解锁力	不大于60N	40N
燃油泄漏情况	碰撞试验后，若燃油供给系统存在液体泄漏且在碰撞后前5min平均泄漏速率超过30g/min	无泄漏

第3章 铝合金前碰撞横梁开发

按照 C-NCAP（2015 版）打分，50km/h 正撞试验得分为 16.1 分，满足项目碰撞要求。

3. 50km/h 侧碰试验

将装有铝合金前碰撞横梁总成的工装样车，按照 C-NCAP（2015 版）的规定进行 50km/h 侧面可变形移动壁障碰撞（侧碰）试验。碰撞试验前的样车如图 3-66 所示，试验后的样车如图 3-67 所示。

图 3-66 侧碰试验前图片

图 3-67 侧碰试验后图片

50km/h 侧碰试验后，假人伤害值如表 3-23 所示，侧碰试验车身指标碰撞结果如表 3-24 所示。

表 3-23 侧碰试验后假人伤害值表

位置	检验项目		C-NCAP 插值范围	检验结果
头部	HIC 值	驾驶员 HIC36	650~1000	72
		第二排女性乘员 HIC15	500~700	61
	合成 3ms 加速度	驾驶员/g	72~88	40.97
胸部	压缩位移	驾驶员上肋骨/mm	22~42	7.608
		驾驶员中肋骨/mm	22~42	7.785
		驾驶员下肋骨/mm	22~42	12.063
	粘性指数	驾驶员上肋骨	1~4	0.0238
		驾驶员中肋骨	1~4	0.0158
		驾驶员下肋骨	1~4	0.0375
	驾驶员背板力修正 F_y		4~1	0.323
	驾驶员 T12 修正 F_y		2~1.5	0.537
	驾驶员 T12 修正 M_x		200~150	91.16
腹部	驾驶员腹部力 APF		1~2.5	0.819
盆骨	驾驶员骨盆力 PSPF		3~6	0.743
	第二排女性假人骨盆合力(髋关节+髂骨)		3.5~5.5	2.041

按照 C-NCAP（2015 版）打分，50km/h 正碰试验得分为 18 分，满足项目碰撞要求（表 3-25）。

综上碰撞试验得分情况，统计如表 3-26 所示，由此可知铝合金前碰撞横梁总成满足项目碰撞性能要求。

表 3-24 侧碰试验车身指标碰撞结果表

位置	C-NCAP 插值范围或要求	检验结果
车门	试验过程中不得开启	未开启
安全带	不能失效	未失效
燃油泄漏情况	碰撞试验后,若燃油供给系统存在液体泄漏且在碰撞后前 5min 平均泄漏速率超过 30g/min	无泄漏

表 3-25 整车碰撞总得分表

序号	试验项目	试验得分	备注
1	64km/h 偏置碰撞试验	16.5	满足项目碰撞要求
2	50km/h 正碰撞试验	16.1	
3	50km/h 侧碰撞试验	18	
试验得分总计		50.6	

3.5 总结

前碰撞横梁总成轻量化前后材料和厚度对比情况如表 3-26 所示,结果显示铝合金前碰撞横梁总成重量为 3.377kg,钢制前碰撞横梁总成重量为 6.22kg;单车减重 2.843kg,减重率约 45.7%,性能不降低,轻量化效果明显。

表 3-26 前碰撞横梁总成轻量化前后对比

零件名称	前碰撞横梁材质及厚度		备注
	钢制	铝合金	
前碰撞横梁	HC950/1180MS $t=1.5mm$	6082-T6 (变厚度)	铝合金前碰撞横梁总成相对钢制前碰撞横梁总成单车减重 2.843kg
左吸能盒(总成)	B400/780DP $t=1.6mm$	6063-T6 $t=2.2mm$	
右吸能盒(总成)	B400/780DP $t=1.6mm$	6063-T6 $t=2.2mm$	
左前碰撞横梁安装板	B400/780DP $t=2.2mm$	6082-T6 $t=4.0mm$	
右前碰撞横梁安装板	B400/780DP $t=2.2mm$	6082-T6 $t=4.0mm$	
室外温度传感器支架	DC01 $t=1.0mm$	6082-T6 $t=2.0mm$	
前拖钩管	35CrMo	6082-T6	

铝合金导热系数大,铝合金在焊接过程中产生的高温容易导致零件变形,焊接时通过焊接顺序、焊缝尺寸、焊丝选择、焊接参数控制、零件冷却的调整与控制来控制焊接后零件的变形量。

第 4 章 铝合金减振塔开发

4.1 概述

汽车轻量化是解决"节能""安全""环保"问题最有效的手段之一。研究表明，汽车重量每降低 100kg，每百公里油耗可节省 0.3~0.5L，可减少二氧化碳排放 8~11kg。轻质金属的应用是实现汽车轻量化的重要手段之一，特别是铝合金的应用，但是铝合金受限于技术和成本等因素应用范围比较窄，特别是高性能压铸铝合金在车身上的应用较少。随着技术的进步和车辆性能提升的要求，铝合金在汽车上应用越来越广泛，铝合金应用形式已不再局限于挤压件和冲压件，压铸铝合金件也越来越多地被用于车身结构件，实现了结进一步的轻量化。但是高性能压铸铝合金技术目前主要掌握在国外高水平零部件供应商手中，国内车企和零部件供应商在这方面的技术和应用较为落后。因此开发国产的高性能压铸铝合金结构件并掌握其核心技术显得尤为重要。

汽车结构件一般为汽车的承载件或受力件，与汽车的安全性能密切相关，减振塔是汽车减振器的安装点，是车身上重要的承载部件。目前，随着铝合金压铸技术的进步，大型复杂薄壁铝合金压铸件性能大幅提升，在车身上应用逐步推广，铝合金压铸减振塔即是其典型应用之一。

铝合金压铸件相对钢制结构具有轻量化、模块化、高刚性、高强韧性、高精度、结构自由等优势。以奥迪 A6 为例，其前减振塔采用铝合金高真空压铸技术，实现将 10 个冲压件替换为 1 个铝合金高真空压铸件，每车减重 10.9kg，由于采用高真空压铸工艺，铸件精度相对冲压件高，大大提升底盘安装点的精度，如图 4-1 所示。

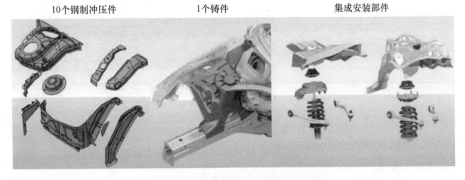

图 4-1 奥迪 A6 铝合金前减振塔

本案例介绍的铝合金减振塔开发历时两年，完成了可行性分析、标杆研究、材料设计、概念设计、结构设计、性能设计、模具制作、样件试制、零部件及台架试验工作，基本完成了铝合金减振塔的开发工作，其开发历程如图 4-2 所示。本案例通过两年的开发建立并掌握了铝合金压铸件的开发流程、设计目标、材料制备技术、结构设计规范以及制造工艺要求等方面的技术，为后期量产应用打下了良好的基础。

通过梳理铝合金减振塔的开发思路，制订开发流程，可以有效指导零部件开发，开发流程图如图 4-3 所示。

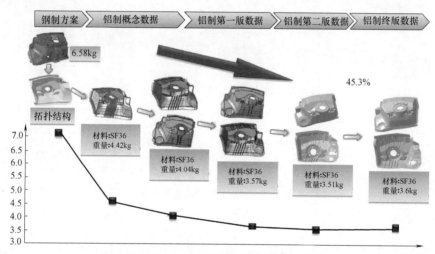

图 4-2　某铝合金减振塔数据开发历程

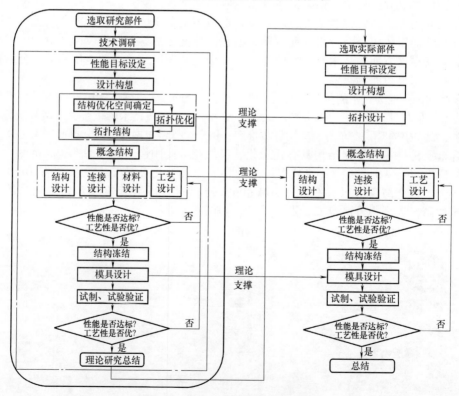

图 4-3　铝合金减振塔开发流程图

4.2 铝合金减振塔对标分析

选取市场上比较成熟的铝合金减振塔进行标杆分析研究，分别从材料解析、力学性能测试、金相组织以及结构解析等方面展开，为铝合金减振塔的结构、连接、材料和性能的开发提供参考依据。

4.2.1 材料对标

本案例选取市场上成熟的宝马 i3 和奔驰 GLC 的铝合金减振塔进行材料对标解析。取样位置如图 4-4 所示。

1. 力学性能

分别在宝马 i3 和奔驰 GLC 的铝合金减振塔的 A、B、C 位置处取拉伸试样，其力学性能见表 4-1。

表 4-1 宝马 i3、奔驰 GLC 减振塔力学性能测试数据

车型	位置	屈服强度/MPa	抗拉强度/MPa	断后伸长率(%)
宝马 i3	A	169.24	264.74	4.28
	B	—	223.66	—
	C	108.02	234.93	15.24
奔驰 GLC	A	99.23	193.05	25.70
	B	117.80	212.23	21.21
	C	114.35	213.25	19.40
	平均值	110.46	206.18	22.10

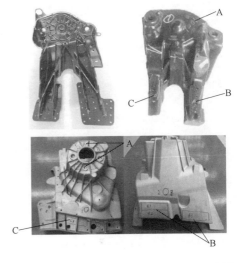

图 4-4 宝马 i3 及奔驰 GLC 减振塔取样位置

2. 化学成分测试

分别在宝马 i3 和奔驰 GLC 的铝合金减振塔的 A、B、C 位置处提取试片，试验依据 GB/T 20975.25—2008《铝及铝合金化学分析方法 第 25 部分：电感耦合等离子体原子发射光谱法》进行，试验结果见表 4-2。从试验结果来看，宝马 i3 减振塔主体部分试片（A 位置）和两个与车身连接的部位试片（B、C 位置）的化学成分有较大差别，主要体现在 Si、Mg、Mn 这三种元素的含量上，初步可以判断 A 和 B、C 位置的材料为两种铝合金材料。

表 4-2 宝马 i3、奔驰 GLC 减振塔化学成分测试结果

车型	位置	化学成分(质量分数,%)									
		Si	Mg	Fe	Mn	Ni	Ti	Zn	Cr	Cu	Al
宝马 i3	A	9.34	0.44	0.2	0.55	0.006	0.062	0.009	—	0.01	余量
	B	0.12	2.96	0.26	0.22	0.006	0.021	0.02	0.019	0.028	余量
	C	0.15	3.25	0.29	0.374	0.006	0.023	0.031	0.048	0.034	余量
奔驰 GLC	A、B、C	11.34	0.29	0.2	0.64	0.006	0.076	0.01	—	0.004	余量

3. 金相组织

分别在宝马 i3 和奔驰 GLC 的铝合金减振塔 A、B、C 位置提取金相试验试样，试验方法

依据 GB/T 13298—2015《金属显微组织检验方法》进行，金相照片如图 4-5 所示，金相组织如表 4-3 所示。

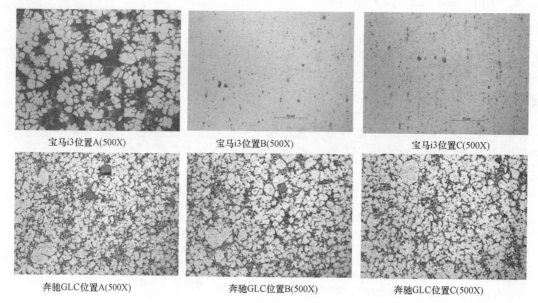

图 4-5　宝马 i3 及奔驰 GLC 金相照片

表 4-3　宝马 i3 及奔驰 GLC 金相组织

名称	位置	金相组织
宝马 i3	A	α 枝晶与共晶体分布均匀,共晶硅为点状和蠕虫状,有少量块状初晶硅
	B	α 固溶体+合金相
	C	α 固溶体+合金相
奔驰 GLC	A	α 枝晶与共晶体分布均匀,共晶硅为点状和蠕虫状,有少量块状初晶硅
	B	α 枝晶与共晶体分布均匀,共晶硅为点状和蠕虫状,有少量块状初晶硅
	C	α 枝晶与共晶体分布均匀,共晶硅为点状和蠕虫状,有少量块状初晶硅

4. 材料对标结论

宝马 i3 减振塔主体部分（A 位置）和两个与车身连接的部位（B、C 位置）的材质和性能有较大差别。通过与标准 DIN EN 1706-2010、GB/T 3190—2008《变形铝及铝合金化学成分》、GB/T 6892—2015《一般工业用铝及铝合金挤压型材》中各个牌号的化学成分、力学性能进行对比分析，得出宝马 i3 减振塔主体部分（A 位置）的材料牌号为 $AlSi_{10}MnMg$，采用 T5 热处理工艺；局部区域（B、C 位置）的材料牌号可能为 5754-H112。

奔驰 GLC 减振塔不同位置的力学性能、金相组织和化学成分相差不大，通过与标准 DIN EN 1706-2010 中各个牌号的化学成分、力学性能进行对比分析，得出奔驰 GLC 减振塔的材料牌号为 $AlSi_{10}MnMg$，采用 T7 热处理工艺。

4.2.2　结构对标

结构对标主要从减振塔的主体厚度、关键安装点厚度、加强筋结构分布及连接结构等方面进行，重点对市场上应用较为成熟的 8 款铝合金减振塔进行了详细的结构解析。图 4-6 为

8款减振塔的外形图,具体结构对比信息如表4-4所示。

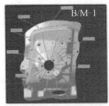
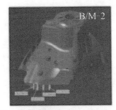

图4-6　8款铝合金减振塔外形图

表4-4　8款减振塔结构对比信息　　　　　　　　　　（单位：mm）

对标项	B/M-1	B/M-2	B/M-3	B/M-4	ES8	Tesla	奔驰 GLC	宝马 i3
本体料厚	3	2.5	3	3	3	2.8	2.5	3
减振器安装点料厚	8~10	5.5	4~6	10	8~10	6.8	4.0	4
铆接面宽度	26~60	25~29	25~50	22~60	20~57	22~45	22~52	无铆接

通过系统解析,得出以下共性结论:①本体厚度普遍为3mm;②减振器安装点厚度普遍在4mm以上;③铆接面宽度范围为25~50mm;④加强筋分布在内侧/外侧的情况均有。

4.3　铝合金减振塔开发案例

4.3.1　总体方案

本案例介绍铝合金减振塔开发是基于已量产电动车的钢制减振塔（图4-7），在性能不降低的前提下,采用铝合金高真空压铸件替换原钢制减振塔的焊接结构。并且通过结构优化、材料优化、工艺优化等设计手段使其性能达到原有钢制部件的水平,并实现轻量化,同时对部件的成本进行优化控制,力争成本在原有钢制部件的基础上不发生大幅度的提高。钢制减振塔由9个冲压件和2个机加工件通过焊接工艺焊接而成,共有96个焊点、9段二保焊⊖、9个标准件,重量总计6.585kg,如图4-7所示。

设计开发过程为:①提取铝合金减振塔设计边界和优化空间,设定铝合金减振塔的性能目标;②开展铝合金减振塔的拓扑优化设计,获得铝合金减振塔的概念结构及概念数据;③开展铝合金减振塔的详细结构、连接结构、工艺结构以及选材等设计工作,并完成结构性能和成型性能分析;④材料选型设计及优化;⑤压铸模具设计开发,并开展压铸验证及工艺优化;⑥样车试制、试验验证及优化改进。

⊖　二保焊为二氧化碳气体保护焊的简称,为行业通用术语。

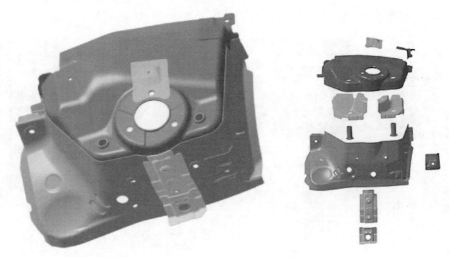

图 4-7 钢制减振塔结构示意图

4.3.2 性能目标设定

本次开发的铝合金减振塔主要基于钢制件开发,其性能要求不低于钢制件,具体性能项如表 4-5 所示。主要从材料级、零部件级及整车级三个维度对力学性能、刚度、模态、耐久性、强度等方面进行了目标设定。通过这些指标的约束和达成可以确保铝合金高真空压铸减振塔的性能水平达到原有钢制部件的水平,从而确保开发成功。

表 4-5 铝合金减振塔性能目标

序号	重要度	类别	性能评价项目		单位	钢制件	设计值
1	A	材料级	屈服强度		MPa		
			抗拉强度		MPa		
			伸长率		%		
2	A	零部件级	重量		kg		
3	A		静刚度	垂直 2.5g	mm		
				右转弯 1g	mm		
				……			
4	A		强度	垂直 2.5g	MPa		
				右转弯 1g	MPa		
				……			
5	A		疲劳性能(疲劳损伤值)		/		
6	B	整车级	白车身模态	基频	Hz		
				一阶扭转	Hz		
				……			
7	B		白车身静刚度	扭转刚度	N·m/(°)		
8	B		白车身动刚度	主方向	N/mm		
				……			
9	A		3万 km 可靠性		/		

4.3.3 典型断面结构形式

1. 结构设计约束信息

用铝合金高真空压铸件替换原钢制焊接总成结构，应尽量使底盘布置状态不变，减振塔周边搭接件及底盘安装硬点尽量沿用。本案例开发的铝合金减振塔结构设计约束条件如图4-8和表4-6所示。

（1）安装点信息

图4-8中1~10序号标注为安装点。

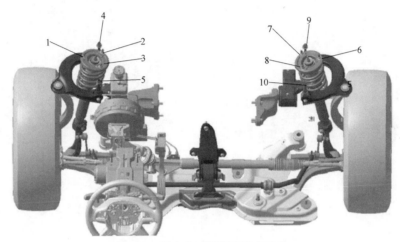

图 4-8 铝合金减振塔安装点信息

表 4-6 铝合金减振塔安装点信息

序号	左侧安装点		序号	右侧安装点	
1	X	-55.662	6	X	-55.662
	Y	-590.076		Y	590.076
	Z	617.168		Z	617.168
2	X	-98.471	7	X	-98.471
	Y	-495.128		Y	495.128
	Z	590.211		Z	596.211
3	……	……		……	……

注：因技术保密需要，本表仅列出部分安装点信息。

（2）运动包络信息

与铝合金减振塔有关的包络有轮胎运动包络和控制臂运动包络。铝合金减振塔设计时应与包络保持一定的安全间隙，防止后期车辆运行过程中产生干涉现象。

（3）边界约束

为保证铝合金减振塔与钢制部件的良好替换性以及周边部件的通用性，与铝合金减振塔搭接的钢制件尽量不做改动。

2. 铝合金减振塔拓扑结构设计

（1）铝合金减振塔拓扑优化空间建立

以原钢制减振塔上表面向内平均偏置10mm厚度，去除加强板及小特征，内侧凸台中空部分填满，拓扑优化空间三维模型如图4-9所示。

蓝色部分为设计区间，是拓扑优化的重点部分，红色部分为非设计区间，和其他零部件焊接连接。

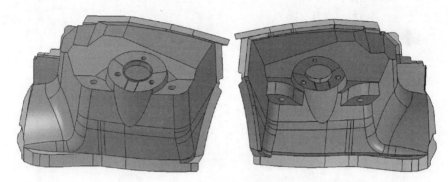

图4-9 拓扑优化空间三维模型（见彩图）

（2）铝合金减振塔典型载荷工况

根据整车和部件总体力学模型和分析结果，得到五种典型工况下的载荷数据，如表4-7所示。

表4-7 典型工况下的载荷数据

工况	加载点	加载方式					
		F_x/N	F_y/N	F_z/N	M_x/(N/mm)	M_y/(N/mm)	M_z/(N/mm)
工况1	前面	-75.0	480.0	-300.0	-12546.0	533.0	1501.0
	中间	-704.0	1517.0	6987.0	-980.0	-440.0	21.0
	后面	-130.0	2750.0	-1678.0	-12560.0	488.0	1425.0
工况2	前面	-160.0	43.0	-4.0	-9891.0	-747.0	-820.0
	中间	-505.0	1726.0	8649.0	-1567.0	1111.0	-316.0
	后面	-120.0	-1662.0	982.0	-9890.0	-657.0	-669.0
⋮	⋮	⋮	⋮	⋮	⋮	⋮	⋮

注：1. 左前加载点坐标（left front）：(-156.930, -504.605, 492.305)，左中、左后加载点坐标省略。
　　2. 因技术保密需要，本表只给出部分工况载荷数据，仅供参考。

（3）有保留厚度的铝合金减振塔拓扑优化分析

在设计区间外表面增加一层面单元，厚度为3mm，优化结果以加强筋的形式分布在内侧。设计变量为设计区域单元密度，约束条件为体积分数（0.2，0.15，0.1，0.05），制造工艺约束为拔模方向垂直减振器安装上端面向下，目标函数为各工况加权柔度（各工况权重一样）最小（刚度最大）。

拓扑优化分析结果如图4-10所示。

第4章 铝合金减振塔开发

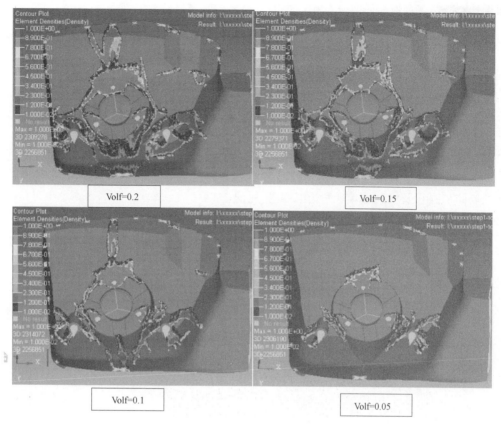

图 4-10 拓扑优化分析结果

从优化结果的单元密度、材料分布的均匀性来看，初步选定 Volf=0.1 条件下的优化结果，表示在保留原设计域体积 10% 条件下，结构可以达到柔度最小（最大刚度）时材料的分布情况，优化结果模型详细结果如下：右图红色部位为加强筋位置，蓝色部分为可去除的材料，如图 4-11 所示。

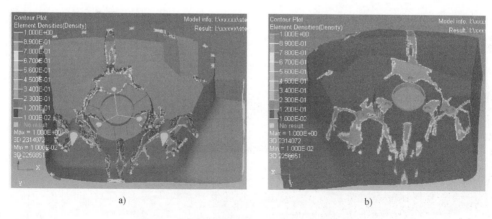

图 4-11 拓扑优化结果 Volf=0.1（见彩图）

由此拓扑优化模型得到的铝合金减振塔概念结构如图 4-12 所示，中间凸起部分表示需要保留材料的部分，结构设计上为加强筋结构。这是初步的加强筋结构，后面将结合详细的结构设计和分析，对加强筋的分布和数量以及具体的细节特征进行优化。

3. 主体断面结构设计

（1）减振器安装点结构

保持原有减振器的安装点位置及安装方式不变，参照结构标杆调研情况和使用性能要求，安装点处的料厚设定为5~6mm，如图4-13所示。

（2）控制臂安装结构

保持原有控制臂的安装位置及安装方式不变，铝合金减振塔上设计安装支柱代替原钢制方案中的安装加强板及安装套筒，并在安装支柱的四周设计加强筋来增加安装点的强度，安装点的细节结构如图4-14所示。

图4-12 铝合金减振塔概念结构

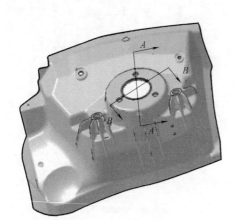

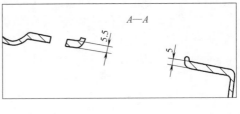

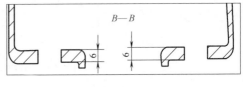

图4-13 铝合金减振塔安装点断面结构

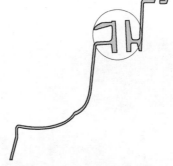

图4-14 铝合金减振塔控制臂安装点的断面结构

（3）与周边钢制结构的连接结构

由于铝合金与钢的焊接难度大，且焊接后强度低，对设备要求较高，同时连接接头性能难以保证。因此，本案例中铝合金减振塔与周边钢制件的连接采用铆接+胶接的方案。通过CAE分析连接处的钣金件及连接疲劳性能，采用直径为5mm的铆钉和增韧型结构胶（陶氏公司1840C），结构胶具体指标满足表4-8所示性能参数。设计时主要关注剪切强度的指标要求，其连接可靠性和耐久性比普通结构胶更好。铝合金减振塔与周边件的搭接位置与原钢

第4章 铝合金减振塔开发

制减振塔相同。由于5mm铆钉需要的搭接边宽度>20mm，因此在原钢制减振塔的基础上对搭接边宽度进行优化，确保搭接边宽度>20mm。

表4-8 增韧结构胶（1840C）性能参数要求

参数	典型值
密度/(g/cm^3)	≤1.4
固含量(%)	≥99
流变黏度/(Pa·s)	$3\times10^4 \sim 7\times10^4$
储存稳定性	保质期为1年，不凝胶，无分层，黏度变化率<30%，剪切强度≥23MPa
固化条件	满足(140±2)℃/60min 或 (180±2)℃/20min，完全固化
流动性/mm	≤2
点焊强度下降率	≤5
剪切强度/MPa	在温度23℃下,24h,>23 在温度80℃下,24h,>18 在温度-40℃下,24h,>18 在耐腐蚀性(盐雾试验,1000h)下,>18 耐过烘烤性(180℃,1h,循环3次),>18 耐水性(40℃温水,240h),>18
T型剥离强度/(N/mm)	≥8
热老化/MPa	耐热老化性(130℃,96h)剪切强度≥18
体积变化率	≤1%

铝合金减振塔与周边钢制件的连接结构及接头如图4-15所示。图示左上位置连接时需要考虑板件的上件顺序，即先进行自冲铆接（Self-Piercing Riveting，SPR）再上最后侧封板，从而保证铆接的可行性。

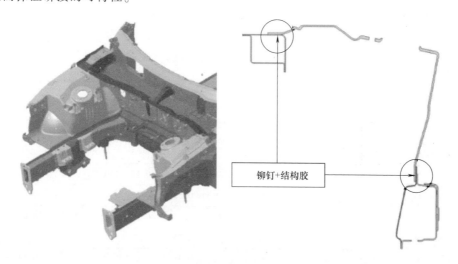

图4-15 铝合金减振塔与周边钢制件连接结构

4. 压铸工艺结构设计

本案例介绍的铝合金减振塔采用高真空压铸成型工艺，因此，铝合金减振塔的结构设计要具备良好的高真空压铸成型工艺性。其压铸成型工艺特征设计主要体现在以下几个方面：

拔模角度设计、顶杆、定位夹持、支撑点、加强筋等压铸特征设计等，如图4-16所示。

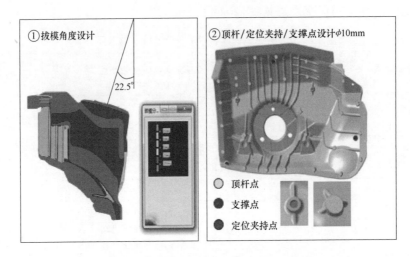

图4-16 铝合金减振塔压铸特征示意图

4.3.4 材料选择及优化

减振塔是形状复杂的薄壁件，如果采用重力或低压铸造，因为充型速度有限，铝合金液将在金属模中快速冷却，若零件壁厚较薄，在充型完成前就会大量凝固，从而造成浇不足或冷隔等缺陷。采用普通高压铸造可以成形薄壁件，但普通压铸充型时易产生气孔及氧化夹杂物等铸造缺陷，压铸件不能热处理且焊接性不好。

高真空压铸件除保留了压铸件固有的优点外，还可以适用铆接、焊接等更灵活的连接方式，因此高真空压铸更适合于制造强韧性要求较高的减振塔。

由于良好的铸造性能，Al-Si系合金也是高真空压铸铝合金主要研究开发对象。20世纪90年代以来，德国、日本等研究人员以Vacural法、MFT法或独自开发的高真空技术为基础，展开了对高强韧真空压铸铝合金的开发和研究，目前产业化应用的合金代号及成分如表4-9所示。

表4-9 常用Al-Si系高真空压铸铝合金成分

合金	Si	Cu	Mg	Fe	Mn	Ti	Sr	others	Al
Silafont-36	9.5~11.5	0.03	0.10~0.50	0.15	0.5~0.8	0.04~0.15	0.01~0.015	0.1	—
Castasil-37	8.5~10.5	0.05	0.06	0.15	0.35~0.60	0.15	0.006~0.025	0.2	—
Aural-2	9.5~11.5	0.03	0.27~0.33	0.22	0.45~0.55	0.08	0.01~0.16	0.03	—
Aural-3	9.5~11.5	0.03	0.4~0.6	0.22	0.45~0.55	0.08	0.01~0.16	0.03	—
367.0	8.5~9.5	0.25	0.3~0.6	0.25	0.25~0.35	0.2	0.05~0.07	0.15	—
368.0	8.5~9.5	0.25	0.1~0.3	0.25	0.25~0.35	0.2	0.05~0.07	0.15	—

从表4-9可以看出，这些高真空压铸铝合金都属于亚共晶Al-Si系合金——$AlSi_{10}MnMg$合金，与普通压铸铝合金相比，其主要区别在于：

1) 高Si, Si含量一般在9%~11%，保证合金具有良好的铸造性能。SF-36合金通过高真空压铸可以制作壁厚仅有 1.1mm 的零件。

2)避免 Cu,保证汽车受力结构件有较好的耐蚀性。

3)尽量降低 Fe 含量,图 4-17 可以明显看出随着 Fe 含量降低,合金的断裂韧性大幅度提高。增加 Mn 含量可确保合金具有较好的抗粘模性能。当 $w_{(Mn)}/w_{(Si)}$ 合适时,可避免产生针状的 β-AlFeSi 化合物,而形成细小弥散的 α-Al(MnFe)Si 合金相,从而确保了材料良好的韧性。

4)添加 Sr 和 Ti。添加 Sr 不但可通过其变质作用来改变共晶硅相的形态来提高合金的伸长率,而且可以减少压铸过程中的粘模倾向;添加 Ti 后可以细化 α-Al 枝晶和第二相的尺寸,从而提高铸件的力学性能。

根据汽车结构件的不同性能要求,高真空压铸铝合金的力学性能可通过热处理工艺进行调整。如图 4-18 所示,工艺较简单的 T5 热处理可以获得比 F 态更高的强度,T6 热处理可获得最高的强度和中等的伸长率,而 T4 和 T7 热处理可以获得较高的伸长率。

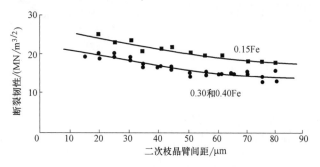

图 4-17 不同 Fe 含量下合金的断裂韧性

20 世纪以来,我国的高真空压铸 Al-Si 系铝合金研究,主要集中在 AlSi$_{10}$MnMg 合金组织及力学性能的影响因素方面,对新合金的开发则研究不多。部分单位对 A356 改性作为高真空压铸铝合金进行了研究,然而这类合金的铸造性能较差,很难制备壁厚较薄、尺寸较大的汽车结构件。

本案例介绍的新型 AlSi$_{10}$MnMg 高真空压铸铝合金,在国外成熟合金基础上,通过自主设计成分及多轮优化设计确定了热处理工艺,从而获得了满足汽车减振塔性能需求的合金,有效地提高了制件的强度和韧性,其合金成分主要如表 4-10 所示。

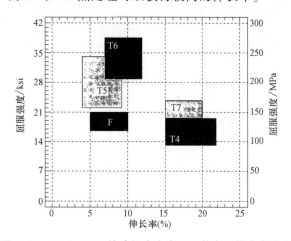

图 4-18 Silafont-36 铸造铝合金在不同状态下的力学性能

表 4-10 新型 AlSi$_{10}$MnMg 高真空压铸铝合金成分表

合金	元素	Si	Mn	Mg	Fe	Sr	Cu	Zn	Ti	P	其他
新型 AlSi$_{10}$MnMg	最小	10.0	0.55	0.45	—	0.015	—	—	—	—	—
	最大	11.2	0.65	0.55	0.12	0.025	0.03	0.07	—	0.001	0.02
SF36	最小	9.5	0.5	0.1	—	0.01	—	—	0.04	—	—
	最大	11.5	0.8	0.5	0.15	0.02	0.03	0.02	0.15	0.001	0.10

4.3.5 产品性能 CAE 分析

（1）局部刚度分析

前减振塔处的局部刚度直接影响车辆在实际使用过程中的操纵稳定性以及生产制作中四轮定位参数的达成，因此是前减振塔设计重点关注的指标之一。铝合金减振塔为左右对称件，截取部分车身（以右减振塔为例）约束全部自由度，在减振塔、上摆臂前后安装点施加载荷，考察减振塔加载点位移量。有限元模型如图 4-19 所示。

各个典型工况分析结果如图 4-20 所示，各个典型工况下最大位移如表 4-11 所示。

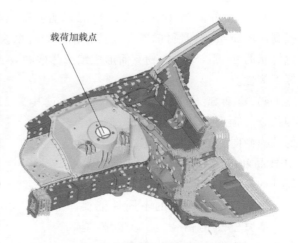

图 4-19 局部刚度分析有限元模型

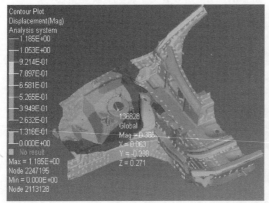 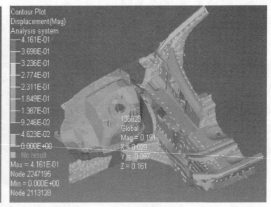

（工况：垂直2.5g）　　　　　　（工况：右转弯1g）

图 4-20 各个典型工况分析结果云图

表 4-11 各个典型工况下最大位移　　　　（单位：mm）

工况	铝合金减振塔	钢制减振塔	目标值
垂直 2.5g	0.366	0.356	≤0.5
右转弯 1g	0.191	0.194	≤0.5
左转弯 1g	……	……	……
制动 1g	……	……	……
静止起步	……	……	……

注：因技术保密需求，本表只给出部分数据。

经过 CAE 分析对比原钢制减振塔的分析结果，铝合金减振塔局部刚度在各工况下与原钢制减振塔基本相当或优于原钢制减振塔，可以有效地保证前减振塔的刚度要求。

第4章　铝合金减振塔开发

（2）整体刚度分析

车身的整体刚度包括扭转刚度和完全刚度，其高低直接决定了车身NVH[⊖]及耐久性等性能。而前减振塔为影响车身NVH及耐久性等性能的关键部件，因此在进行设计时需要进行重点分析。根据白车身3维数模建立白车身的有限元分析模型如图4-21所示。钣金件采用SHELL单元离散，缝焊采用RBE2单元模拟，采用的软件有ANSA、NASTRAN和HYPERVIEW等。

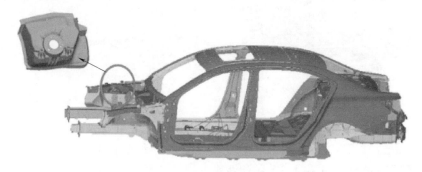

图4-21　白车身有限元模型

1）弯曲工况边界条件。约束前减振器安装点处Z向平动自由度；后悬架安装点处约束X、Y、Z向平动自由度，在每处座椅位置分别施加1666N的垂向载荷，如图4-22所示。

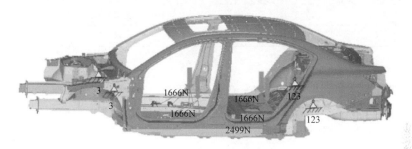

图4-22　弯曲工况边界示意图

2）扭转工况边界条件。约束后悬架安装点处X、Y、Z向平动自由度，在前减振器安装处施加大小相等、方向相反的两个集中力，形成绕轴2000N·m的转矩，并在前减振器两安装处约束MPC的Z向自由度，如图4-23所示。

图4-23　扭转工况边界示意图

在弯曲工况下，白车身的Z向变形情况如图4-24a所示；在扭转工况下，白车身扭转变

⊖ NVH指Voise、Vibration、Harshness、噪声、振动与声振粗糙度。

形情况如图 4-24b 所示。

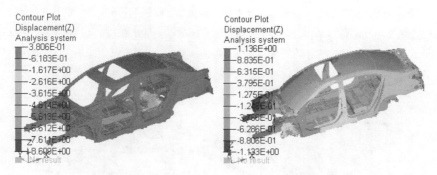

a) 弯曲工况Z向位移云图　　　　b) 扭转工况Z向位移云图

图 4-24　位移云图

通过计算，铝合金减振塔白车身弯曲刚度和扭转刚度结果如表 4-12 所示。由分析结果可知，铝合金减振塔白车身弯曲和扭转刚度均略高于原钢制减振塔结构的白车身弯曲和扭转刚度，满足设计要求。

表 4-12　整体刚度分析结果

分析内容	弯曲刚度/(N/mm)	目标值/(N/mm)	扭转刚度/[N·m/(°)]	目标值/[N·m/(°)]
钢制减振塔白车身	17537	>18000	27106	>25000
铝合金减振塔白车身	18084		27571	

（3）强度分析

前悬架直接安装在前减振塔上，汽车在使用过程中，力直接作用在前减振塔上，因此前减振塔的强度设计是车身结构的一项重要指标。由于铝合金自身的强度与钢相比差距较大，因此在进行铝合金减振塔设计时必须重点关注其力学性能。本案例的强度分析采用的有限元模型与局部刚度有限元模型一致，各个典型工况下的应力云图示例如图 4-25 所示。

各个典型工况的最大应力如表 4-13 所示。从分析结果看出，铝合金减振塔强度在各种工况下最小安全系数为 2.20，满足目标。

表 4-13　强度分析结果

工况	最大应力/MPa	屈服强度/MPa	安全系数
垂直	83.65	≥220	2.62
右转弯	43.69	≥220	5.03
左转弯	100.19	≥220	2.20
制动	70.35	≥220	3.12
起步	60.39	≥220	3.64

4.3.6　产品工艺分析

（1）成型分析

本案例介绍的铝合金减振塔尺寸为 532mm×365mm×299mm，平均壁厚约为 3mm，属

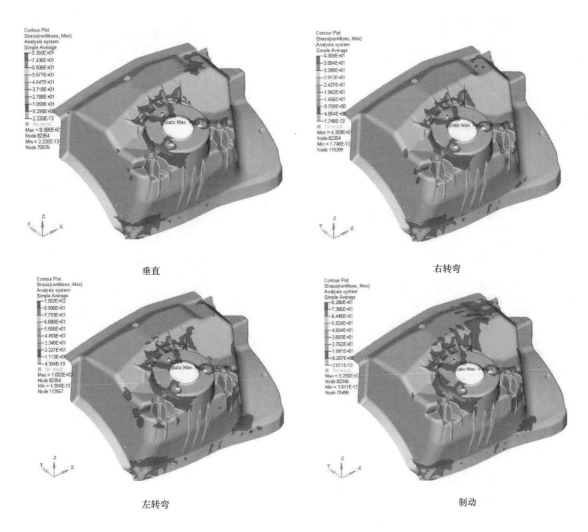

图 4-25 各工况分析应力云图

于典型的复杂薄壁大尺寸零件,其成型工艺较为复杂且性能保证难度较大。结合零件形状特征及性能要求确定压铸设备型号,主体方案采用一模两件结构,一次压铸成型左、右减振塔。

通过凝固模拟仿真软件建模,如图 4-26 所示。铸件浇铸系统,涵盖料饼、浇道、内浇道及渣包等。此外,为保证部分壁厚较大部位顺利充型需设置局部增压点,以及为保证真空压铸需设计真空通道。

图 4-27~图 4-29 是通过模拟压铸过程中整个浇铸系统的填充温度、填充速度及填充压力的变化规律。填充温度场分布模拟可以分析出容易发生温度过低或过高的部位,从而调整模温分布来保证顺利充型;填充速度变化模拟主要分析充型过程中浇铸系统的铝液充型速度变化,如内浇口充填速度保证在 40m/s 左右,满足压铸工艺设计要求;填充压力场模拟是基于高真空模式下的铸件气压分布模拟,保证整个压铸过程处于高真空状态,真空度控制在 $30 \sim 50 \times 10^{-5}$ Pa,从而保证铸件的含气量低于 4mL/100g。

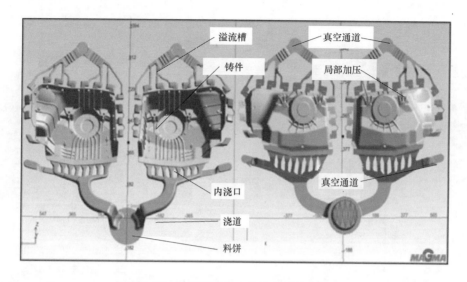

图 4-26 减振塔压铸工艺仿真分析建模图

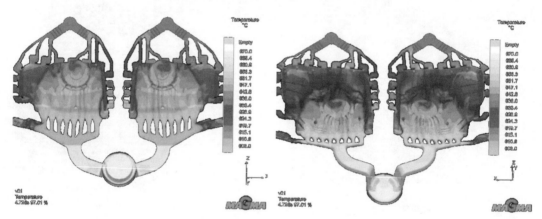

图 4-27 浇铸系统的填充温度模拟仿真

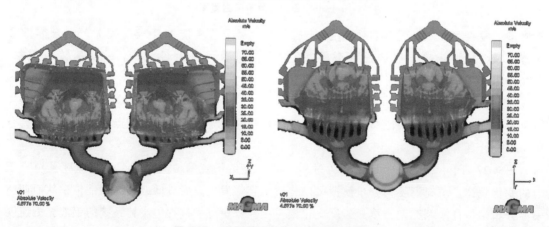

图 4-28 浇铸系统的填充速度模拟仿真

(2) 连接可行性分析

铝合金减振塔连接设计是铝合金减振塔设计的一项重要内容,既要考虑连接的可靠性,

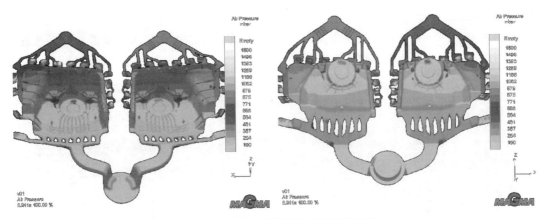

图 4-29 浇铸系统的填充压力模拟仿真

也要考虑钢制件与铝制件的电化学腐蚀问题。本案例介绍的铝合金减振塔与周边钢制结构搭接面宽度设计均在 20mm 以上，采用直径为 5mm 的 SPR 铆钉的工艺要求，可以有效地保证铆接质量及配合铆接的金属结构胶的涂覆均匀性和质量。同时，采用结构胶作为介质既可以保证连接强度又可以解决钢铝制件的电化学腐蚀问题。

4.3.7 产品工装开发

根据高真空压铸工艺方案及模拟结果，设计符合要求的高真空压铸模具，模具设计重点为密封设计和模温控制设计，以确保型腔真空度和铸件顺利成型。

图 4-30 和图 4-31 分别是模具分型面设计和模芯之间的密封条设计，模具分型面尺寸大，定、动模配合容易漏气，因此密封条采取全封闭、大直径设计，其密封条直径为 Φ12mm，总长度为 5.5m；定、动模的模芯间隙小，安装后不需移动，采取直径为 Φ6mm，长度为 0.84m 和 0.86m 的单边密封条即可。密封设计可以使型腔内保持高真空状态。

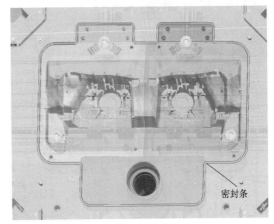

图 4-30 分型面之间密封条设计

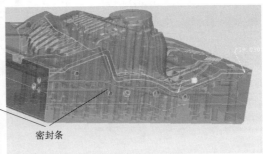

图 4-31 模芯之间密封条设计

模具的模温调控主要通过设计加热油路和冷却水路来实现，如图 4-32 所示。根据模流分析结果，结合铸件形状特征，加热油路采取分组串联并入集油板，冷却水路分为料饼端冷却水路和环冷水路，直接进入压铸机集水板强制冷却。通过优化的加热油路、冷却水路设计，保证充型过程中的铝液尽量按次序凝固。

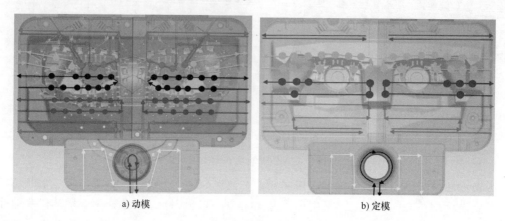

a) 动模　　　　　　　　　　　　b) 定模

图 4-32　模具的模温控制设计

4.4　铝合金减振塔试验

4.4.1　铸造缺陷检查

铝合金减振塔属于车身上的关键零部件，需要保证其具有足够的强度和较高的韧性，同时对其一致性具有较高的要求。虽然采用高真空压铸成型技术制造，可使铸造缺陷大幅降低，但仍需进行铸造缺陷检查从而确保其性能得到有效的保障。常规的铸造缺陷检查方法有鼓包试验、X 光检测和含气量检测等。

（1）鼓包试验

试验方法：将铝合金减振塔铸件放置到 490~500℃ 的环境中，静置 1h，观察铸件表面鼓包数量以及鼓包的尺寸。本案例介绍的铝合金减振塔铸件的鼓包试验结果如图 4-33 及表 4-14 所示。结果显示满足设计要求。

（2）X 光检测

试验方法：对铝合金减振塔铸件进行 X 光检测，查找较大气孔、冷隔以及缩松等铸造缺陷。

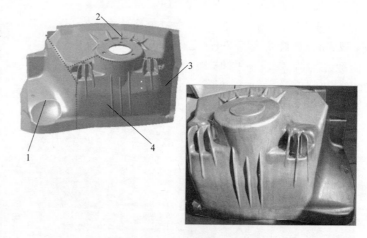

图 4-33　鼓包试验的检测位置示意

本案例介绍的铝合金减振塔铸件的 X 光检测结果如图 4-34 所示。X 光照片中未发现较大气孔、冷隔以及缩松等铸造缺陷，满足设计要求。

表 4-14 鼓包试验结果

序号	类别	鼓包数量及直径判定标准及检测						
		情况1	情况2	情况3	情况4	情况5	情况6	情况7
1	鼓包群数/个	≥1	≥4	≥1	—	—	—	—
2	鼓包群内鼓包数/个	50	20~50	≥10	≥1	2~10	≥1	2~10
3	鼓包直径/mm	无要求	10个鼓包>2		>8	≤5	>5	≤8
4	鼓包所在部位	所有铸件表面			安装和连接面，且铸件两侧均存在	安装和连接面	除安装和连接面外，且铸件两侧均存在	
	检测结果	0	1	0	0	0	0	
	是否合格	√	√	√	√	√	√	

注：表格中的数据具体见相关测试及检查规范。

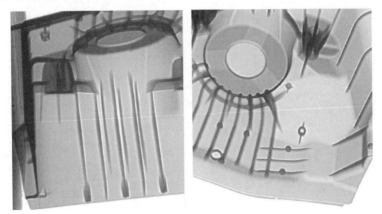

图 4-34 铝合金减振塔 X 光照片

(3) 含气量检测

试验方法：真空熔融法，设备如图 4-35 所示。

图 4-35 含气量检测设备图

本案例介绍的铝合金减振塔铸件的含气量检测结果如表 4-15 所示。普通压铸件含气量一般在 15~20mL/100g，气体主要为压射过程中气体卷入模具腔内导致的。本案例压铸件的平均含气量为 3.93mL/100g，达到目标（≤4mL/100g）。

表 4-15 含气量测试结果

位置	图示位置	含气量测试值/(mL/100g)	目标值/(mL/100g)
近水口部位		3.5	≤4
产品中部		3.9	≤4
填充末端		4.4	≤4

4.4.2 拉伸试验

对铝合金减振塔进行本体取样，取样位置如图 4-36 所示。其中，1 号位置处于铸件的远浇口部位，3~5 号位置处于铸件的近浇口部位，7~10 位置位于熔液流动角度最大部位。对不同位置的样件进行不同处理及性能测试。

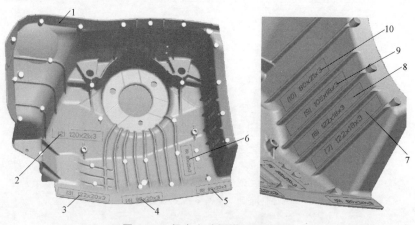

图 4-36 铝合金减振塔取样位置

表 4-16 为铝合金减振塔铸态时的力学性能，表 4-17 为铝合金减振塔 T6 热处理（490℃，3h+170℃，3h）后的力学性能。

表 4-16　铝合金减振塔铸态力学性能测试值

取样编号	抗拉强度/MPa	屈服强度/MPa	伸长率(%)
1	248	147	7.03
2	314	199	9.45
3	309	174	9.08
4	284	179	8.50
5	295	147	9.18
6	307	148	9.46
7	300	159	8.63
8	299	164	8.78
9	294	156	8.67
10	312	157	9.08
平均	296.2	163	8.786

表 4-17　铝合金减振塔 T6 热处理后力学性能

取样编号	抗拉强度/MPa	屈服强度/MPa	伸长率(%)
1	287	226	5.28
2	323	219	12.4
3	319	257	10.2
4	321	258	10.1
5	318	257	12.1
6	318	251	11.6
7	314	266	7.40
8	309	250	6.32
9	310	256	5.56
10	317	255	10.6
平均	313.6	249.5	9.156

铸态时的铝合金减振塔仅有 1 号部位的抗拉强度低于 250MPa，其他部位均在 280MPa 以上；屈服强度均在 145MPa 以上，伸长率仅 1 号位置低于 8%，平均伸长率 9.48%。热处理后铝合金减振塔的力学性能有了大幅度提升，屈服强度提升到 249.5MPa，抗拉强度提升到 313.6MPa，伸长率也提升到 9.156%。从铸态和 T6 热处理态的测试结果来看，部分位置还存在伸长率低于 8%，以及部位出现随机的情况，需要进一步提升铸造工艺保证铝合金减振塔铸造质量。

4.4.3　金相试验

铝合金减振塔金相取样位置与拉伸试验取样位置一致。2 号位置的金相照片如图 4-37 左图所示。2号位置的金相组织已达到奔驰 GLC 铝合金减振塔的水平。7~9号位置的金相组织（图4-38）中还存在冷隔、缩松以及气孔等缺陷，需要优化铸造工艺，消除铸造缺陷。

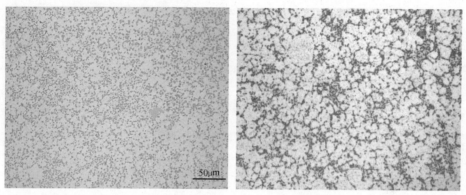

图 4-37　2号位置与奔驰 GLC 铝合金减振塔金相组织

图 4-38　铸造缺陷

冷隔、缩松以及气孔等缺陷后期通过对铸造工艺的优化包括浇口位置、增加渣包、流道优化、模具热态研配等措施解决。

4.4.4　刚度试验

铝合金减振塔刚度试验采用与钢制减振塔对比方式进行。铝合金减振塔和钢制减振塔试验样件如图4-39所示。

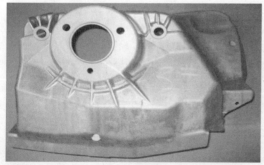
a) 铝合金减振塔

b) 钢制减振塔

图 4-39　铝合金/钢制减振塔试验样件

刚度试验以测定 Z 向刚度为主，采用丝杠螺旋运动升降机进行加载，分别用载荷传感器（误差±1N）和位移传感器（误差±0.01mm）采集载荷和位移数据。加载点用专用夹具将载荷施加在减振塔三个连接点上，加载点为专用夹具螺孔；加载力从 0~1000N，且按每 100N 为梯级，逐级加载，加载力轴线垂直向下。试验状态如图 4-40 所示。

图 4-40　铝合金/钢制减振塔试验状态

刚度测试结果如图 4-41 所示。由测试结果可以看出，铝合金减振塔的刚度值远大于钢制减振塔。

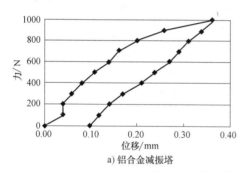
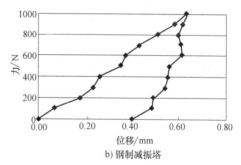

a) 铝合金减振塔　　　　　　　　b) 钢制减振塔

图 4-41　减振塔 Z 向刚度力—位移曲线

4.4.5　强度试验

铝合金减振塔强度试验方法、设备与刚度试验一致。不同之处为：加载力在 0~1000N，按每 200N 为梯级，逐级加载，超过 1000N 后，按 50N 加载，直到加载力出现明显、快速衰减，加载力轴线垂直向下。测试结果如图 4-42 所示。

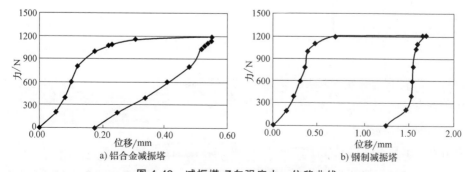

a) 铝合金减振塔　　　　　　　　b) 钢制减振塔

图 4-42　减振塔 Z 向强度力—位移曲线

由测试曲线可以看出铝合金减振塔强度和钢制减振塔基本一致。

4.4.6 白车身台架试验

将白车身试验样车按照整车状态配载后安装在四立柱上,进行路谱迭代后,生成驱动信号,对整车满载时进行振动疲劳试验。

在台架上按要求的迭代误差进行迭代,得到台架试验所需的驱动信号,并编制耐久驱动程序循环文件,单次路面信号和循环顺序如下所示:A-B-C-D-E-F-G-H-I-J-K-L,试验一共进行 892 次循环。各种信号的迭代误差率如表 4-18 所示。

表 4-18 迭代结果

驱动信号	前左位置(FL) (RMS%)	前右位置(FR) (RMS%)	后左位置(RL) (RMS%)	后右位置(RR) (RMS%)
A	3.58	4.06	5.25	8.60
B	5.02	2.87	8.84	5.97
C	5.34	6.78	5.91	4.76
D	13.56	8.89	15.32	9.62
E	4.30	2.39	9.79	5.97
F	7.12	7.31	9.81	12.68
G	12.64	14.69	18.15	13.63
H	5.73	5.01	5.06	4.30
I	3.69	3.28	9.83	8.19
J	4.47	4.18	13.56	8.94
K	8.60	6.69	7.71	5.49
L	5.02	3.58	7.41	5.73

注:RMS 指单调速率调度,为 Rate Monotonic Scheduling 的缩写。

试验状态如图 4-43 所示,试验过程中记录异响、不可预测等情况;对减振器进行风冷,并对四个减振器温度(靠近减振器下端位置)进行监控,温度不得高于 82℃。试验过程中重点检查内容:

1) 每 2 个小时在台架上进行一次检查,主要检查设备,查看车辆有无可见的干涉及开裂等异常情况产生。

2) 每 24 小时上举升机进行一次检查,寻找有无开裂、破损、磨损、变形、干涉或其他异常情况,重点关注车身焊点。

3) 试验完成后,对试验车辆进行详细检查,寻找有无开裂、破损、磨损、变形、干涉或其他异常情况,做好记录并将拍摄的照片附在最终的测试报告中。

试验结果:车身等无可见的干涉及开裂等异常情况;车身、悬架和车身焊点等无可

图 4-43 铝合金减振塔白车身状态及疲劳试验

见开裂、破损、磨损、变形、干涉或其他异常情况。减振塔及铆接点无可见开裂、破损、磨损、变形、干涉或其他异常情况。

4.5 总结

本案例介绍的铝合金减振塔开发完成了结构开发、样件开发、台架试验，各项性能指标表现良好，达到设计预期。

在设计初期进行详细对标和目标设定，在设计过程中重点关注结构优化设计、材料成分优化设计，在样件制作过程中重点关注模具设计（特别是模具密封、含气量控制以及热处理）。通过这些过程的控制可以有效地保障铝合金减振塔的开发成功，主要技术指标小结如表4-19所示。

表4-19 技术指标小结

类别	技术总结描述
材料	采用 $AlSi_{10}MnMg$，合金成分高于 SF36，合金 T6 状态下力学性能（屈服强度≥220MPa，抗拉强度≥280MPa，伸长率≥8%），满足铝合金车身结构件的基本要求
工艺	采用基于 MFT 法的高真空压铸成型工艺
结构设计	设计流程：拓扑结构设计→初版结构搭建→成型工艺设计→第一版数据→模流分析→第二版数据→模流确认→最终数据 结构设计关注点：压铸特征，加强筋设计，壁厚一般为 3mm，壁厚过渡均匀 连接设计：SPR+结构胶（本案例采用 1840C）或者 FDS+结构胶
零部件性能	刚度：略优于钢制结构，特别是垂向刚度一般优于钢制结构 强度：达到钢制结构水平 疲劳耐久性能：满足设计要求 耐蚀性：满足设计要求
轻量化	减重率达 45.0%

参考文献

[1] 赵高明. 前端支架的模块化发展 [J]. 技术与市场, 2010, 7 (2): 35-39.
[2] 万里, 潘欢, 罗吉荣. 高真空压铸技术及高强韧压铸铝合金开发和应用的现状及前景 [J]. 特种铸造及有色合金, 2007, 27 (12): 939-942.
[3] 鲁后国, 张炳力. 铝合金压铸减振器塔结构设计研究 [J]. 汽车实用技术, 2019 (5): 135-137.

第 5 章
铝合金机盖开发

5.1 概述

机盖是最醒目的车身构件,是买车者经常要查看的部件之一,其主要性能特点是隔热、隔音、轻量化、刚性强。机盖造型也是整车外观效果的重要部分,与翼子板、前组合灯、前保险杠、通风格栅等都有相应的间隙和面差的要求。除此之外,机盖总成性能在行人保护、外部凸出物等方面也有国家法规要求,设计时必须综合考虑。

机盖总成如图 5-1 所示。

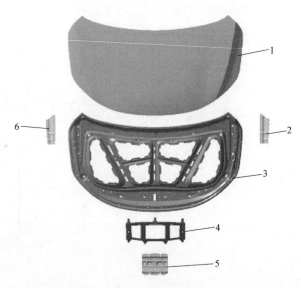

图 5-1 机盖总成
1—机盖外板 2—机盖左铰链加强板 3—机盖内板 4—机盖外板加强件 5—机盖锁扣总成 6—机盖右铰链加强板

5.1.1 铝合金机盖应用趋势

预计到 2025 年时,车身各部位的铝材普及率最高为机盖约 85%,其次是车门达到

46%、背门33%、车顶30%、翼子板27%。

价位在15万元左右的车型，铝合金的主要应用部位为机盖；价位在30万~50万元的车型开始大量使用铝合金机盖；价位在50万元以上的车型，对铝合金机盖的使用率急剧升高，如表5-1所示。

表5-1 铝合金机盖应用情况

价位	欧系	日系	美系	国内合资	国内自主
15万元	雪铁龙C4/C5、标致307	锐志、普锐斯、斯巴鲁LEGACY	雪佛兰BOLT	上海通用别克君越、君威	上汽荣威750、长城汽车WEY VV5/VV7、上汽荣威950
30万~50万元	奔驰A级、奥迪A6/Q5/Q3、沃尔沃V60/S60、揽胜极光、发现神行	丰田皇冠、本田里程、斯巴鲁WRX、雷克萨斯IS	福特蒙迪欧、克莱斯勒300C		
50万元以上	奥迪Q7/A8/A2、奔驰S/E级、奔驰ML250、宝马7系、沃尔沃XC60、路虎发现	尼桑、英菲尼迪M56/EX35/FX、马自达RX-8、雷克萨斯LFA	凯迪拉克CT6、福特F150、吉普Wrangler、道奇Charger		

5.1.2 铝合金机盖结构对标

铝合金机盖对标结果，如表5-2所示。从对标情况看，铝合金机盖内板采用蜂窝状结构是一种发展方向，可有效提高机盖的行人保护性能。本章选取在原钢制机盖总成基础上进行铝合金机盖的开发，蜂窝状内板作为重点参考结构。开发要求为铝合金机盖总成的性能目标不低于钢制机盖，且满足其安装和布置要求。

表5-2 铝合金机盖结构对标

序号	年度	车型名称	图片	重量/kg
1	2005	丰田普锐斯		6.4
2	2018	奔驰A系		9.6

(续)

序号	年度	车型名称	图片	重量/kg
3	2017	雷诺 KOLEOS		8.1
4	2016	沃尔沃 V90		10.6

5.2 铝合金机盖产品设计

5.2.1 设计目标

机盖总成的主要性能指标为车身安装点（如机盖铰链、缓冲块安装点、锁钩安装点等）静刚度、扭转刚度、横向刚度以及耐腐蚀性。

具体性能目标如表 5-3 所示。

表 5-3 机盖性能目标

序号	分析项	目标值
1	机盖总成涂胶间隙	电泳后不出现拉坑、鼓包
2	机盖总成开闭疲劳	机盖总成的疲劳寿命≥1.0E4 次循环
3	机盖总成垂向刚度	后梁中点：80N/mm 后角点：100N/mm
4	机盖总成横向刚度	140N/mm
5	机盖内板安装点局部刚度	锁钩：300N/mm 铰链安装前点：350N/mm 铰链安装后点：500N/mm
6	机盖扭转刚度	150N·m/(°)
7	机盖抗凹刚度	分析指标为载荷 40N，刚度为 35N/mm
8	机盖预变形量	变形量 a≤0.5mm
9	机盖铰链抖动分析	机盖铰链 CAE 分析变形量$|Z|$≤0.9mm
10	机盖铰链刚度分析	X、Y、Z 三个方向施加 1000N，刚度≥1700N/mm、150N/mm、850N/mm
11	前部弯曲	抽取机盖锁环与机盖咬合点在机盖外板 Z 向的对应点，机盖外板变形量≤1.5mm
12	耐腐蚀性	耐轻微腐蚀能力≥5 年，耐腐蚀穿孔能力≥12 年
13	耐久可靠性	机盖开闭疲劳评价及试验满足 7000 次开闭耐久试验；机盖系统满足 5 年或 10 万 km（以先到为准）的"三包"要求

5.2.2 材料选择

1. 铝板分类

(1) 按照合金元素分类

可分为 1XXX（铝含量不小于 99.00% 的纯铝）、2XXX（Al-Cu）、3XXX（Al-Mn）、4XXX（Al-Si）、5XXX（Al-Mg）、6XXX（Al-Mg-Si）、7XXX（Al-Zn）。

1）影响合金组织及性能的元素有 Si、Fe、Cu、Mn、Mg、Zn、Cr、Ti，其中 Si、Fe、Cu、Mn、Mg、Zn 为主要元素，Cr 及 Ti 为微量元素。

2）Si 和 Mg 是 6 系合金中最重要的合金元素，它们形成了强化相 Mg_2Si，为保持时效强化效果，合金中 Mg、Si 元素含量符合 Mg∶Si=1∶1.73。Si 能提高铸造和焊接的流动性、耐磨性；Mg 能提高合金的抗蚀性和可焊性，但 Mg 含量过高则会降低 Mg_2Si 在固溶液体中的溶解度。

3）Mg 可提高加工硬化、强度以及成形性。Mg 含量越高，合金强度越高，伸长率越高，但塑性变形曲线中应力应变也会增多；除此之外，Mg 含量越高，铝板表面越容易出现吕德斯带，影响外观质量。

(2) 按热处理类型分类

铝合金分为可热处理强化铝合金和非热处理强化铝合金，热处理型合金经析出硬化处理后，强度较非热处理型合金高，成形性差。

1）6 系合金为可热处理合金。作为汽车外板材料要求合金冲压时具有较低屈服强度，经过涂装烘烤后具有较高屈服强度，以满足外覆盖件抗凹性要求。6 系铝合金通常进行 T4 热处理（固溶处理+淬火），如图 5-2 所示。

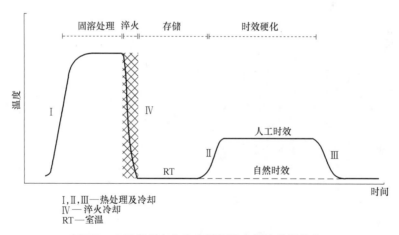

图 5-2　6 系铝合金在生产及使用中的热处理状态

2）自然时效：固溶处理+淬火的 T4 热处理为 6 系铝板的出厂状态，经过处理后的合金屈服强度降低，韧性提高，利于冲压成形。但 T4 态铝板在自然放置下会随存放时间增长产生自然时效，合金内缓慢析出少量沉淀相，会使合金屈服强度升高，塑性降低，影响冲压成形性能，尤其影响包边性能。一般要求铝板在 T4 热处理后 6 个月内冲压完毕。自然时效的影响如下：

a) 屈服强度随自然时效时间延长而增加，回弹稍有增加，如图 5-3 所示。
b) 弯曲和包边性能下降。
c) 伸长率、n 值和 LDH（Limit Draw Heigh，极限拉延高度）几乎没影响。
d) 由于自然时效中提前析出部分沉淀相，降低了 Mg 及 Si 元素的固溶度，降低烘烤硬化效果。

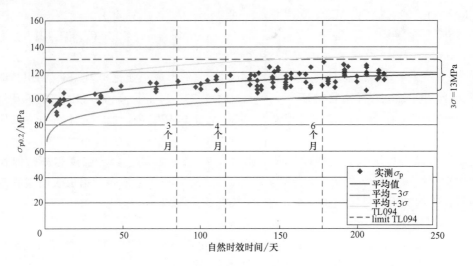

图 5-3 自然时效对屈服强度的影响（见彩图）

（3）表面形貌分类

铝板最终表面形貌是在最后一道轧制中形成，铝板的表面形貌分为 EDT 和 MF，如图 5-4 所示。

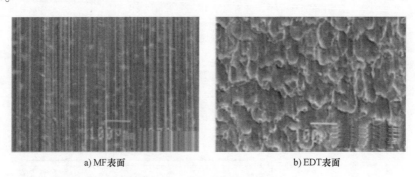

a) MF 表面　　　　　　　b) EDT 表面

图 5-4 铝板表面形貌分类

EDT（Electric Discharge Texturing）电火花加工技术，利用电火花放电对轧制表面进行处理；MF（Mill Finish）轧制光面。

表面形貌可改善板材冲压性能，改善涂装后外观质量。

EDT 表面比 MF 表面的优势在于：

1）经过 EDT 处理的材料表面能够达到各向同性，在变形过程中成形性优于 MF。

2）EDT 表面形成静力润滑油储液区，其表面具有均匀、规则、致密小凹坑的特点，储油均匀，能够改善冲压润滑条件；可避免落料分张过程中材料黏结，实现连续冲压；表面均匀小凹坑可容纳冲压中脱落的铝屑,减小模具磨损,也利于脱模;EDT表面有利于漆与金属表面紧密贴合,使外板材料在涂装后有更好的外观质量。

2. 常用汽车铝板性能

汽车工业中常用铝板牌号及特性如表5-4所示。

表5-4 常用铝板牌号及特性

合金系		典型合金	特性
6系	高铜	6111(含铜0.7%)	高烘烤硬化、易受丝状腐蚀
	低铜	6022、6016、6014	良好烘烤硬化、良好成形性、耐腐蚀性好
5系	高镁	5182、5023、5022	易受丝状腐蚀
	中镁	5754、5154、5454	良好的SCC性能、良好成形性
	低镁	5052	低强度

考虑铝板综合性能,目前覆盖件外板多采用6016及6014,内板多采用5182,考虑同牌号铝板便于回收,内板也可采用6016及6014,典型力学性能及拉伸试验结果如表5-5~表5-9所示。建议汽车用铝板的力学性能指标为:$120\text{MPa} \leqslant \sigma_{0.2} < 145\text{MPa}$,$190\text{MPa} < \sigma_b < 250\text{MPa}$,$0.4 < \sigma_{0.2}/\sigma_b < 0.55$,伸长率$A_{80} > 24\%$,拉伸应变硬化指数$n_5 \geqslant 0.25$,塑性应变比$r_{15} \geqslant 0.6$,烘烤硬化(BH)值$\geqslant 80\text{MPa}$,翻边性能1t(单层板厚)不开裂。

表5-5 典型铝板力学性能

牌号	应用	冲压前力学性能							2%预拉伸+185°20min		
		$\sigma_{p0.2}$/MPa	σ_m/MPa	A_{80}(%)	n_5	r_0	r_{45}	r_{90}	$\sigma_{p0.2}$/MPa	σ_m/MPa	A_{80}(%)
6014	外板	120	227	25	0.26	0.7	0.68	0.7	210	265	18
6014	内板	60	130	27.5	0.3	0.85	0.57	0.86	—	—	—
6016	外板	120	225	25	0.26	0.76	0.54	0.68	215	275	18.5
Ac-170PX(Novelis)	外板	110	206	24.8	0.26		0.74		—	—	—
Superlite 200ST(Aleris)	外板	188	230	27	0.27		0.67		216		
Ecolite ST(Aleris)	内板	123	232	26.1	0.29		0.80		—	—	—
6K21-T4(Kobel)	外板	129	225	26.5	0.24		0.64		200		

表5-6 铝板Ac-170PX拉伸试验结果(1)

试样编号	断后延伸率(%)		屈服强度/MPa		抗拉强度/MPa	
	试验值	平均	试验值	平均	试验值	平均
1-0-1	24.71		107.58		202.56	
1-0-2	25.83	24.79	114.46	109.90	211.80	205.57
1-0-3	23.84		107.65		202.36	
1-45-1	28.73		112.16		208.93	
1-45-2	25.99	26.65	123.06	115.76	211.61	209.54
1-45-3	25.26		112.05		208.09	

（续）

试样编号	断后延伸率(%)		屈服强度/MPa		抗拉强度/MPa	
	试验值	平均	试验值	平均	试验值	平均
1-90-1	26.26		112.43		208.86	
1-90-2	25.78	25.29	112.74	114.23	209.92	211.22
1-90-3	23.84		117.53		214.87	

表 5-7 铝板 Ac-170PX 拉伸试验结果（2）

试样编号	杨氏模量/MPa		应变硬化指数 n_{2-20}		泊松比		塑性应变比 r_{15}	
	试验值	平均	试验值	平均	试验值	平均	试验值	平均
1-0-1	61880		0.26		0.34		0.73	
1-0-2	65474	63043	0.26	0.26	0.37	0.38	0.74	0.74
1-0-3	61776		0.26		0.44		0.74	
1-45-1	64882		0.26		0.40		0.62	
1-45-2	65875	65441	0.24	0.25	0.45	0.42	0.66	0.63
1-45-3	65565		0.26		0.41		0.61	
1-90-1	63062		0.26		0.43		0.77	
1-90-2	65670	64530	0.26	0.26	0.43	0.42	0.79	0.77
1-90-3	64857		0.26		0.41		0.76	

表 5-8 铝板 6K21 拉伸试验结果（1）

试样编号	断后伸长率		屈服强度/MPa		抗拉强度/MPa	
	试验值	平均	试验值	平均	试验值	平均
1-0-1	26.30		129.62		226.23	
1-0-2	27.91	26.50	128.74	128.96	225.23	225.31
1-0-3	25.29		128.51		224.47	
1-45-1	27.26		121.60		213.90	
1-45-2	27.65	27.30	120.91	120.91	213.21	213.23
1-45-3	26.99		120.23		212.57	
1-90-1	—		122.98		213.79	
1-90-2	—	26.84	123.01	122.99	212.99	213.70
1-90-3	26.84		122.98		214.32	

表 5-9 铝板 6K21 拉伸试验结果（2）

试样编号	杨氏模量/MPa		应变硬化指数 n_{2-20}		泊松比		塑性应变比 r_{15}	
	试验值	平均	试验值	平均	试验值	平均	试验值	平均
1-0-1	68708.02		0.2445		0.36		0.81	
1-0-2	69426.75	69257	0.2455	0.24	0.34	0.35	0.79	0.80
1-0-3	69636.46		0.2440		0.36		0.81	

(续)

试样编号	杨氏模量/MPa		应变硬化指数 n_{2-20}		泊松比		塑性应变比 r_{15}	
	试验值	平均	试验值	平均	试验值	平均	试验值	平均
1-45-1	69130.39		0.2425		0.34		0.54	
1-45-2	70737.69	69637	0.2410	0.24	0.38	0.35	0.54	0.54
1-45-3	69043.83		0.2430		0.34		0.53	
1-90-1	68278.93		0.2400		0.36		0.69	
1-90-2	67294.55	66883	0.2400	0.24	0.33	0.34	0.68	0.68
1-90-3	65076.76		0.2415		0.32		0.67	

3. 铝合金机盖用胶

凡是能把同种或不同种的材料表面连接在一起的媒介物质统称为胶粘剂。而密封胶是起到密封作用的一种胶，不用于结构性应用，其固化很慢，具有高弹性、高延伸率、相对低的强度，经常被错误地当成是胶粘剂。车身上应用的胶粘剂、主要有结构胶、折边胶、减振胶，密封胶主要有点焊密封胶、焊缝密封胶、抗石击涂料、风窗玻璃胶等，其延伸率和强度如图5-5所示。

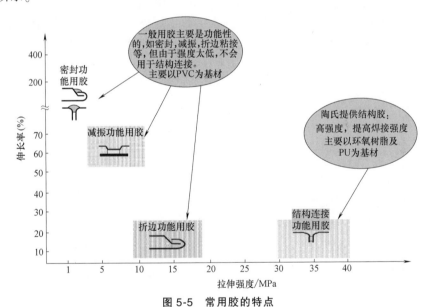

图5-5 常用胶的特点

（1）折边胶

选用双组分折边胶，在焊装时能实现对内外板的黏接功能，A（253）胶与B（254）胶混合体积比例为4∶1，混合后在温度为23℃条件下存放1h，剪切强度能达到4MPa，存放4h剪切强度能达到10~11MPa，实现黏接和密封功能。烘烤硬化后剪切强度能达14MPa，黏接和密封功能达到最大化。折边胶的断面尺寸设计为直径（3±1）mm，长度随涂胶槽的长度而定。

（2）减振膨胀胶

减振膨胀胶的基材为合成橡胶，其硬度（邵氏A）15~30、剪切强度≥0.3MPa、破坏状态≥90%CF、拉伸强度≥0.35MPa、体积膨胀率5%~15%、（170±2）℃、20min完全固化、表面无黏性、断后伸长率≥40%。减振膨胀胶的断面尺寸设计为直径（8±2）mm，长度随涂胶槽的长度而定。

5.2.3 机盖设计关键因素

1. 铝合金机盖设计流程

首先设定机盖外板及内板料厚及材料，然后设定机盖外观间隙（漆厚定为0.17mm），最后设定机盖侧部位基本断面。

2. 人机工程校核

开启高度：机盖最前沿离地高度优先推荐1800~1900mm，具体满足人机校核要求。

开启校核：采用国标男子第95百分位身高的人体。在维修人员检修发动机舱内零部件时，维修人员靠在车辆前端处作业，从直立到弯腰过程中，头与机盖最小间隙应大于50mm，如图5-6所示。

3. 铝合金机盖总成结构设计

（1）行人保护结构设计

伤害值要求：规定在1/2儿童头部测试区域要求HIC值≤1000，另外，儿童+成人头部测试区域的2/3要求HIC值≤1000；儿童+成人头部在其余测试验区域HIC值≤1700。儿童区与成人区如图5-7所示（B区是指HIC在1000~1700的区域，HIC是指伤害值）。

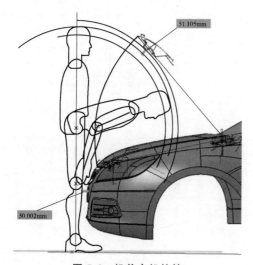

图5-6 机盖人机校核

图5-7 机盖分区

（2）锁区域

为满足行人保护法规，锁尽量前移布置，避开法规测试区。

若无法避开法规测试区，则要求锁扣上方钣金（锁扣头、锁扣座翻边、锁扣安装板翻边等）最高点距机盖外板Z方向距离≥60mm，如图5-8所示。

行人保护无法达成时，可考虑采用双锁布置，布置双锁的前提是能保证避开法规测试区域，如图5-9所示。

在满足机盖外板前部抗凹刚度等性能目标的前提下，法规测试区机盖外板支撑板X方

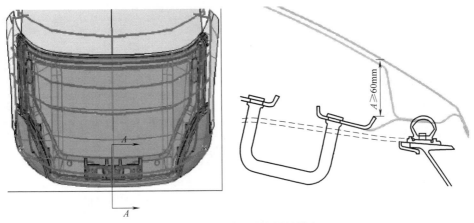

图 5-8　机盖锁区域布置关键点

图 5-9　机盖双锁布置

向不建议过于靠前布置，前端空间太小易造成板料堆积，如图 5-10 所示。

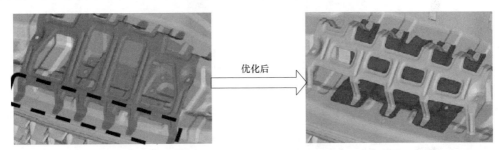

图 5-10　机盖锁销加强件设计

机盖锁扣座避免过高凸筋，特别前部法规风险较大区域不建议起筋，若无法避免，采用锯齿形结构向前端延伸，如图 5-11 所示。

（3）铰链处

铰链安装点向后布置，不建议布置四连杆铰链，该铰链占用空间大，导致铰链护罩突出机盖后沿，增大法规测试区域。

铰链加强板贴合机盖内板，在满足铰链安装点刚度、抖动、机盖总成约束模态等性能指标前提下，避免凸筋，增大与外板间隙。

在满足机盖总成与周边件的最小运动间隙、机盖最大开度时与周边件最小间隙的前提

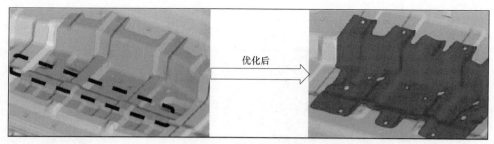

图 5-11 机盖锁扣座设计

下,降低铰链轴线高度。

铰链固定座在满足铰链自身刚度、机盖总成抖动、机盖总成约束模态等性能指标前提下,开弱化孔或折弯弱化结构。

(4) 机盖外板包边

以某车型的包边为例,如图 5-12 所示。

1 到 2 采用水滴包边,①L_4 = 4.5mm,②包边宽度 L_5 = 10mm,③内板边界距离外板圆角切线距离 L_6 = 1.7mm。

2 到 3 采用平直包边,①L_1 = 4.5mm(特殊拐角部位可依据情况进行增减),②L_2 = 7.0mm,③L_3 = 1.7mm。

3 到 4 采用平直包边。

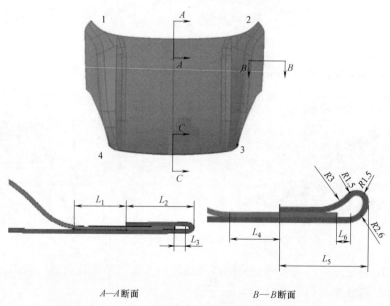

A—A 断面　　　　B—B 断面

图 5-12 包边设计

5.2.4 机盖材料方案

铝合金机盖内外板选用 6016 材料,厚度为 1.0mm,加强件选用 5182 材料,锁销及锁销加强件沿用。铝合金机盖总成质量为 18.9kg,比钢总成减少质量 7.92kg,减重率 42%,各个零件的材料牌号和厚度对比如表 5-10 所示。

表 5-10 机盖轻量化前后材料和厚度

序号	中文名称	钢质		铝质	
		材料	厚度/mm	材料	厚度/mm
1	机盖内板	DC04	0.7	6016	1.0
2	机盖外板	DC05	0.7	6016	1.0
3	机盖外板加强件	DC01	0.7	5182-O	2
4	机盖锁销	15#,表面渗碳,渗碳层 0.1mm	$\varphi 7.6$	15#,表面渗碳,渗碳层 0.1mm	$\varphi 7.6$
5	机盖锁销加强件	DC01	1.8	DC01	1.8
6	机盖撑条加强件(带螺母 AM8)	DC01	1.2	DC01	1.2
7	机盖铰链加强件(左)	DC01	1.8	5182-O	2.5
8	机盖铰链加强件(右)	DC01	1.8	5182-O	2.5

5.2.5 机盖刚度 CAE 分析

在车辆使用过程中,机盖一直承受着来自发动机及外部风压的激励,如果机盖的后梁刚度不足,会使机盖后部发生抖动,进而可能产生异响。机盖作为相对独立的部件,在车辆转弯时会受到一定的横向载荷,使机盖产生变形。若在外力作用下变形量过大,会导致机盖与翼子板、前照灯分缝位置产生面差,影响整车外观品质。为避免机盖关闭时与发动机舱周边部件发生刚性碰撞,会在机盖两侧和发动机舱周边部件之间设计高度可调的缓冲垫,在颠簸路面行驶中,机盖左右侧受冲击不一致时易产生扭转,机盖扭转变形过大,易造成与周边部件间隙不均。机盖外板特征较少,必须保证具备一定的抗凹性,即能够承受一定的外载而不发生大的变形。机盖在正常使用过程中各个零件的安装点应具备一定的刚度,防止在使用过程中因安装点刚度不足而导致的局部变形量过大,致使机盖与周边部件发生干涉,不能正常使用,影响结构的安全稳定。

根据以上常见问题,因此需要分析机盖垂向、横向、扭转、外板凹陷、局部安装点共 5 种工况下的刚度,根据分析结果评价材料及结构的合理性。采用 HyperMesh 建立了铝合金机盖的有限元模型,如图 5-13 所示。

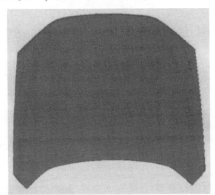 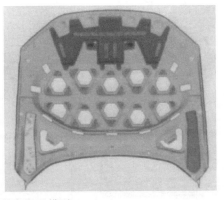

图 5-13 机盖有限元模型

机盖用各材料清单如表 5-10 所示。

分析结果如表 5-11 所示,该结构铝机盖各工况下刚度可满足目标值。

表 5-11 铝机盖刚度仿真分析结果

分析工况		刚度	目标值
垂向刚度	后梁中点	58N/mm	55N/mm
	后角点	145N/mm	110N/mm
横向刚度		326N/mm	160N/mm
扭转刚度		159N·m/(°)	110N·m/(°)
安装点局部刚度	铰链前安装点	428N/mm	210N/mm
	铰链后安装点	316N/mm	240N/mm
抗凹陷刚度		2.5mm	<3mm

5.2.6 机盖 CAE 分析

铝合金机盖外板因为造型的原因不能进行优化设计,只有对内板的结构进行多种方案的优化分析,进行刚强度、模态和行人保护性能的综合分析优化,分析的结果如表 5-12 所示。通过 5 个方案的分析结果来看,只有方案 2 的性能不低于原钢质机盖总成的性能要求,故选择方案 2 作为铝合金机盖内板结构,并开始后续工艺可行性分析。

表 5-12 铝合金机盖性能 CAE 分析结果

方案	内板结构	重量/kg	扭转刚度位移值/mm	一阶模态/Hz	一阶扭转/Hz	一阶弯曲/Hz
钢结构		18.75	1.112	32.8	32.8	61.3
方案 1		11.06	0.86	41.24	43.38	61.89
方案 2		11.83	0.991	41.24	43.38	70.33
方案 3		11.07	1.132	36	35.9	67.3

（续）

方案	内板结构	重量/kg	扭转刚度位移值/mm	一阶模态/Hz	一阶扭转/Hz	一阶弯曲/Hz
方案4		11.6	0.92	41.3	43.3	66.5
方案5		11.01	0.89	41.9	42.7	70

5.2.7 机盖 SLAM 分析

基于铝合金机盖方案的数据，按机盖不同的关闭速度，模拟机盖开闭耐久试验，对铝合金机盖进行 SLAM 分析，考察机盖及车身相邻部件的疲劳耐久性能，如图 5-14 所示。

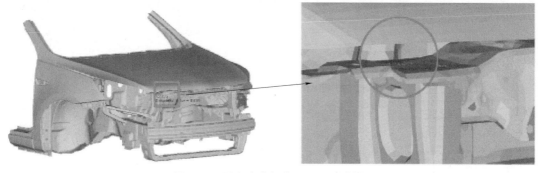

图 5-14 累积疲劳损伤云图（见彩图）

铝前盖各工况 SLAM 分析结果表明：应力较大的区域集中在前上构件与其托架连接位置附近；前盖最大累积疲劳损伤为 0.019，出现在前上构件与其托架连接位置附近，小于目标值 0.25，满足设计要求，如表 5-13 所示。

表 5-13 各工况下疲劳值

分析工况	循环次数	累积疲劳损伤	目标值
$V_0 = 1.3 \text{m/s}$	50000	0.019	0.25
$V_0 = 1.6 \text{m/s}$	45000		
$V_0 = 2.1 \text{m/s}$	45000		

5.2.8 机盖冲压 CAE 分析

本案例选择 A 厂家和 B 厂家两种材料进行冲压工艺对比分析，其基本参数如表 5-14 所示。

表 5-14 两种铝板材料基本参数

厂商	材料参数			
	屈服强度/MPa	抗拉强度/MPa	n 值	r 值
A	115	231	0.251	0.55
B	121	231	0.238	0.61

材料性能参数可以根据相应的试验取得，粗略计算时，可以参考软件自带的材料性能或者相近材料性能。将试验取得的材料性能数据进行输入，生成自定义材料参数，下面以Dynaform 软件为例来介绍。

1. 网格参数设置

（1）模具网格

最大单元长度（Max. Size）：根据工艺数模进行设定，但应控制在 20~30；弦高误差（ChordalDev）：0.1；相邻边夹角（Angel）：15°；未列出的控制参数使用 Dynaform 的缺省值。

网格必须进行边界、重叠、空隙、退化检查，确保单元纵横比值<1000，各工具体网格单元法向必须一致且均指向坯料。

（2）坯料网格

零件成型结束后，保证最小圆角半径处至少有 4 个单元，但初始坯料网格尺寸不得超过 30。

（3）厚向积分点及网格单元类型

仅仅模拟拉延时，坯料厚度积分点为 5 个，单元类型为 BT 壳单元，即 Belytschko-Tsay；需要模拟回弹时，拉延和回弹模拟中，坯料厚度积分点均为 7 个，单元类型均为全积分类型（Fully Integrated）。

2. 输入参数

（1）摩擦参数设置

钢板与模具之间：0.15；铝板与模具之间：0.17；坯料与模具之间的摩擦类型为：Forming_one_way_surface_to_surface，坯料与定位销的摩擦类型为：Forming_nodes_to_surface。

（2）拉延筋设置

采用等效拉延筋或实体拉延筋进行模拟，使用等效拉延筋模拟情况下，应反求出阻力因子（Force factor）或阻力数值（Line force）相对应的拉延筋形式，即拉延筋种类和拉延筋截面形状尺寸。

（3）帧数设置

压边过程帧数设置为 5，拉延过程帧数至少设置为 15，同时必须输出下列成形帧：重力加载结束的帧、压边结束的帧、根据零件拉深深度输出距离下死点 1、2、3、5、10、15、20、30、50、70 的成形帧、成形到底的帧。

（4）控制参数

必须勾选网格细化选项；时间间隔（ENDTIM/ADPFREQ）= 80。如果包括回弹分析时，网格细化的最大自适应等级（MAXLVL）至少为 4 级。

3. 板料尺寸及性能参数的定义

板料尺寸可以根据仿真分析软件自带的板坯展开及优化模块进行设计，目前机盖多采用弧形落料的方式,能有效提高材料利用率。本案例采用矩形坯料,尺寸为1780mm×1375mm。

4. 后处理结果

考虑铝合金的材料性能及产品要求,铝合金机盖成形性评价标准:

(1) 外板评判标准

1) 减薄率:3%~18%,无起皱、无开裂,以后再根据实际结果调整。

2) 外板零件刚性评判:成形过程中不得有刺破,主应变要求大于3%,次应变大于0。

3) 滑移冲击线:冲击线不出现在A面上,滑移线移动量不得超过$R/2$(R为滑移线处的圆角半径)。

对于外板零件,坯料拉延后的流入位置不得超过最靠内的拉延筋,但也必须控制在最靠内拉延筋边缘的5mm之内,对于难成形的内板零件,拉延后的流入位置可以超过最靠内的拉延筋。

(2) 内板评判标准

减薄率:3%~18%,不起皱不破裂,内板的应力应变无要求。

(3) 评判标准应用

根据以上标准,来对比两种铝板的成形性优劣。

1) 减薄率 如图5-15和图5-16所示。

图5-15 A铝板减薄率　　　　图5-16 B铝板减薄率

从减薄率看,在危险区域,A材料比B材料的减薄小2%左右,从最大增厚看,A材料比B材料小2%。

2) 外板主应变和塑性应变 如图5-17~图5-20所示。

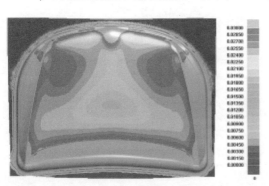 

图5-17 A铝板主应变　　　　图5-18 B铝板主应变

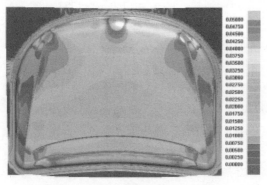
图 5-19　A 铝板塑性应变（见彩图）

图 5-20　B 铝板塑性应变（见彩图）

从主应变和塑性应变看，在相同的工艺条件下，A 材料比 B 材料成形充分。

3）外板成形极限图（FLD_0）　如图 5-21 和图 5-22 所示。

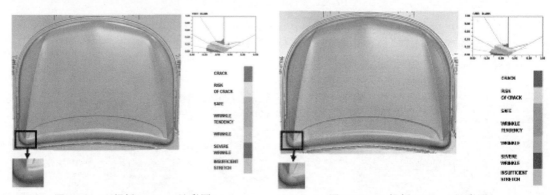

图 5-21　A 铝板 FLD_0（见彩图）　　　　图 5-22　B 铝板 FLD_0（见彩图）

从 FLD 看危险区域，A 材料没有破裂，B 材料已经显示破裂。

4）内板减薄率　A 铝板减薄率如图 5-23 所示，B 铝板减薄率如图 5-24 所示。

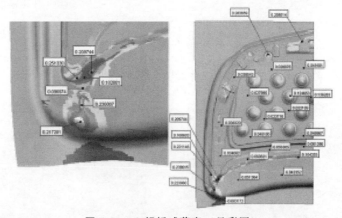

图 5-23　A 铝板减薄率（见彩图）

从最大减薄看，在危险区域 A 材料要比 B 材料好一些。

综上所述，选择 A 铝板材料参数作为模具设计依据。

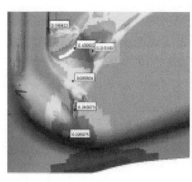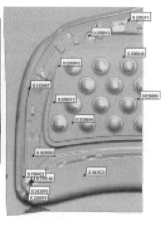

图 5-24　B 铝板减薄率（见彩图）

5.3　铝合金机盖生产工艺

5.3.1　冲压工艺

1. 开卷落料

铝板开卷落料线特殊要求：

1）除开卷机和摆剪外其余部分均不同。
2）导入辊有不同的驱动辊，且所有用于铝板的驱动辊不能为磁性辊。
3）清洗机在生产铝板时要能够开出。
4）钢板与铝板使用不同的校直机。
5）校直机前有专用于铝板的送料辊。
6）摆剪后的传输皮带不能用磁性皮带。
7）堆垛站皮带采用间歇式真空皮带，取消挡块。
8）所有板料检测装置均为光电式。

开卷注意事项：

1）上料规格检查，匹配落料模。
2）头尾准确切去 0.5%。
3）开平辊的清洁度，增加清洁频次或更换自动清洁绒布。
4）铝板无清洗。
5）校直压力适当，避免过校及破坏表面油膜分布。
6）堆垛方式选择适当，避免滑动。

2. 铝板冲压工艺

铝合金汽车板成形是冷成形技术，使用和钢板成形相同的设备。铝板比钢板有低的成形性、比较高的回弹和在模具接触时的表面敏感性，应选择正确的润滑油并保证铝板成形特性。铝板成形过程包括以下几点：

(1) 板料准备

1) 对于特殊的冲压使用 EDT 表面处理。

2) 优化板料形状而非直角板料,可以提高成形性及回弹的可预测性。

3) 冲压生产前铝板不需要进行涂油但需及时处理铝屑,因为铝板硬度比钢软,铝板的异物感受性高,铝板表面异物对冲压表面质量影响较大,容易造成铝板冲压后表面突起。

(2) 冲压生产

1) 为防止凹陷应保证最小拉延应变在 1%~2%,获得均匀的应变有利于控制回弹。如出现开裂问题,应检查材料的力学性能和零件结构设计;出现起皱问题,应检查模具改善材料流动性。

2) 包边:包边系数 $f=r_0/t$ 作为包边性能的评价指标,r_0 为实验中未出现开裂情况下的最小压头半径,t 为所测试样实测厚度。包边系数 f 越小,表示铝板包边特性越好。

① 试验方法:将包边试样水平置于两支辊上,如图 5-25 所示,r 为压头半径,t 为试样厚度,d 为支辊切面间距,L 为包边试样长度,压头矩形部分厚度为 $2r$。观察试样弯折处是否出现微裂纹或开裂等缺陷,如果未出现缺陷,则采用半径小一级的压头进行实验,直至开裂终止包边实验;如果出现缺陷,则采用半径大一级的压头进行实验,直至未出现微裂纹终止实验。

② 由于铝板存在各向异性,需分别检测试铝板 0° 和 90° 方向试样包边系数。若预拉伸试样长度方向沿铝板轧向,则包边实验检测的是 0° 方向包边特性。若预拉伸试样长度方向垂直铝板轧向,则包边实验检测的是 90° 方向包边特性。

③ 建议铝合金机盖外板包边系数 $f \leq 0.45$。

(3) 铝板与钢板冲压生产过程中的不同点

1) 打磨产生的铝粉屑需要在带通风的打磨间内集中收集处理;无需专门设置打磨车间,打磨区保持通风良好和清洁即可。如涉及的零件数量较少,直接设置返修工位,无需特定的返修间。由于铝比钢软,因此打磨时

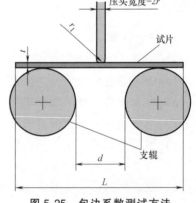

图 5-25 包边系数测试方法

采用的砂纸更细。铝件的表面要保证清洁,避免钢件打磨的粉尘落到铝件表面,否则后续工序中易对铝件表面产生划伤。

2) 铝板材料与钢板材料的生产系统、废料输送带、废料收集车要完全分开。

5.3.2 铆接工艺

1. 锁铆连接

锁铆铆钉在外力的作用下,通过穿透第一层(和中间层)材料,并在底层材料中进行流动和延展,形成一个相互镶嵌的塑性变形的机械连接过程,称为自穿刺铆接(Self-Piece Riveting,SPR)或锁铆,如图 5-26 所示。

(1) 锁铆连接工艺优势

1) 可用于不同材质、硬度、厚度材料组合。

2) 可用于各种有镀层的材料连接组合。

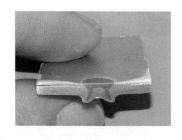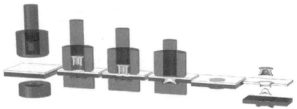

图 5-26　锁铆

3) 可连接有夹层包括胶水等非金属材料组合。
4) 连接区域没有应力集中，动态疲劳强度高。
5) 无需连接前后的处理工序。
6) 连接工序简单，工作效率高，无需额外的环保和劳保投资（无烟尘排放）。
7) 在线铆接装配质量管理系统，能够无损伤检测连接质量，保证质量 100% 合格。

（2）锁铆工艺步骤

工艺共分 5 个步骤：铆接设备和板材就位→压边圈压紧，铆钉就位→上模推进铆钉使其刺入板材→铆钉按照下模设计的延展方向，延展成型→铆接完成，铆模和板材分离，如图 5-27 所示。

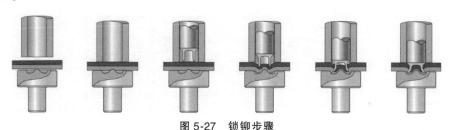

图 5-27　锁铆步骤

（3）铆钉选择原则

1) 铆钉有效长度选择时，近似遵循如下理论公式：
$$L = T + C$$
其中：$T = t_1 + \cdots + t_n$
$$C = 0.617d - 0.1246$$

式中　L——铆钉有效长度（mm）；

T——铆接组合总厚度（mm）；

$t_1 + \cdots + t_n$——各层板材厚度（mm）；

C——铆钉伸出板材的长度（mm）；

d——铆钉腿部直径（mm）。

对于 3mm 铆钉，$L = L+$，即放大至整数（0.1），例：3.4568 圆整之后为 3.5。

对于 5mm 铆钉，$L = L-$，即缩小至整数（0.1），例：5.5489 圆整之后为 5.5。

2) 铆钉头部类型设计要求。为规避铆钉头部突出对零部件装配的影响，如无特殊情况选择沉头铆钉，特殊情况（涉及非金属和金属铆接）需要采用平头铆钉。

3) 铆钉硬度设计要求。铆钉硬度为铆钉基体的硬度，铆钉硬度的选择根据板材的硬度决定，一般来说，铆接板材的硬度（抗拉强度）越高，铆钉硬度越高。

4）铆接接头力学性能评价。接头性能主要为剪切强度、十字拉伸强度、剥离强度。

铆接剖面检测项为互锁值、底切值、铆钉头部高度值，不同的材料组合匹配上不同的铆钉，得到的剖面值也是不同的，具体的材料组合需进行剖面试验最终得到剖面值，如表5-15所示。

表5-15 锁铆剖面值要求

参数名称	图示	要求/mm
互锁值		≥0.15
底切值		≥0.15
铆钉头部与钣金面高度差		≤0.3

2. 无铆连接

利用压力设备和连接模具，通过一个瞬间强高压加工过程，依据板件本身材料的冷挤压变形形成变形点，将两层或多层板件连接的过程，叫无铆连接（也叫压铆）。无铆连接可用于整个白车身连接，但由于其连接点强度较低，且不适合连接高强度材料，故推荐应用于发动机盖、后背门、非承重支架等外覆盖件和非承重件的连接，如图5-28所示。

（1）无铆连接工艺优势

1）适合于不同金属原料间的连接（包括不同材料和不同厚度）。

2）连接快速，可实现机械化自动化。

3）对于有涂层的材料无损害或损害极小。

4）能量消耗低。

5）可用过程监测设备进行监测。

6）抗疲劳性能好，连接前后无需处理材料，不会对材料造成破坏。

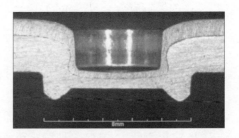

图5-28 无铆连接

（2）无铆连接工艺步骤

无铆连接工艺步骤如表5-16所示。

表 5-16　无铆连接工艺步骤

工序	图示	描述
1		板料准备压入阶段
2		无铆连接前期成形阶段
3		无铆钉铆接的板料金属向凹模凹槽流动的填充阶段
4		墩锻保压阶段
5		退模阶段

（3）无铆连接尺寸测量标准

1）无铆连接尺寸测量要求。无铆连接强度取决于连接点的互锁值大小和颈部厚度，上述两个值主要受铆接模具（如上模直径、上模深度、下模凹槽直径和下模深度等）和铆接力的影响。当铆接模具选定，则可通过铆接力来调节铆点的力学性能，增加铆接力会导致底厚值降低，互锁值增加。铆钉直径是判定无铆模具选择正确与否的重要判定依据。综上，无铆点无损检测尺寸测量可以通过测量无铆点外部连接直径 C_1 和底部厚度 C_2 来检测，如图 5-29 所示。

2）无铆连接尺寸测量方法。无铆测量方法如图 5-30、图 5-31 所示。

（4）无铆连接剖面观测标准要求和试验方法

无铆连接剖面观测要求：在对无铆连接点进行

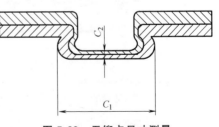

图 5-29　无铆点尺寸测量

C_1—无铆点外部连接直径
C_2—无铆点底部厚度

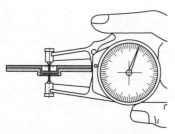
图 5-30 底部厚度测量法

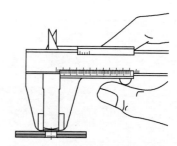
图 5-31 无铆底部直径测量法

剖面分析时，不应出现如表 5-17 所示现象。

表 5-17 无铆点剖面失效形式

序号	图　　片	失效名称	产生原因
1		良好铆接	无
2			铆模安装错误
3		板材颈部切断	铆模迫使上层板材过度变形
4			上下模不对中
5		互锁值低	铆接下模直径过大，未促使上层板材变形
6			

（续）

序号	图片	失效名称	产生原因
7		铆点不对称	上下模具不对中
8			铆接下模损坏

3. 铝合金机盖连接方案

综上所述铆接的设计规范，铝合金机盖的连接方案如下。

（1）焊接

CO_2 保护焊一处：锁销与锁销加强件。

（2）铆接

1）压铆螺母：铰链加强件上压铆 2 个螺母，左右各 2 个，共计 4 个。

2）两层铆：内板与锁销加强件 4 个铆点，内板与外板加强件 8 个铆点，撑杆加强件与内板 4 个铆点，内板与铰链加强件 10×2＝20 个铆点，总共 36 个。

3）三层铆接：内板+外板加强件+锁销加强件 7 个铆点，共 7 个。

具体连接方案如图 5-32～图 5-34 所示。

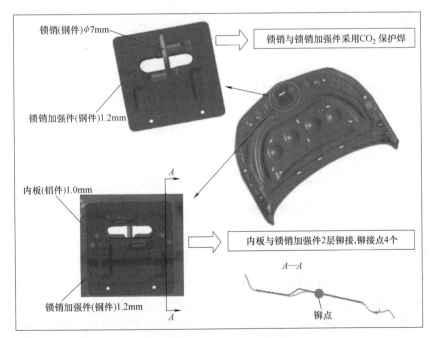

图 5-32　锁销加强件连接方案

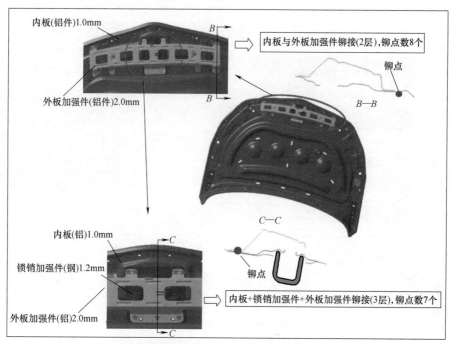

图 5-33 外板加强件连接方案

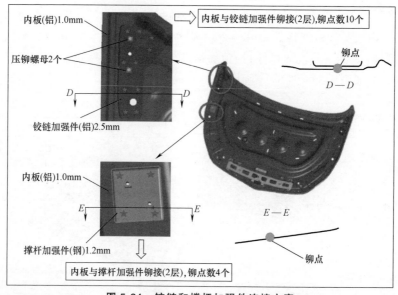

图 5-34 铰链和撑杆加强件连接方案

5.3.3 涂装工艺

铝材的表面处理一般采用阳极氧化法和化成皮膜处理法,阳极氧化法的处理时间较长,不适用于汽车车身的表面处理。因此,汽车车身的表面处理一般采用化成皮膜处理法。

化成皮膜处理法除了汽车车身通常广泛采用的磷化盐处理法以外,还有铬酸盐钝化处理法、磷酸铬处理法、无铬处理法等。汉高、凯密特尔等前处理厂家均已开发了无铬钝化药剂。不同的处理方法的溶液成分、皮膜组成及特点如表 5-18 所示。

表 5-18 铝材的钝化处理方式及特征

处理方式	皮膜组成	溶液成分	特 征
铬酸	$Cr(OH)_2 \cdot HCrO_4$ $Al(OH)_3 \cdot 2H_2O$	CrO_3^- F^- NO_3^-	耐腐蚀性强,涂料的附着力提高。皮膜外观因铬附着量的不同,从无色变到黄金褐色
磷酸铬	$CrPO_4$ $AlPO_4$ $Al(OH)_3$	PO_4^{3-} CrO_3^- F^-	耐腐蚀性强,涂料的附着力提高。因铬含量的不同,从无色变到蓝绿色
无铬	$Me(OH)PO_4 \cdot Al_2O_3$	$Me(Ti,Zr)$ PO_4^{3-}	耐蚀性一般,附着力良好。皮膜外观无色,废水处理容易

1. 铝板的前处理工艺

铝板单独进行涂装前处理时一般采用铬酸盐处理方式,但是铝材作为车体的一部分被采用时,一般考虑表 5-19 所示的 3 种处理方式。

表 5-19 铝材的 3 种处理方式及特点

序号	处理方式	特 点
1	铝材和钢板分别单独进行前处理和电泳涂装后进行组合	需两条前处理和电泳线,生产效率低,生产成本高;增加铝材使用铬酸盐需进行废水处理的负担
2	先处理铝材后,再与钢板组合进行前处理和电泳	需两条前处理和电泳线,生产效率低,生产成本高;增加铝材使用铬酸盐需进行废水处理的负担;铝材用铬酸盐钝化后,脱脂和磷化过程中部分铬和铝溶解,影响铝材和钢板的磷化性能
3	铝材零部件先组合于车体,共同进行前处理、电泳	生产效率高、生产成本低、设备投资低;脱脂和磷化处理过程中溶出大量铝离子,阻碍铝材和钢板表面的磷化处理性能,必须采取沉淀过滤方式排除已溶解的铝离子

现在含有铝材汽车车身的涂装前处理一般采用上表第 3 种处理方式,其处理工艺与传统的钢板磷酸盐工艺基本相同,设备上无需改造就可直接使用。

钢铝混线与钢铁的涂装前处理工艺基本相同,即由预脱脂、脱脂、水洗、表调、磷化、水洗、纯水洗等工序组成,凯密特尔前处理厂家推荐在磷化后增加钝化工序。

具体工序根据投资规模、生产效率、质量性能要求及被处理工件状况,适当增加水洗工位,处理方式采用浸渍式、喷淋式、喷浸式等。常用的前处理方式有无钝化工艺、有钝化工艺。

无钝化工艺流程:
热水洗→预脱脂→脱脂→水洗 1→水洗 2→表调→磷化→水洗 3→水洗 4→纯水洗 1→纯水洗 2→新鲜纯水洗

有钝化工艺流程:
热水洗→预脱脂→脱脂→水洗 1→水洗 2→表调→磷化→纯水洗 1→纯水洗 2→钝化→纯水洗 3→纯水洗 4→新鲜纯水洗

汽车车身用铝材的表面一般有氧化层 Al_2O_3 微量杂质偏析层、冲压油和焊接时形成的各种表面污染物，此类物质若不清洗干净容易引起涂装缺陷，因此，铝材的脱脂工序应具备除油和腐蚀溶解的功能。

铝材用脱脂剂一般可分为较强腐蚀的磷酸盐系脱脂剂和腐蚀性较弱的硅酸盐系脱脂剂。用磷酸系脱脂剂的铝材易生成致密、均匀的磷化膜，而且耐蚀性更强。不管是何种系列的脱脂剂，清洗过程中铝离子不断地溶解，清洗能力有下降的趋势。另外，用硅酸盐系脱脂剂清洗时，在铝材表面易吸附难溶性盐类物质，影响磷化处理性能。

2. 铝板的表调工艺

表调目的是活化金属表面，以便获得均匀、连续、致密、细化的磷化膜。

表调作用主要是形成大量的、分布均匀的晶核；使磷化膜结晶均匀、细密；缩短磷化膜形成时间，降低药品消耗量；在金属表面形成弱碱的环境，提高防锈性能。有无表调磷化膜对比如图 5-35 所示。

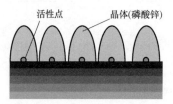
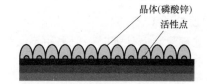

图 5-35 有无表调磷化膜对比

表调药剂分类：胶体磷酸钛、磷酸锰、磷酸锌、磷酸钠、草酸等。

经过脱脂碱蚀处理后，为了让铝材表面生成更细小、致密的磷化膜，同样采用胶体磷酸钛表面调整工序。空白铝片、未经表调磷化、经过表调磷化的试片情况如图 5-36 所示。

图 5-36 表调对磷化膜形貌的影响

所有试片都经过脱脂、碱蚀、水洗工序，铝材空白片显现的是清洁的有腐蚀条纹的表面；如果经碱蚀处理后的表面未经表面调整，生成的磷化膜为粗大的片状结构，而经过表面调整后，成膜结晶细小，致密均匀。

3. 铝板的磷化工艺

磷化是利用含磷酸或含磷酸盐的溶液在基体金属表面形成一种不溶性磷酸盐膜的过程。其作用是能给基体金属提供短期工序间保护，在一定程度上防止金属被腐蚀；提高漆膜层的附着力与耐腐蚀能力。当游离 F 离子含量不足时（一般应在 120mg/L 以上），铝板成膜不完整，如图 5-37 和图 5-38 所示。

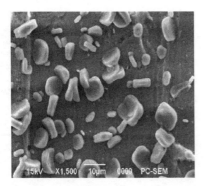

图 5-37　F 离子含量 80mg/L 时的成膜情况

图 5-38　F 离子含量 180mg/L 时的成膜情况

提高磷化出槽喷淋压力和流量，此方法一般适用于处理由钢、镀锌板及最高不超过 15% 的铝组成的混合型工件。

增加铝板后，磷化槽所用药剂与工艺过程控制参数有调整，新增游离氟添加剂并控制游离 F 离子浓度。

4. 铝板的钝化工艺

钝化（passivating）是一种利用化学或电化学方法使基体金属表面产生钝态的过程，主要弥补磷化效果不好的缺陷。

车身表面进入钝化槽时，进一步地对磷化膜产生后的正常孔隙进行封闭，此工艺多为欧美系传统工艺。日系传统前处理工艺多为无钝化工艺，对于是否选择钝化工艺，依据前处理药剂的选择确定。

设备要求：为了产生高质量的钝化膜，配槽使用去离子水，同样槽液补充也使用去离子水；配备去离子水管、搅拌装置和泵的钝化剂预混合槽；配置的管道及槽体需要防氟腐蚀。

5. 铝板的电泳工艺

机盖变更为铝板对电泳参数没有较大影响，电泳参数基本不变，仍以镀锌板或冷轧板的参数为准；铝板电泳在满足漆膜固化温度的条件下，对烘烤温度无其他特殊要求。

5.4　铝合金机盖性能验证

5.4.1　外板刚度试验

1）目标要求：机盖各区域由 0~50N 加载过程中，测点的最大变形量均不超过 7.5mm，永久变形量不超过 0.2mm，且无回弹声。

2）试验设备：力传感器、位移传感器。

3）测点确定：

① 选取 CAE 仿真分析结果确定试件表面的最薄弱点，测量并标出测点与样件边缘特征点的距离，拍照记录。

② 在机盖的连续表面，绘制 50mm×50mm 网格，主观判定各区域刚度，选取 2~3 个测点（机盖的 A、B、C 三个区域，区域内至少选取一个测点，如图 5-39 所示），测量并标出测点与样件边缘特征的距离，并拍照记录。

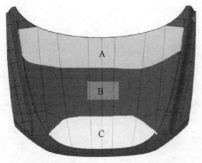 

图 5-39　机盖刚度分区及弹性变形实验

4）试验结果：合格，如表 5-20 所示。

表 5-20　机盖弹性变形能力试验结果

测点位置	弹性变形量/mm	塑性变形量/mm
A	4.19	0.02
B	5.18	0.05
C	6.38	0.08
D	6.09	0.07
E	3.51	0.10

5.4.2　扭转刚度试验

铝合金机盖扭转刚度试验如图 5-40 所示。

1）目标要求：扭转刚度设计目标值不低于 150N·m/(°)（或 2000N·m/rad）。

2）试验设备：力传感器和位移传感器。

图 5-40　铝合金机盖扭转刚度试验

3）试验结果：铝合金机盖扭转刚度为 12051.7N·m/rad，合格。

5.4.3　弯曲刚度试验

1）设计目标要求：弯曲刚度目标值前部弯曲变形＜1.5mm，后部弯曲变形＜5.5mm。前、后部弯曲刚度试验如图 5-41 和图 5-42 所示。

2）测试系统：力传感器和位移传感器。

3）试验结果：如表 5-21 所示，合格。

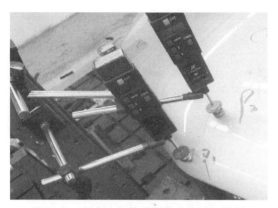

图 5-41　铝合金机盖前部弯曲变形加载图

图 5-42　铝合金机盖后部弯曲变形加载图

表 5-21　机盖弯曲变形试验结果

测量点	弹性变形/mm	永久变形/mm
前部加载点	1.42	0.03
后部加载点	3.30	0.04

5.4.4　疲劳耐久试验

1）目标要求：7000 次循环开闭试验，试验完成后，机盖及其附件功能正常，无明显变形、磨损、断裂等损坏现象，各紧固点无变形、松脱等现象，机盖和车身无开裂、开焊，无明显损坏现象。

2）试验设备：四门两盖耐久试验台，如图 5-43 所示。

3）试验结果：经 7000 次开闭耐久试验，机盖开启到 25°可以正常开启，且无变形、磨损、断裂等损坏现象，满足设计要求。

图 5-43　机盖开闭耐久实验

5.4.5　机盖装车试验

在整车上完成了装车，具体情况如图 5-44 所示。

满足整车的要求，并完成行人保护试验和道路可靠性试验验证，合格。

行人保护试验如下：

1）根据法规，铝合金前盖选择的 4 个碰撞点，HIC 值均未超过 1700，因此铝合金前盖满足法规要求。

2）根据 E-NCAP 法规，铝合金前盖选择的 23 个碰撞点，最终得分 11.93 分，与钢盖得分 10.30 相比，提高了 1.63 分。

图 5-44 铝合金机盖装车情况

5.5 总结

机盖应用铝合金材料，预计将实现 30%~40% 的减重，以 B 级 SUV 为例，约减重 10kg/车。根据轻量化设计重量叠加原理，铝合金机盖减重 10kg，可带来车身骨架、悬架系统、动力总成系统、行驶系统等二次减重约 8kg，整车合计减重约 18kg。减重将带来整车油耗和排放的降低、制动距离的缩短；机盖减重后，将使整车重心降低且后移，提升操稳性能。随着国内铝板供应商资源的逐渐完善，铝板用量的逐年增加，铝板的材料价格将呈降低趋势。铝合金机盖将呈现出广泛的应用前景！

参考文献

[1] 洪光日. 汽车用铝材的涂装前处理 [J]. 汽车工艺与材料，2004（3）：32~36.
[2] 谢守德. 铝材磷化研究 [D]. 北京：机械科学研究院硕士学位论文，2005：16~17.
[3] 史金重，刘立建，冯双生. 汽车用铝合金材料涂装性能研究 [J]. 涂装工业，2015，45（5）：68~72.

第 6 章 铝合金仪表板横梁开发

传统观念认为，厚重是坚固的保证，轻盈势必脆弱。随着新材料新工艺的出现，这一旧观念逐渐被打破，将高抗扭、高强度等性能与全面轻量化汇聚于一身，坚固从此脱去笨重的枷锁，在坚固之上塑造轻盈，这正是轻量化的理念。铝合金仪表板横梁总成的开发过程以传统钢结构模态等性能指标为目标，从材料、工艺、结构、成本多维度出发，探寻得出一个各方均衡的轻量化解决方案。

6.1 仪表板横梁总成概述

6.1.1 定义

仪表板横梁总成（Cross Car Beam，CCB）位于驾驶舱仪表板下部，由中心横管及其附属支架组成，如图 6-1 所示，具有如下主要功能：
1) 形成仪表板骨架，安装固定仪表板并保证其强度。
2) 对转向柱起固定、支撑作用，保证转向轴的刚度和强度。
3) 为线束通过提供卡扣安装点。
4) 为电器元件（如 CD 机、TCU、ECU、PAB 等）提供安装定位点，保证安装刚度。

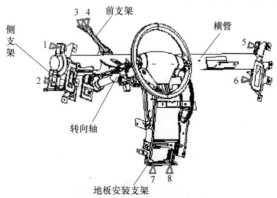

图 6-1 仪表板横梁总成结构
1~8—安装点

5）连接左、右车体和发动机舱前壁板，提高车体刚度，保护驾驶舱乘员安全。

仪表板横梁设计是体现仪表板和内饰造型布局效果的载体，同时会影响乘员舱空间的大小，对汽车安全性和乘坐舒适性提高有一定作用。

6.1.2 分类

仪表板横梁总成按照用材可分为钢仪表板横梁、镁合金仪表板横梁、铝合金仪表板横梁、复合材料仪表板横梁，本章主要介绍铝合金仪表板横梁。

（1）钢仪表板横梁

通常由主管与钢结构支架通过二保焊拼接而成。钢仪表板横梁具有低成本、设计限制小等优点，市场上主流车型大都采用此种结构，但因其重量重、焊接多、变形控制难，许多豪华品牌汽车、电动汽车不采用。

（2）镁合金仪表板横梁

将仪表板横梁集成设计成一个整体，然后通过高压铸造而成。镁合金仪表板横梁具有集成度高、抗震性好、重量轻等优点，在豪华品牌汽车与及部分电动汽车上应用。

（3）铝合金仪表板横梁

通常由挤压铝横管与铝型材支架、铝冲压支架通过机械连接与焊接而成，集成度较高，重量较轻，在中高级车型上有应用。

（4）复合材料仪表板横梁

将仪表板横梁集成设计成一个整体，采用纤维增强塑料复合材料通过注塑成型。因该方案性能目标的达成非常困难，目前处于研究开发阶段。

6.2 对标分析

各类型仪表板横梁方案对标情况如表 6-1 所示。

表 6-1 仪表板横梁方案对标情况

车型	方案	重量/kg	零件图	整车图片
福特 Explorer	镁合金压铸+钢板冲焊	5.3		
荣威 550	镁合金一体压铸	4.5		
凯迪拉克 ATS	铝合金板材+铝合金型材	约 5		

第6章　铝合金仪表板横梁开发

(续)

车型	方案	重量/kg	零件图	整车图片
长安逸动	钢板冲焊	8.9		
长安逸动 PHEV	铝合金板材+铝合金型材	4.6		

各类型仪表板横梁方案优缺点对比如表 6-2 所示。

表 6-2　各类型仪表板横梁方案优缺点对比

类别	实现方式	优点	缺点	备注
钢质	以半径不同的两根横管焊接为骨架,根据需要进行弯曲;各安装支架通过二保焊与横管焊接	1. 零件安装牢靠,异响控制好 2. 与车体连接强度高,总体振动小	1. 支架多,与横管焊接,易产生焊接变形 2. 零件质量难以保证,零件一致性不好	应用于大多数中小型车
镁钢混合	主要由两个镁合金压铸件、两根高强度钢管以及左、右支架组成,通过自攻螺钉连接	1. 重量比钢结构轻 2. 零件装配后转向总成强度难以保证	1. 减重效果不明显 2. 由 6 个零件组装而成,零件一致性不好 3. 钢管上使用热熔钻钻孔,工艺要求高	少数高端车型
镁合金	镁合金通过压铸整体成型,与相关零件通过自攻螺钉连接	1. 比钢件结构减轻约 40% 2. 零件一致性好	1. 强度比钢结构差 2. 成本比钢结构增加约 15%	全球约 10% 车型采用,多为中高端车
铝合金	横管及部分支架采用铝合金型材,其余采用铝合金板材,通过 MIG 焊①、铆接进行连接	1. 减重效果明显,相对钢结构件,减重率可达 50% 2. 零件一致性保证较好	1. 局部结构相对钢差,可通过增加厚度、加强筋进行加强 2. 成本相对钢件增加 30%	少数车型采用,预测为未来新能源车使用趋势

① MIG 焊即熔化极惰性气体保护焊,MIG 为 Melt Inert-gas Welding 缩写。

6.3　铝合金仪表板横梁开发案例

本案例介绍的铝合金仪表板横梁研究与开发,历时 2 年,先后完成了铝合金仪表板横梁的设计开发、性能验证、工艺验证、装车验证、实验验证,最终实现小批量装车量产应用。经试验验证得出,铝合金仪表板横梁是性价比较高的轻量化方案。

6.3.1　总体方案

1. 总体概述

本案例介绍的铝合金仪表板横梁开发与验证,以原钢质仪表板横梁为基础,确保原车型所需要的安装点保持不变,性能目标保持不变;完成设计后,对设计的结构进行性能、工艺等验证;验证合格后,寻找供应商进行工装开发,对零件进行试生产;零件生产出来后,进行零件验证与装车验证;待所有的验证合格后,进行最终的评价与应用。

2. 总体目标

开发一种轻量化铝合金仪表板横梁,其开发要求、性能目标与钢质仪表板横梁保持一致,重量目标为钢质仪表板横梁的45%。

3. 总体技术路线

根据开发流程,按照替代设计、CAE验证、工艺验证、招标生产、零件验证、装车验证、总结推广的思路进行设计与开发,技术路线如图6-2所示。

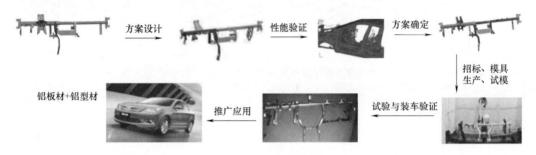

图6-2 技术路线

4. 设计方案

以钢质仪表板横梁为基础,以其性能指标为目标,根据铝合金型材、板材特点,设计出满足性能要求的铝合金仪表板横梁方案。最终设计出的铝合金仪表板横梁由15个铝板件+23个铝型材件通过MIG焊接而成。仪表板横梁采用轻量化方案前后的零件如图6-3~图6-4所示,具体零件材料及厚度如表6-3所示,设计出来的铝合金CCB重量为4.6kg,相对于钢CCB减重4.4kg。

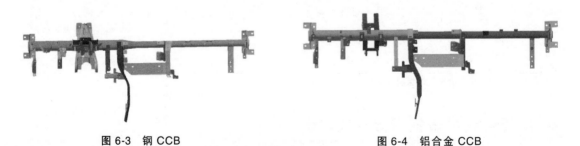

图6-3 钢CCB   图6-4 铝合金CCB

表6-3 零部件材料对比

序号	零件名称	装配层次	数量	钢质			铝质		
				材料	厚度/mm	重量/kg	材料	厚度/mm	重量/kg
1	仪表板横梁左安装支架	3	1	DC01	2	0.224	5052-O	3.5	0.143
2	定位销	3	1	20#	—	0.036	5052-O	—	0.012
3	仪表板左安装支架	3	1	DC01		0.127	5052-O	2.5	0.053

第6章 铝合金仪表板横梁开发

（续）

序号	零件名称	装配层次	数量	钢质 材料	钢质 厚度/mm	钢质 重量/kg	铝质 材料	铝质 厚度/mm	铝质 重量/kg
4	保险盒左安装支架	3	1	DC01	1.5	0.073	5052-O	1.5	0.025
5	保险盒上安装支架	3	1	DC01	1.2	0.015	6061-T6	2.5	0.015
6	保险盒右安装支架	3	1	DC01	1.2	0.047	5052-O	1.5	0.019
7	灯光控制器安装支架	3	1	DC01	1.2	0.074	5052-O	1.5	0.033
8	前壁板连接支架1	4	1	DC03	2	0.565	6082-T6	—	0.430
9	前壁板连接支架2	4	1	DC03	2	0.306	6082-T6	—	0.426
10	安装支架Ⅰ	4	1	DC01	2	0.807	6061-T6	—	0.023
11	安装支架Ⅱ	4	1	DC01	1.5	0.142	5052-O	—	0.030
12	安装支架Ⅲ	4	1	DC01	1.5	0.102	5052-O	—	0.012
13	安装支架Ⅳ	4	1	DC01	1.5	0.162	5052-O	—	0.034
14	转向柱安装支架1	4	1	DC01	2	0.907	6082-T6	—	0.154
15	转向柱安装支架2	4	1	DC01	1.5	0.142	6082-T6	—	0.154
16	转向柱安装支架	3	1	SPHC	3	0.165	6082-T6	—	0.055
17	仪表板主定位支架	3	1	DC01	2	0.318	6061-T6	—	0.021
18	网关安装支架	4	1	DC01	1.5	0.111	6061-T6	—	0.060
19	仪表板安装支架Ⅰ	4	1	DC01	1.2	0.031	6061-T6	—	0.018
20	下地板支架	4	1	DC03	2	0.740	6061-T6	2.5	0.422
21	副仪表板安装支架	3	1	DC01	1.2	0.025	6061-T6	2.5	0.010
22	TCU安装支架	4	1	DC01	1.2	0.084	5052-O	1.5	0.058
23	CD安装左支架	4	1	DC01	1.2	0.047	5052-O	1.5	0.034
24	仪表板中部左安装支架	4	1	DC01	1.2	0.030	5052-O	1.5	0.020
25	空调左安装支架	3	1	DC01	1.5	0.028	6061-T6	3	0.021
26	空调安装横梁	3	1	DC01	1.5	0.210	5052-O	1.8	0.071
27	CD安装右支架	4	1	DC01	1.5	0.064	5052-O	1.8	0.023
28	仪表板中部右安装支架	4	1	DC01	1.5	0.054	5052-O	1.8	0.013
29	下地板连接支架（仅右）	4	1	DC01	1.5	0.210	6061-T6	2.5	0.064
30	手套箱左安装支架	4	1	DC01	1.5	0.078	5052-O	1.8	0.031
31	安全气囊安装支架	3	2	DC01	1.5	0.066	6061-T6	—	0.022
32	BCM安装支架	3	1	DC01	2	0.215	6061-T6	—	0.055
33	仪表板右安装支架	3	1	DC01	2	0.138	5052-O	2.5	0.057
34	定位销	3	1	20#		0.036	5052-O	—	0.012
35	仪表板横梁右安装支架	3	1	DC01	2	0.263	5052-O	3.5	0.135
36	仪表板横梁左横管	4	1	Q235	1.8	1.472	6082-T6	—	0.854
37	仪表板横梁右横管	4	1	Q235	1.6	0.886	6082-T6	—	0.556
38	仪表板横梁左右连接件	3	1	—	—	0.000	6082-T6	—	0.425
仪表板横梁焊接总成重量/kg						9.0			4.6

6.3.2 可行性分析

仪表板横梁与周边零件的搭接匹配面与原有钢质仪表板横梁的搭接面保持一致。

1. 仪表板横梁与车体之间安装

铝合金仪表板横梁与车体的定位通过两个定位销完成,与左右侧围、暖风机室板、中央通道之间通过 12 个 M8 螺栓进行固定,安装强度满足要求,如图 6-5 所示。

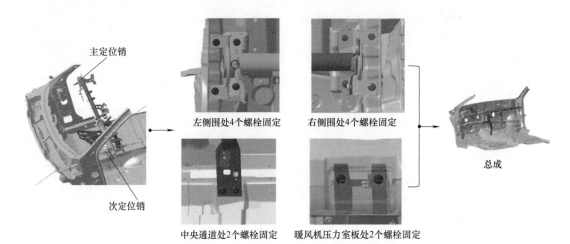

图 6-5 仪表板横梁与车体的安装

2. 保险盒与仪表板横梁之间安装

保险盒通过 2 个 M6 螺栓、1 个 M6 螺母固定在仪表板横梁上,安装强度满足要求,如图 6-6 所示。

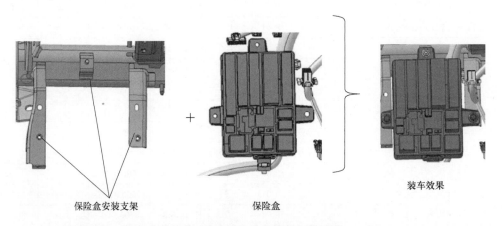

图 6-6 保险盒与仪表板横梁的安装

3. 仪表本体与仪表板横梁之间安装

仪表本体通过 6 个 M6 螺栓、1 个 M6 螺母固定在仪表板横梁上,安装强度满足要求,如图 6-7 所示。

4. 转向柱与仪表板横梁之间安装

转向柱通过 3 个 M8 螺母固定在仪表板横梁上,安装强度满足要求,如图 6-8 所示。

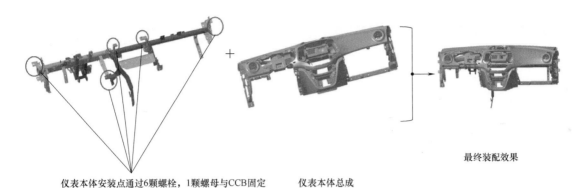

图 6-7 仪表板本体与仪表板横梁的安装

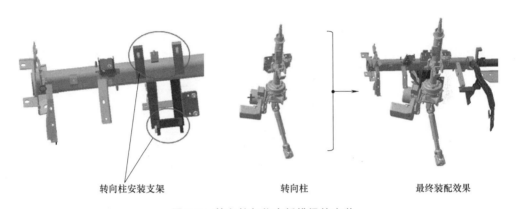

图 6-8 转向柱与仪表板横梁的安装

5. 空调总成与仪表板横梁之间安装

空调总成通过 2 个 M8 螺母固定在仪表板横梁上,安装强度满足要求,如图 6-9 所示。

图 6-9 空调总成与仪表板横梁的安装

6.3.3 材料性能目标

仪表板横梁以型材为主,辅以板材。其中,承力结构采用 6082-T6,如转向柱安装支架采用 6082-T6;线束等强度要求较低的区域采用 6063-T6 牌号型材,板材为 5754-O,具体材料性能目标如表 6-4 所示。

表 6-4　铝合金材料性能表

牌号	屈服强度/MPa	抗拉强度/MPa	伸长率 A_{50}(%)
6082-T6	260	290	8
6063-T6	170	210	10
5754-O	110	180	20

6.3.4　产品性能目标

仪表板横梁的主要性能指标有：一为转向系统模态，目标为垂向模态不小于 35Hz，横向模态不小于 37Hz；二为减重目标，定义为在钢件 8.9kg 基础上，减重 45%；三是碰撞性能不低于原有钢仪表板横梁方案。

6.3.5　产品性能 CAE 分析

1）根据转向系统三维数据，采用 HyperMesh 软件进行建模，建立仪表板横梁系统有限元模型，如图 6-10 所示。

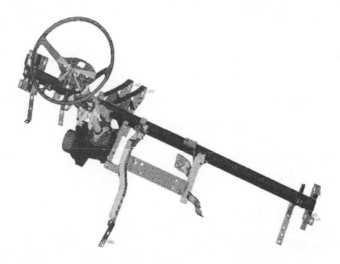

图 6-10　仪表板横梁系统有限元模型

2）将仪表板横梁系统有限元模型装配到白车身有限元模型上，进行模态分析，得到一阶横向模态值为 37.5Hz、一阶垂向模态值为 35.4Hz，都满足性能目标。具体如图 6-11~图 6-12 所示。

3）在 64km/h 偏置碰撞条件下，对比分析了钢、铝两种仪表板横梁的耐碰撞性能；由图 6-13 和图 6-14 可知，两种方案的碰撞加速度波形接近，转向管柱侵入量差异较小。

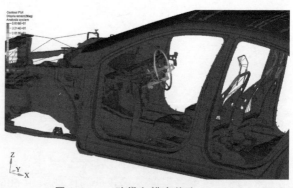

图 6-11　一阶横向模态值为 37.5Hz

图 6-12　一阶垂向模态值为 35.4Hz

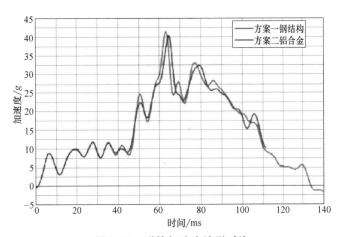

图 6-13　碰撞加速度波形对比

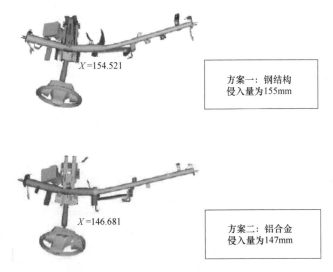

图 6-14　碰撞后转向管柱侵入量对比

结论为铝合金仪表板横梁相比钢结构，正面碰撞性能各考察项分析结果差异较小，且均能满足正面碰撞性能目标值要求，结果如表 6-5 所示。

表 6-5 正面碰撞结果对比

评价项目	钢仪表板横梁	铝合金仪表板横梁	目标值
左/右侧 B 柱下方加速度峰值/g	30.6/34.9	30.5/34.7	≤45
整车反弹时刻/ms	65/64	65/65.2	≥60
门框变形量左上/下/mm	7/5	8/5	≤20
门框变形量右上/下/mm	6/5	6/5	≤20
驾驶员搁脚区侵入量/mm	89	84	≤100
乘员搁脚区侵入量/mm	91	91	≤100
离合踏板安装点移动量($X/Y/Z$)/mm	92/13/19	90/14/20	≤100
制动踏板安装点移动量($X/Y/Z$)/mm	81/12/26	81/12/27	≤100
加速踏板安装点移动量($X/Y/Z$)/mm	90/8/41	90/8/41	≤100
转向管柱移动量($X/Y/Z$)/mm	60.9/9.6/12.9	57.1/8.9/13.3	≤50
燃油系统的应变值(strain)	0.036	0.046	≤0.2

6.3.6 产品工艺仿真分析

下面重点介绍挤压工艺仿真分析。

1. 数值仿真几何模型

根据所提供的铝合金型材截面尺寸，进行挤压模具设计，在建模软件中进行数值仿真的三维建模，铝合金挤压数值仿真过程采用的是四孔的分流组合模（图 6-15），包括有挤压筒、挤压垫、挤压模上模、挤压模下模和坯料。挤压筒内径为 210mm，坯料直径为 203mm 的铝合金棒。

2. 挤压仿真参数（表 6-6）

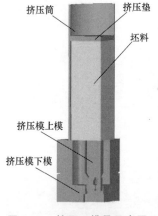

图 6-15 挤压工模具示意图

表 6-6 挤压仿真参数

坯料温度/℃	500
挤压垫、挤压筒/℃	420
挤压模上模、下模/℃	450
坯料长度/mm	300
坯料直径/mm	203
挤压筒内经/mm	210
工模具间摩擦系数	1
挤压比	30.3
挤压杆速度/(mm/s)	4

3. 数值仿真结果

（1）金属流动分析

挤压垫行程分别为 48mm、84mm 时金属坯料的流动情况，由图 6-16 可知金属坯料的流动情况，从图中可以看出，在金属进入分流孔时，由于距离模具中心的位置不同，金属流速有着明显的不同，距离模具中心近的位置，金属流动阻力小，流动速度较快。图中金属流速较快的为靠近型材大面处的分流孔,其距离模具中心较近,金属流速慢的为靠近型材小面处分流孔金属的流速。图中清楚地呈现了金属的流动情况,金属流动死区也很明显。金属进入模口后的流动情况,可以清楚地看出死区及金属流速的分布,如图6-17所示。

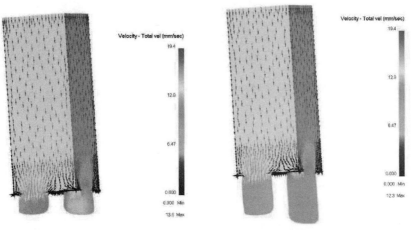

a) 挤压杆行程为28.4mm时的金属流动　　　b) 挤压杆行程为41.1mm时的金属流动

图6-16　不同挤压杆行程时的金属流动

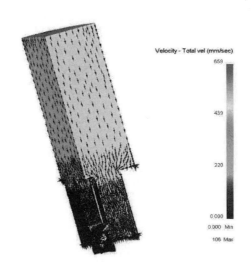

图6-17　金属出模口后的流动

(2) 应力场分析

型材出模口后不同阶段的金属等效应力分布情况由图6-18可知,金属最大等效应力分布主要集中在模口处,如分流孔入口处、模口等区域,这是因为在这些区域金属的变形量大。可以看出锭子在靠近模口处等效应力较大,且在变形区与变形死区交界处等效应力较大,这是因为在挤压时,在挤压垫的作用下,靠近下模面和模口处的变形最剧烈。在挤压阶段,最大等效应力都出现在模口处,这就是模具的磨损多发生在模口附近的原因,故在实际生产中可考虑对模具模口进行局部硬化热处理,提高模具模口处材料的耐磨能力。

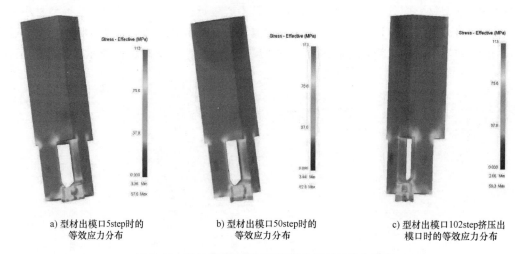

a) 型材出模口5step时的等效应力分布　　b) 型材出模口50step时的等效应力分布　　c) 型材出模口102step挤压出模口时的等效应力分布

图 6-18　型材出模口后不同阶段金属等效应力分布

(3) 温度场分析

型材出模口不同阶段的金属温度场分布在坯料与挤压筒内壁、模具分流孔之间,因为它们的初始温度不同,坯料与挤压筒和模具之间存在热交换,随着挤压过程的进行,坯料与挤压筒、模具接触表面温度逐渐降低,由此可以看出坯料中心温度高于坯料表面温度,如图6-19所示。

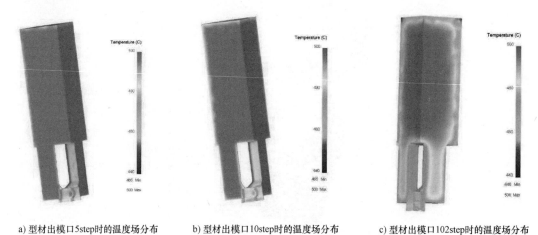

a) 型材出模口5step时的温度场分布　　b) 型材出模口10step时的温度场分布　　c) 型材出模口102step时的温度场分布

图 6-19　型材出模口不同阶段的温度场分布

(4) 挤压力分析

挤压杆行程为41.1mm时的挤压力曲线如图6-20所示。可以看出挤压杆从开始挤压至挤压结束行程为17.3mm,这一阶段为挤压填充阶段。因为为便于坯料装入挤压筒,一般坯料外径比挤压筒内径要小,所以在挤压开始阶段时有一个填充过程,这一阶段挤压力平稳增大。随着挤压杆的推进,在进入分流孔的初始阶段,挤压力直线上升,随着进入分流孔的金属增多,挤压力增大,随后挤压力增长较平稳,当金属进入焊合室进行焊合时,挤压力达到最大值。

4. 挤压加工成形

使用挤压机（图6-21）进行加工时加工工艺如下：铝棒温度为500℃；挤压杆温度为420℃左右；模具温度为450℃左右；挤压杆速度为4mm/s；淬火条件为采用水雾淬火。通过挤压成形，可获得型材，用于后续的加工。

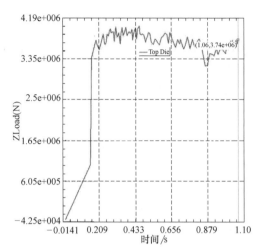

图6-20 挤压杆行程为41.1mm时的挤压力曲线

图6-21 铝合金型材挤压机

6.3.7 产品工装开发

本案例介绍的铝合金仪表板横梁开发中共需模具38副，其中，铝合金冲压模具23副，铝合金挤压模具15副，图6-22为转向柱安装支架挤压模具。

本案例一共开发了41副检具，每个单件都有一副检具；还有分总成检具2副，总成检具1副。图6-23为仪表板横梁总成检具。

一共开发了6副焊接夹具，其中分总成焊接夹具5副，总成焊接夹具1副。图6-24为仪表板横梁总成焊接夹具。

图6-22 转向柱安装支架挤压模具

图6-23 仪表板横梁总成检具

图6-24 仪表板横梁总成焊接夹具

6.3.8 产品试制

铝合金型材工序为铝棒加热、液压加力、挤压、冷却校直、人工时效、成品,如图6-25所示。

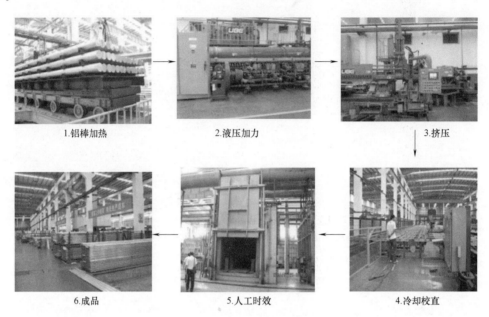

图 6-25　铝合金型材工序

部分型材件实物与图样对比如图6-26所示。

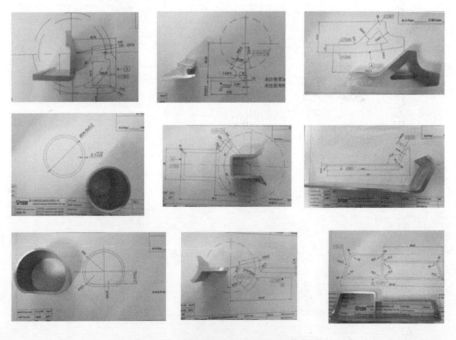

图 6-26　部分型材件实物与图样对比

第6章 铝合金仪表板横梁开发

铝合金仪表板横梁总成通过 MIG 进行焊接，共有 6 道工序，分别为 OP10 横梁分总成拼焊、OP20 转向柱安装支架分总成拼焊、OP30 前壁板安装支架分总成拼焊、OP40 中控支架分总成拼焊、OP50 仪表板横梁分总成拼焊、OP60 仪表板横梁总成拼焊，如图 6-27 和图 6-28 所示。

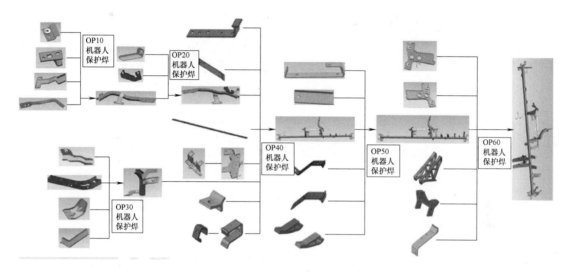

图 6-27 仪表板横梁焊接工序示意图

图 6-28 仪表板横梁总成拼焊

6.3.9 产品试验验证

零件整改合格后进行铝合金仪表板横梁零件试验验证，主要完成了单体的模态测试与整车的道路可靠性验证。铝合金仪表板横梁单体模态测试值为 94.28Hz，优于钢结构的 88.04Hz，试验图片如图 6-29 所示，测试结果如表 6-7 所示，道路可靠性验证也合格。

图 6-29 铝合金仪表板横梁总成模态试验

表 6-7 模态试验结果

零件	固有频率/Hz	振型描述	目标值	是否达标
钢 CCB	88.04	一阶弯曲模态	81	达标
铝合金 CCB	94.28			

6.3.10 产品质量整改

因为铝合金导热系数大,所以铝合金在焊接过程中产生的高温容易导致零件变形,焊接时要通过焊接顺序、焊缝尺寸、焊丝选择、焊接参数控制、零件冷却的调整与控制来控制焊接后零件的变形量。铝合金仪表板横梁开发也遇到了这个问题。焊接完成的总成零件在侧安装支架区域出现与检具合不上的问题,如图 6-30 所示。

对于出现的问题,开发中先进行质量功能展开(Quality Function Deployment,QFD)分析过程工序参数,得出问题产生的原因为螺母孔出现位置偏差,不满足检具检测要求。解决方案是采用测量系统分析(Measurement Systems Analysis,MSA)进行分析,得出引起零件偏差的主要原因为铝合金焊接热变形。采用鱼骨图从人-机-料-法-环五个维度对问题原因进行分析,得出通过调节夹具来释放焊接热变形的方案,整改后零件状态如图 6-31 所示。

图 6-30 侧安装支架区域与合不上检具

图 6-31 侧安装支架整改完成后状态

6.4 总结

铝合金导热系数大，铝合金在焊接过程中产生的高温容易导致零件变形，焊接时通过焊接顺序、焊缝尺寸、焊丝选择、焊接参数控制、零件冷却的调整与控制来控制焊接后零件的变形量。

第 7 章
塑料背门产品开发

7.1 概述

传统汽车背门多采用钣金件冲压成型,分块多,重量大。随着汽车节能减排的要求越来越高,国内外很多车型开始采用质量更轻的复合材料制造背门,一般称为塑料背门。采用塑料背门后,除了较钣金背门可以减重20%~30%,还有集成化、模块化、耐腐蚀等优点。塑料背门的优势分析如表7-1所示。

表7-1 塑料背门优势

序号	特点	优势
1	减重	油耗降低,排放减少 减小背门开闭操作力 整车加速和减速时间可缩短 部分附件性能要求可降低,或相同状态下寿命增加
2	集成化、模块化	背门接口、接缝等减少,一体感得到加强 主机厂装配线可缩短、管理费用降低等 提高主机厂设备的运转效率,减少能源使用和二氧化碳排放
3	设计自由度高	可以满足用户越来越高的造型要求 设计性强(可变厚度设计等),可降低生产成本
4	耐腐蚀	擦剐掉漆后,即使不喷漆也不用担心生锈
5	复原性	低速碰撞可还原,可以降低用车成本

目前,国内塑料背门发展迅速,多家主机厂在进行塑料背门的开发,如长安、奇瑞、上汽通用、东风、北汽等,从原材料到主机厂应用的产业链也在迅速崛起。

7.2 塑料背门对标分析

7.2.1 塑料背门的种类

目前,市场上塑料背门按材料可分为如下三大类:

1)全热固性塑料背门:主要指内外板都是片状模塑料(Sheet Molding Compound,SMC)的背门。

2)热固热塑复合背门:即外板/扰流板采用热塑性材料,内板采用SMC。

3)全热塑性塑料背门:即内外板都采用热塑性材料,其中内板采用长玻纤增强聚丙烯(PP+LGF)应用开始越来越多,简称全塑背门。

国内上市的某几款车型塑料背门材料情况,如表7-2所示。

表7-2 塑料背门材料

车型	路虎揽胜极光	新奇骏	标致308S	DS6
外板材料	PP-EPDM-TD30	PP-EPDM-TD15	PP-EPDM-TD30	PP-EPDM-TD30
内板材料	SMC:UP-GF31	PP-GF30	PP-LGF40	SMC:UP-GF31

目前市场上以热固热塑复合背门和全塑背门为主。

7.2.2 结构对标

1. 外板的结构分块

塑料背门可以比钣金背门更容易实现集成,综合考虑造型、功能要求、工艺、成本等因素,外板通常有以下几种方案。

1)风窗玻璃上方为扰流板,与内板黏结;风窗玻璃下方为整体外板,如标致308S等。

2)风窗玻璃上方扰流板通过螺栓等方式连接可拆卸,下方是外板与内板黏结,如路虎揽胜极光。

3)外板与扰流板集成为一体,与内板黏结,如日产新奇骏背门,集成度高,重量轻。

2. 内板的结构分块

塑料背门内板由于安装、布置等需要形成不同形式。常见塑料背门的内板如图7-1所示。

图7-1 常见塑料背门内板形式(黑色所示区域)

塑料背门集成内饰件具有如下优点:①成本降低;②更好的外观(没有或减少内饰间隙);③重量降低;④空间需求减小。

是否集成内饰件需要考虑如下因素:①造型需要考虑拔模角度;②线束可能需要在内外板黏接前预埋;③刮水器、锁、尾灯、摄像头等附件的维修性。

3. 关键结构尺寸

1)背门在风窗玻璃位置的臂柱如图7-2所示,一般受造型和后视野要求影响,臂柱宽度有限。目前市场上塑料背门风窗玻璃臂柱宽度如表7-3所示,推荐臂柱宽度大于110mm。

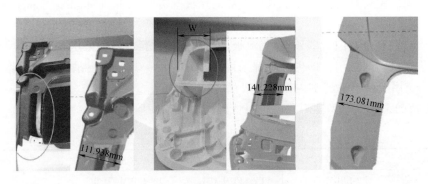

图 7-2 风窗玻璃位置臂柱宽度

表 7-3 塑料背门玻璃位置臂柱宽度

车型	A	B	C	D
风窗玻璃位置臂柱宽度/mm	111	173	123	141

2）背门风窗玻璃位置臂柱内板深度尺寸如图 7-3 所示，建议该尺寸不小于 90mm。目前，市场上塑料背门玻璃位置的臂柱深度，如表 7-4 所示。

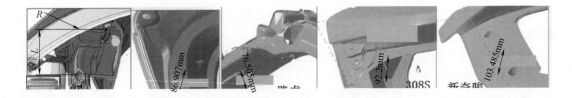

图 7-3 风窗玻璃位置臂柱深度

表 7-4 塑料背门玻璃位置臂柱深度

车型	A	B	C	D
风窗玻璃位置臂柱深度/mm	76	92.2	123	86

3）背门的造型设计，应尽量有利于把左右铰链能够布置得相对较远。因为背门左右铰链的间距越大，其刚度越好。如图 7-4 所示。表 7-5 所示为不同铰链位置背门的刚度对标分析结果。

表 7-5 不同铰链位置的后背门刚度对标分析

分析结果		模型一 原始位置	模型二 铰链外移
横向刚度/(N/mm)		22.5	26.5
扭转刚度	开启状态/mm	6.6	5.8
	锁止状态/mm	10.8	5.4

4）背门内板下部深度如图 7-5 所示，推荐深度大于 130mm。目前，市场上 4 款车型的塑料背门内板下部深度统计见表 7-6。

第7章 塑料背门产品开发

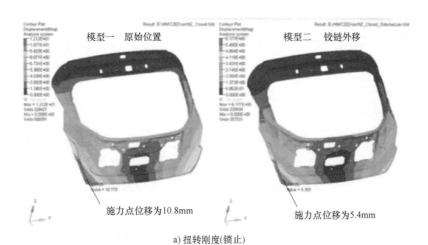

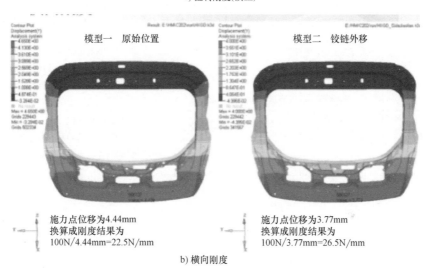

图 7-4 铰链位置对背门刚度的影响分析

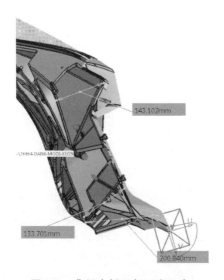

图 7-5 背门内板下部深度示意

表 7-6 塑料背门内板下部深度

车型	A	B	C	D
背门下方厚度/mm	155	140	122	150

7.2.3 表面处理

塑料背门内板一般都会集成部分内饰板，因此内板必须实现皮纹效果。内板若采用 SMC 材料，目前有两种方式可以实现内饰颜色要求：一是材料本身添加色剂，二是喷涂。目前绝大多数厂家采用的是喷涂方案，德系车几乎全部采用喷涂，只有法系车部分采用免喷涂方案。两种方案各有优劣，如表 7-7 所示。背门外板与保险杠表面处理类似。

表 7-7 背门内板不同表面处理方式优劣对比

类别	优点	缺点
喷涂方案	1. 外观质量好 2. 耐光照老化性能好 3. 耐刮擦 4. 颜色不受限 5. 涂装烘烤，可以降低材料 VOC 和气味	1. 增加了喷涂成本 2. 油漆气味和 VOC[①] 增加 3. 需要有 SMC 经验的喷涂供应商
免喷涂方案	节省了喷涂成本	1. 颜色受限 2. 玻纤外露后，影响外观 3. 耐光照老化性能相对差一些

① VOC 是挥发性有机化合物（Volatile organic Compounds）的英文缩写。

7.2.4 整车间隙对标

背门与整车间隙的面差匹配，主要受功能、外观和工艺要求的影响。通过对多个塑料背门车型和钣金背门车型进行对比分析得出，塑料背门与钣金背门在常温下的间隙面差值基本一致。

7.3 塑料背门开发案例

7.3.1 塑料背门简介

热固热塑复合背门，即 Higate 背门，其外板采用热塑性材料、内板采用 SMC 材料。SMC 是一种片状的纤维增强热固性复合材料，术名为片状模塑料，是玻璃钢的一种，一般用模压成型。

SMC 片材的组成：中间芯材是由经树脂糊充分浸渍的短切纤维（或毡）组成，上下两面用薄膜覆盖。其生产与成型过程大致如下：短切原纱毡或玻纤粗纤铺放于预先均匀涂敷了树脂的薄膜上，然后在其上覆盖另一层涂敷了树脂糊的薄膜，形成了一种"夹芯"结构。它通过浸渍区时树脂糊与玻璃纤维（或毡）充分揉捏，然后集成收卷，进行必要的熟化处理，如图 7-6 所示。

SMC 模压工艺是将 SMC 片材按制品尺寸、形状、厚度等要求裁剪下料，然后将多层片

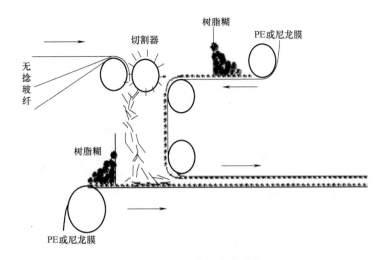

图 7-6　SMC 片材生产过程

材叠合后放入金属模具中加热加压成型制品，如图 7-7 所示。

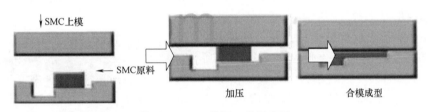

图 7-7　SMC 模压工艺示意图

SMC 材料特点：

1）轻质高强。SMC 材料的比模量与钢材相当，但其比强度可达到钢材的 4 倍。

2）热导率低、膨胀系数小、尺寸精度高，隔音效果好。在有温差时所产生的热应力比金属小得多，在温度达到 150℃时，SMC 仍然不产生变形。SMC 线膨胀系数（CLTE）和钣金件接近，SMC 零件在极端温度条件下，尺寸依然很稳定。

3）SMC 材料成型收缩率为 0~0.1%，低收缩率是达到 A 级表面要求的必要条件，并有利于产品的稳定性。SMC 产品最高使用温度范围可以达到 170~190℃，使用范围广，且可以承受主机厂电泳漆的烘烤温度。

与金属材料相比，SMC 具有优越的电气性能、耐腐蚀性能、质轻以及工程设计容易、灵活等特点。与增强热塑性塑料相比，SMC 的成型设备投资低，SMC 制品不易变形，力学性能与热变形温度较高，耐化学药品性较好，且价格较低。与一般热塑性塑料相比，SMC 的物理性能是后者不可比拟的。

背门既是结构功能件，也是外观件，既要满足开闭、密封等要求，还要满足严格的外观要求。背门的基本结构形式是外板和内板黏接，内板起结构支撑作用，外板要求 A 级表面，同时承担部分载荷。在进行外板结构分析时，既需要考虑复合材料的外观又需要考虑其强度。早期的背门为实现复合材料背门的高强度、高刚度以及整体结构的稳定性，复合材料背门内外板都采用 SMC。但 SMC 模压要达到 A 级表面，对材料和工艺都要求较高。为此，出现了内板采用 SMC，外板采用 PP 注塑成型的热固热塑复合塑料背门，可兼顾 PP 注塑成型的外观优势和 SMC 的尺寸稳定性和高强度。

7.3.2 可行性分析

1. 空间分析

钣金冲压件厚度一般都小于 1mm，而塑料件壁厚一般都大于 2mm，因此在"以塑代钢"的结构设计过程中，经常会遇到空间不够的情况。背门在"以塑代钢"的开发过程中，也会遇到很多空间不够的情况，最常见的是在铰链位置发生干涉，如图 7-8 所示。

铰链的结构和位置决定了背门的运动轨迹和撑杆等的布置，一旦确定了就不能轻易变更。铰链上方的背门外板是造型外观面，铰链下方一般

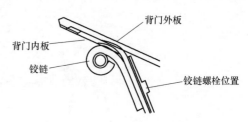

图 7-8 铰链干涉示意图

安装在车顶凹槽内，而铰链安装在背门内板上，和背门包边很近。当内外板都需要增加料厚时，上方受造型限制，下方受铰链位置限制。为解决该处空间不足的问题，一个方案是塑料背门在该处局部减薄（一般可以适当增加空间，但多数情况仍存在风险）；另一个方案就是在该处向外凸出（但会影响整车外观、风噪、车高等）。

为避免铰链与内板距离过小，本案例采用了向上凸起的方案。市面上类似造型如图 7-9 所示。该凸起的关注度一般较小，在不改动铰链和车身的情况下，实现了满足塑料背门的布置要求。

2. 密封力分析

当背门关闭并承受密封力时，其边缘在各个方向的位移不能超过目标值。塑料背门由于重量变化，对密封圈的压缩力会发生变化，需要进行分析确认。

图 7-9 背门铰链位置外板向上凸起效果图

3. 铰链布置

根据车身与背门配合部分的结构尺寸与形状，确定铰链轴心线的位置，轴心线的布置可以决定背门的开启方式。背门开启根据上部运动轨迹，分为外旋转和内旋转两种形式，如图 7-10 所示。左、右铰链的位置布置，原则是两个铰链的距离尽量远，使背门横向稳定。

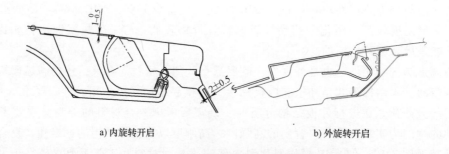

a) 内旋转开启　　　　　　　　b) 外旋转开启

图 7-10 背门开启轨迹两种形式

塑料背门撑杆力一般需要重新布置和调校。塑料背门由于无法搭铁，故其线束（如风窗玻璃除霜除雾线）一般与钣金背门不同，其他设计参考钣金背门。

7.3.3 分块方案

1) 因原扰流板是安装在钣金外板上的，部分区域压在风窗玻璃之上，若集成扰流板在外板上，风窗玻璃只能在安装外板后黏结在外板上，风窗玻璃等结构都必须改变。故原扰流板不变，完全借用。

2) 原外装饰件（图 7-11 左侧紫色零件）集成在原外板上；由于出模角度要求，外板上部单独成立一个件，即上外板。

3) 背门内饰板的上、左、右集成在内板上，可以提升背门刚度，同时实现减重更多；下内饰板完全借用。

4) 由于上外板与内板黏结空间需要，内板左右侧适当加宽，风窗玻璃黑边和花边在不影响后视野情况下，适当向内调整。

5) 线束、卡子等做适应性调整，各附件安装点（铰链、门锁、刮水器、撑杆等）位置加强件适当减薄减小，仍采用钣金件。

背门"以塑代钢"前后结构变化对比如图 7-11 所示。

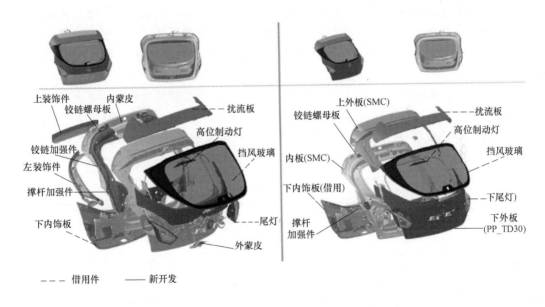

图 7-11 背门"以塑代钢"前后结构变化对比（见彩图）

7.3.4 材料选择

1. 内外板材料选择

背门外板一般选用热塑性材料（常用牌号如 PP+EPDM+TD20、PP+EPDM+TD30），滑石粉比例为 20%~30%。滑石粉比例对材料模量、强度和密度等有影响，根据具体需要选择合适的。一般，外板材料拉伸强度在 20MPa 以上，弯曲模量在 2600MPa 以上。

内板 SMC 目前主要选择 UP 树脂系列，玻纤含量在 30% 左右。一般其拉伸强度大于 70MPa，拉伸模量大于 9GPa。材料选择既要满足背门刚度、强度等要求，还需要综合考虑成型性、环保性等相关性能。某两种 SMC 材料力学性能测试结果见表 7-8。

表 7-8 某 SMC 材料力学性能测试结果

测试项目	测试结果	
	CQAT1505004565NM_CN	CQAT1505004566NM_CN
简支梁无缺口冲击强度/(kJ/m^2)	75	70
弯曲强度/MPa	199	203
拉伸模量/GPa	11.7	10.9
拉伸强度/MPa	109	98

2. 粘胶选择

胶水的选择通常需要考虑被黏接材料的性能、使用环境等因素。胶水选用最理想状态是在各种测试过程中，是被黏接材料破坏。

粘胶尺寸需要综合考虑黏接强度、内外板线性膨胀系数等。粘胶厚度太薄，可能会由于零件尺寸偏差，导致局部缺胶，无法吸收内外板热变形尺寸差异等问题；粘胶厚度也不宜过厚，过厚一方面导致用胶量增加，空间占用大，成本和重量也增加，同时连接强度也会降低。

塑料背门内外板目前主要通过粘胶连接，相同线性膨胀系数的材料黏接可选用延伸率较低的胶黏剂，推荐粘胶厚度≥1mm；但线形膨胀系数相差较大的材料之间黏接，需选择延伸率较大的胶水（如双组分/单组分聚氨酯胶粘剂），粘胶厚度一般在 1.5mm 以上，推荐厚度为 2.5mm，以保证在较宽温度范围内的结构性能。不同类型胶水特点见表 7-9。

表 7-9 不同类型胶水特点

类别	丙烯酸	聚氨酯	环氧
特点	1. 对未处理金属的黏接力强 2. 可抵御严酷环境条件 3. 对基材表面处理要求低 4. 室温快速固化,100%反应性配方,符合 VOC 法规 5. 可黏接金属和塑料（复合材料）等不同材料	1. 对复合材料（SMC、FRP、CFRP）、塑料、木材、泡沫、有底涂或漆的金属的黏接力很高 2. 高延伸率 3. 低气味 4. 多样的固化速率	1. 优秀的耐环境老化能力 2. 优秀浸润性和填缝性能 3. 不挥发 4. 可打磨 5. 可黏接泡沫、复合材料、木材、金属和部分塑料（如 PVC[①]）

① PVC 为聚氯乙烯（Polyvinylchloride）的英文简称。

胶水最重要的一个性能测试就是耐老化测试，每个厂家的测试方法存在差异，常见的测试项目有高温、低温、高温高湿、水浸等。根据背门使用环境，本案例初步确定的老化试验方法见表 7-10。

表 7-10 背门胶水老化试验方法

序号	试验项目	试验条件
1	常温下测试	23℃/50%相对湿度,依据 DIN50014,时间 7 天
2	浸水试验	23℃浸于去离子水中 7 天,23℃/50%相对湿度 2h
3	高温老化	80℃放置 1 天,后在 80℃环境下测试
3	高温老化	80℃放置 1 天,23℃/50%相对湿度 2h 后测试
4	高温高湿	70℃/100%相对湿度 7 天,23℃/50%相对湿度 2h 后测试
5	高低温循环老化测试	38℃、100%RH(RH 为相对湿度,Relative Humidity)下放置 18h+放置−30℃环境中放置 2h+放置在 70℃环境下放置 6h,共进行 13 个循环后测试

胶水黏接前,被黏接材料表面活性必须达到一定条件(一般不低于 $45×10^{-5}$N),才能保证黏接的可靠性。通常需要进行前处理,常用的表面前处理方法有火焰处理、等离子处理等。

聚氨酯胶有较大的延伸率,对 PP 和 SMC 也有很好的黏接力,固化速率也能满足要求,所以内板 SMC 与外板 PP 的黏接一般选用聚氨酯胶。胶水模量对背门整体的模态影响较大,但聚氨酯胶的模量一般都偏小;本案例的外板采用了与内板相同类型可达到 A 级表面的 SMC 以提升性能,由于环氧胶模量较大,且对 SMC 有很好黏接力,故上外板的黏接选择了环氧胶,最终确定的胶水型号见表 7-11。

表 7-11 塑料背门胶水清单

产品序号	零件名称	简图	工序名称	材料名称	材料牌号
1	上外板粘胶		粘胶	环氧粘胶	Lord 320/322
2	金属加强件粘胶		粘胶	环氧粘胶	Lord 320/322
3	下外板粘胶		粘胶	PU 胶	BETAMATE 2810 SV
3	下外板粘胶		粘胶	底涂剂	BetaPrime 5404
4	玻璃粘胶		粘胶	PU 胶	BETAMATE 2810 SV
4	玻璃粘胶		粘胶	底涂剂	BetaPrime 5500

7.3.5 产品性能目标

背门主要性能指标有扭转刚度、弯曲刚度、模态、开闭耐久性,此外还有安装点刚度、抗凹性、强度等。塑料背门还应特别考虑高低温循环工况下的尺寸稳定性和耐久性。

塑料背门的安全性问题,一直颇受争议。一方面,整车布置时,沿前后方向,背门在前,后保险杠在后,后碰过程中,传力路径上主要是通过后碰撞横梁传递到车身;另一方面,目前还没有专门针对背门的强制法规。目前,与背门相关的主要法规、标准有《汽车前、后端保护装置》、《汽车门锁及车门保持件的性能要求和试验方法》和《乘用车后碰撞燃油系统安全要求》,这些都需要在设计中予以考虑。

为调查背门"以塑代钢"后,与钣金背门相比性能是否下降,本案例中按现有钣金背门的测试方法对市面上主流塑料背门进行了大量的性能测试对标。

1. 刚度

背门刚度是用户感受最直接的性能之一。不同主机厂有不同的刚度评价方法,但基本都是考虑不同工况下的约束条件,施加一定的力考察其位移。

(1) 开启扭转刚度的测试方法

固定铰链和撑杆位置,在背门或左下角或右下角施加 50N 的力,然后测量施力点方向的位移。同时记录关键尺寸 L_1,并计算刚度值 K_1,测试结果见表 7-12。

表 7-12 塑料背门开启扭转刚度测试结果

序号	背门名称	开启刚度(位移)/mm	F_1/N	L_1/mm	K_1/(N·m/rad)
1	A	0.54	50	250	5787
2	B	1.18	50	390	6444
3	C	2.22	50	450	4560
4	D	2.24	50	470	4930

参考上述结果与传统钣金背门进行对比,结合整车要求,确定开启扭转刚度位移目标为小于 1.5mm。

(2) 锁止扭转刚度的测试方法

固定铰链和锁销位置,在背门或左下角或右下角施加 50N 的力,然后测量该处的位移。同时记录关键尺寸 L_2,并计算刚度值 K_2。测试结果见表 7-13。

表 7-13 塑料背门开启锁止刚度测试结果

背门名称	锁止刚度(位移)/mm	F_2/N	L_2/mm	ΔZ/mm	K_2/(N·m/rad)
A	1.89	50	653	1.89	11280
B	1.38	50	450	1.38	7336
C	1.93	50	550	1.93	7836
D	1.18	50	422	1.18	7545

参考上述结果与传统钣金背门进行对比,结合整车要求,确定锁止刚度位移目标为小于 1.2mm。

(3) 横向刚度测试方法

固定铰链、锁销位置支撑不固定,在 Y 向施加 250N 的力,测量其位移,测试方法如图 7-12 所示。

横向刚度测试结果见表 7-14。

图7-12 背门横向刚度测试方法

表7-14 塑料背门横向刚度测试结果

车型	侧向(Y向)变形情况/mm	备注
A(PP+SMC)	9.03	Higate背门
B(PP+LGF40)	14.21	全塑背门
C(PP+GF30)	15.25	全塑背门
D(PP+SMC)	9.88	Higate背门

由结果可以看出,在测试的背门中,横向刚度受背门材料影响明显,Higate背门横向刚度明显好于全塑背门。

2. 高低温尺寸稳定

由于塑料件在高温下会发生较大变形,本案例模拟整车装配状态制作简易检具,对塑料背门进行测试分析。固定铰链位置,锁的位置只用检具支撑住而不固定,测试工装及测量点位置如图7-13所示。由于设备限制,无法在高温下直接测试背门状态,简化为从高温箱中取出后立即测试,测试要求见表7-15。

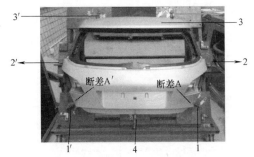

图7-13 高低温测试工装及测量点编号示意

表7-15 背门高低温试验要求

温度	时间要求	备 注
室温	在各种温度环境中存放2h以上,保证背门在各种温度环境中浸透	首先在室温下测量
-30℃		测量必须在2min内完成,避免背门温度回升,造成试验误差增大
60℃		1. 测量必须在2min内完成,避免背门温度回升,造成试验误差增大 2. 测量时避免皮肤接触舱体、背门和工装夹具,以免发生烫伤
80℃		1. 首先,打开舱门将舱内的热气排出,避免热空气伤人 2. 测量必须在2min内完成,避免背门温度回升,造成试验误差增大 3. 测量时避免皮肤接触舱体、背门和工装夹具,以免发生烫伤

测量并记录结果并计算变化量,整理后见表7-16。

表7-16 塑料背门高低温下间隙面差变形情况

编号	车型	-30℃~常温变化量/mm	常温~60℃变化量/mm	60℃~80℃变化量/mm	-30℃~80℃变形量/mm	备注
1	B(PP+LGF40)	-0.8	0.8	0.35	1.95	全塑背门
1	C(PP+GF30)	-0.9	0.85	0.35	2.1	全塑背门
1	D(PP+SMC)	0	0.2	0.55	0.75	Higate背门
1	A(PP+SMC)	-0.5	0.25	0.1	0.9	Higate背门
2	B(PP+LGF40)	-0.9	0.35	0.25	1.5	全塑背门

（续）

编号	车型	-30℃~常温变化量/mm	常温~60℃变化量/mm	60℃~80℃变化量/mm	-30℃~80℃变形量/mm	备注
2	C(PP+GF30)	-0.85	0.65	0.2	1.7	全塑背门
2	D(PP+SMC)	-0.1	0.2	0.05	0.45	Higate背门
2	A(PP+SMC)	0.7	-0.7	-0.3	-1.7	Higate背门
3	B(PP+LGF40)	0.05	-0.1	-0.1	-0.25	全塑背门
3	C(PP+GF30)	-0.5	1	0.45	1.95	测量点未在铰链位置，全塑背门
3	D(PP+SMC)	0	-0.15	-0.1	-0.3	Higate背门
3	A(PP+SMC)	0	0	0	0	Higate背门
4	B(PP+LGF40)	-1.2	1.1	0.3	2.6	全塑背门
4	C(PP+GF30)	-1	1.3	0.4	2.7	全塑背门
4	D(PP+SMC)	-0.2	-0.4	0.2	0	Higate背门
4	A(PP+SMC)	-0.75	1	0.2	1	Higate背门
A	B(PP+LGF40)	0.5	0.4	0.3	1.2	面差
A	C(PP+GF30)	-0.5	0.1	0.1	-0.3	面差
A	D(PP+SMC)	-0.19	0.17	-0.2	0.6	面差
A	A(PP+SMC)	-0.9	-0.9	0.4	-2.2	面差
B	B(PP+LGF40)	0.4	0.6	0.4	1.4	面差
B	C(PP+GF30)	-0.3	0.1	0	-0.2	面差
B	D(PP+SMC)	0.13	0.32	0.77	1.1	面差
B	A(PP+SMC)	-0.5	-1.1	-0.5	-2.1	面差

从测试结果看出，Higate背门在高低温条件下稳定性优于全塑背门。所有Higate背门从常温到60℃的间隙和面差基本都小于1mm。

3. 自由模态

自由模态是模态分析的一个重要组成部分，它不考虑任何约束的影响，得到的是结构本身的固有特性。通过自由模态的分析，可对结构本身的尺寸、材料、振动情况有个大概了解。背门由钣金更改为塑料后，需考虑其模态能否达到原来钣金背门的要求。本案例中对市场上典型的塑料背门进行了测量，结果见表7-17。

表7-17 典型塑料背门自由模态

车型	状态	一阶扭转模态/Hz	一阶弯曲模态/Hz	类别
A(塑料)	不带玻璃	37.8	42	Higate(外板PP+内板SMC)
B(塑料)	不带玻璃	27.5	48.8	全塑背门(外板PP+内板PP-GF40)
C(塑料)	不带玻璃	21	41.9	全塑背门(外板PP+内板PP-GF30)
D(塑料)	不带玻璃	39.5	78.2	Higate(外板PP+内板SMC)

(续)

车型	状态	一阶扭转模态/Hz	一阶弯曲模态/Hz	类别
E(塑料)	带玻璃	24	47	全塑背门(外板PP+内板PP-GF30)
F(钣金背门)	不带玻璃	33	66.5	钣金
	带玻璃	34.6	68.5	

从测试结果可以看出:

1) Higate背门自由模态普遍高于全塑背门,与钣金背门水平相当。
2) 带玻璃与不带玻璃对模态的影响在2Hz以内。
3) 扭转模态范围在20~40Hz以内(Higate背门扭转模态为35~40Hz,全塑背门扭转模式为20~30Hz)
4) 弯曲模态范围在40~80Hz(Higate背门弯曲模态为42~80Hz,全塑背门扭转模态为45~50Hz)

以长安某车型为例,发动机怠速频率在[(21~25)±2]Hz之间,声腔模态约为52Hz,在单从避频来看,背门的模态尽量不要在[(21~25)±2]Hz之间,小于19Hz是可以的。低阶弹性模态不仅反映振动特性,还反映其刚度特性,如果小于19Hz,背门本身刚度太差,不满足刚度要求。根据上述情况,结合背门尺寸、材料以及整车要求,塑料背门自由模态初定目标要求≥30Hz,相对于钣金背门要求适当进行了降低,以保证轻量化效果。

因担心模态降低后,不满足使用要求,特进行影响模态因素分析,制定提升模态备用方案。通过CAE分析研究了粘胶弹性模量、不同上外板材料及总成是否带玻璃对模态结果的影响。背门CAE分析方案如图7-14所示。

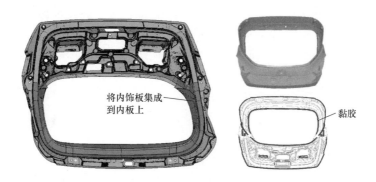

图7-14 背门CAE分析方案

粘胶弹性模量对背门模态的影响分析结果见表7-18。

表7-18 粘胶弹性模量对背门模态的影响

前提条件		采用不同模量粘胶的模态/Hz		
相同条件	不同条件	14MPa	250MPa	1543MPa (仅上外板SMC黏接)
PP上外板 (不带玻璃)	内板SMC模量为8000MPa	21.8	26.4	27.3
	内板SMC模量为10000MPa	23	28.3	29.2

材料参数对模态的影响分析结果见表 7-19。

表 7-19 材料参数对模态的影响

前提条件		内板采用不同模量 SMC 的模态/Hz	
		8000MPa	10000MPa
弹性胶（模量为 14MPa）	上外板为 PP	21.8	23
	上外板为 SMC	21.3	22.7
结构胶（模量为 1543MPa）（仅用在上外板）	上外板为 PP	25.6	27.3
	上外板为 SMC	25.9	28.2

有无玻璃对模态结果的影响见表 7-20。

表 7-20 玻璃对背门模态的影响

分析条件		不同状态的背门模态/Hz	
		不带玻璃	带玻璃
弹性胶（模量为 14MPa）	上外板为 PP	21.8	22.8
结构胶（模量为 1543MPa）（仅用在上外板）	上外板 SMC 模量 8000MPa	25.9	26.2
	上外板 SMC 模量 10000MPa	28.2	28.4

由以上的分析结果可得：

1) 粘胶的弹性模量对模态结果影响较大，由 10MPa 左右增加到 200MPa 左右会显著提高模态。

2) 材料 SMC 弹性模量提高 2000MPa，会提高模态 1~2Hz。使用弹性胶时（Stick14），将上外板材料由 PP 替换为 SMC，模态会有 0.5Hz 左右的降低；使用结构胶（Stick1543）时，将上外板材料由 PP 替换为 SMC，模态会提高 0.5Hz 左右。

3) 对于有无玻璃的情况，在使用弹性胶情况下，有玻璃的比无玻璃的会提高 1Hz；而对于使用结构胶的情况，有玻璃的比无玻璃的提高 0.3Hz 左右。

根据以上分析，可实现的最佳方案为：SMC 材料弹性模量为 10000MPa 以上；上外板使用 SMC 材料，并使用高模量的结构胶与 SMC 内板黏接。下外板继续使用 PP 材料，并使用弹性胶与 SMC 内板黏接。

4. 其他性能

除上述要求外，塑料背门还要满足高低温（-40~85℃）开闭耐久性、垂向刚度、安装点刚度、外板抗凹性、强度、NVH 性能、密封防水性能、气味和 VOC、阻燃性，以及内外饰零件的通用性能。

7.3.6 结构设计

1. 产品壁厚设计

塑料背门结构设计过程中，在铰链、门锁、刮水器等附件的布置上与传统背门并无太大区别，其主要区别在于，塑料背门的壁厚较传统钣金背门的 0.65~0.8mm 厚了几倍，且可以进行变壁厚设计。塑料背门内外板一般在 2.5~3.5mm，基本可以满足各种常规的强度要求。在特殊使用条件下，需要加厚以满足要求，但一般不超过 5mm，制品过厚将延长成型周期，且容易出现芯固化度不够。同时，SMC 制品厚度也不能太薄，就目前情况看，厚度一般不得少于 1mm。在进行变壁厚设计中，应采用逐渐平滑过渡，不可有突变。对单层板结构进行设计时，背部有加强筋的，产品厚度一般为 3.5mm。

2. 包边位置的粘胶结构设计

塑料背门与传统钣金背门结构设计最大的区别就是包边。钣金背门通过外板包边将内板边沿包覆在里面，然后再涂上折边胶，保证了良好的连接和外观效果。而塑料背门不能实现传统的包边工艺，采用的是粘胶。

复合材料最常用的连接方式就是黏接，塑料背门也不例外。塑料背门上除了内外板包边位置需要粘胶以外，根据结构和功能需要，内部其他位置也常用到粘胶。如为满足外板抗凹性，内板支撑外板的地方；为满足密封要求的地方，钣金加强件与内板连接部位等。

粘胶尺寸的设计，需要考虑粘胶性能要求、产品精度以及工艺影响等因素。目前粘胶宽度，一般设计为大于 10~15mm。两个黏接零件都为 SMC 时，粘胶厚度最小为 1mm，一般情况建议大于等于 1.5mm。根据粘胶性能和产品精度控制差异，厚度适当调整。为保证涂胶均匀，粘胶面曲率、宽度等应平缓过渡，一般粘胶位置应设计挡胶结构，如图 7-15 所示。

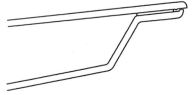

图 7-15　包边位置粘胶结构设计

3. 连接方式

在铰链、锁、撑杆、刮水器等安装点位置，由于承受较大拉压变形，以及与 SMC 本体接触面积较小，会导致单层塑料内板局部开裂失效。为了保证强度和刚度性能，塑料背门一般都需要在这些区域增加一金属件，以增加局部刚强度，同时增大受力面。钢质铰链加强件安装结构示意如图 7-16 所示。

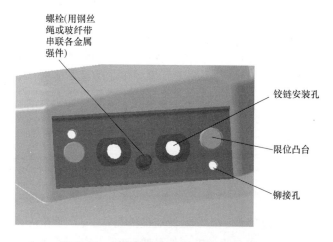

图 7-16　钢质铰链加强件安装结构示意

由于是金属与塑料件连接，不能采用传统的焊接。塑料背门上钣金加强件与内板的连接方式有机械连接、嵌件注塑、黏接和混合连接等。

1）机械连接（铆接和螺纹连接）便于装卸，对连接零件的表面几乎无要求，受环境影响小、安全可靠、可传递大载荷,连接质量检查也较方便。但是机械连接是离散的点连接,开孔易引起应力集中、降低效率且耐疲劳性差,不同材料连接还可能出现电化学腐蚀。

2)嵌件注塑,SMC 内板很少采用嵌件注塑的方式。若为了实现 SMC 制品与其他零件的连接,需要在制品中预置螺纹嵌件。预埋嵌件分为内螺纹和外螺纹两种,即预埋螺母和预埋螺栓。通常使用铜或铝等硬度比钢低的材料,以防止嵌件在模具内错位时损伤模具。对于 SMC 制品使用嵌件,设计时应注意以下事项:①嵌件用金属材料的热膨胀系数应与 SMC 尽可能接近;②嵌件周围 SMC 料层不宜太薄,否则会因收缩而使制件破坏;③嵌件必须用开槽或滚花结构以保证嵌件牢固地固定在 SMC 本体内。④当嵌件为通孔而且嵌件高度与制品厚度一致时,因嵌件高度有公差,合模时易将嵌件压变形。因此,嵌件设计高度应低于制品厚度。

3)黏接属于面连接,无开孔引起的应力集中,能适应异形、异质、薄壁、复杂的零件连接,同时具有密封、减振、绝缘、阻止裂纹扩展等作用,有很好的耐疲劳性能。黏接的缺点是其性能受环境影响,存在一定的老化问题;对黏接材料表面有一定要求,经常需要进行表面处理,黏接质量控制相对困难;其剥离强度低,不能承受大载荷;胶结后不可拆卸;黏接固化常需要辅助设备。

4)混合连接,结合了以上两种连接方式的优点,塑料背门上钣金加强件与内板的连接就是粘铆混合方式,但成本增加。

采用铆接的塑料背门有路虎揽胜极光、新奇骏(门锁位置)等车型;采用螺纹连接的有 DS6、新奇骏(门锁、撑杆球头销);采用嵌件注塑的有标致 308S(铰链和撑杆球头销)等;采用黏接的有宝马 i3 等;依靠卡接预固定然后通过安装附件连接的标致 308S 的门锁加强件。要求更高的地方则采用机械连接与黏接的混合连接方式。

塑料的延展性较钣金件差,在碰撞过程中可能发生碎裂,导致内部金属件飞溅出现伤害事故,因此大都会将内部金属件串联起来。同时还可以保证塑料背门在发生碰撞碎裂后,仍保持关闭状态。

背门结构设计主要在内板。Higate 背门内板为 SMC 模压成型,较一般注塑设计要求略有不同。对于 SMC 模压制品的设计,不仅要依据 SMC 制品的使用质量要求、承受载荷的工作状况来决定制品的形状结构,而且也要依据模压生产的实际,对过程中每个程序、每个影响因素进行必要的分析、权衡,使所确定的制品结构符合模压制造的工艺要求。

4. 产品工艺对结构的要求

下面介绍 SMC 结构设计中的一般原则。

(1)开孔

为了便于装配或满足其他功能性需要,背门内板上不可避免地会设计一些孔洞。虽然这些孔洞可以通过模具直接成型,但为成型孔洞而设置的模具突起会影响片材在模具内的流动,造成纤维流动异常、产品强度降低。为了避免这种情况发生,一般的孔洞均是通过二次加工实现,故在产品设计时应考虑二次加工的方便性且便于控制,故需尽量避免出现复杂形状的孔和阶梯孔等结构。一般情况下,背门内板上特别大的孔(如玻璃区域)采用模具成型;一些特别重要的孔(如铰链安装孔),采用后打入方式外,其他孔都尽量采用后加工方式。

(2)加强筋

SMC 内板一般很少通过设计加强筋来实现结构加强,因为 SMC 流动性较差且玻纤较长,一般情况下，玻纤难以流动到加强筋去。有时为增加刚度，防止制品变形以及满足功能要求，也在背面设计少量加强筋。加强筋两侧需有最小 0.5° 的斜度，以便于脱模。两条平行加强筋的最小间距一般不能小于 10mm。脱模斜度不够，易导致脱模困难或者加强筋脱落。塑料背门内板铰链加强件定位柱由于脱模角度不够，脱模时易被拉断。通过增加脱模斜度，同时在定位柱位置加强抛光，可解决该问题，如图 7-17 所示。

在有加强筋交叉的部位，需在交叉处进行圆角过渡，并增大脱模角度，最好在模具设计时在该处增加顶出，便于产品脱模。

（3）自攻螺钉

SMC 制品上应尽量避免使用自攻螺钉，因为玻璃钢制品的剪切强度较低，无法起到应有的作用，且安装时容易将凸台胀裂。

图 7-17　塑料背门内板铰链定位柱脱落

（4）嵌件结构

SMC 内板件几乎不采用金属嵌件方式。若为了实现 SMC 零件与其他零件的连接，需要在制品中预置螺纹嵌件。通常使用铜或铝等硬度比钢低的材料，以防止嵌件在模具内错位时损伤模具。由于背门内板上需要安装撑杆加强件，故在密封面上设计一个嵌件螺母，如图 7-18 所示。

（5）皮纹

钣金背门一般都是进行在线喷涂，而 Higate 背门内板常需要在表面进行仿皮纹设计，这会使整个制造过程复杂化，同时，如果产品设计不好，会造成无法脱模及表面缺陷多等缺点。在侧面或者翻边上添加皮纹，该侧面与脱模方向的角度必须增大。背门风窗玻璃臂柱侧面位置与脱模方向的夹角只有 5°，且该区域为粗皮纹，因此出现了拉白现象，如图 7-19 所示。

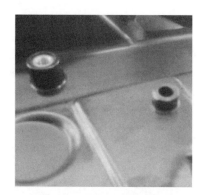

图 7-18　背门内板嵌件螺母

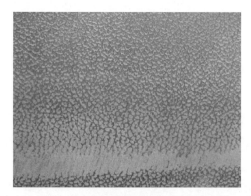

图 7-19　背门内板局部脱模角度不够出现拉白现象

5. 总成设计

塑料背门尺寸控制是一大难点。背门的设计是一个相对复杂的系统设计，在结构设计过程中，合理设计定位系统、限位结构对于总成尺寸改善有很大帮助。其他设计方法与传统钣金背门无太大区别。

根据设计思路和性能分析最终完成塑料背门总成如图 7-20 所示。

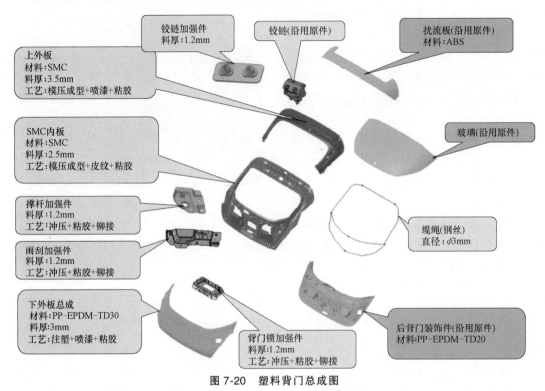

图 7-20　塑料背门总成图

7.3.7　产品性能 CAE 分析

产品结构设计完成后，需要进行 CAE 分析验证产品性能是否满足要求，同时指导产品结构设计优化。CAE 分析的准确性与材料参数密切相关。一般在进行 CAE 分析前，都要进行大量的材料参数测试。背门 CAE 分析的材料参数见表 7-21。

表 7-21　背门材料参数表

零件		厚度/mm	密度/(kg/m³)	弹性模量/MPa	泊松比	线性热膨胀系数(mm/℃·mm)	强度/MPa
SMC 内板	上	3.5	1.85	10000	0.36	1.2×10^{-5}	160
	下	2.5					
SMC 上外板		2.5					
PP-EPDM-TD30		3.0	1.14	2900	0.32	3.5×10^{-5}	18
金属加强件		1.2	7.90	21000	0.30	1.1×10^{-5}	400
玻璃		3.5	2.68	72000	0.25	—	—
结构胶		1.0	1.47	1586	0.41	2.0×10^{-4}	30
弹性胶		2.5	1.10	5	0.41	2.0×10^{-4}	—

1. 自由模态

通过对结构和材料等进行多轮优化后，背门自由模态分析结果如图 7-21 所示。

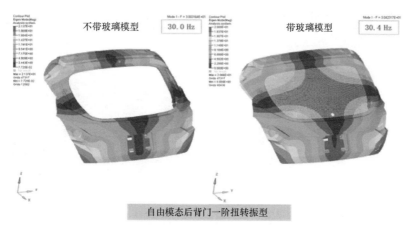

a) 自由模态：一阶扭转模态30Hz（不带玻璃）

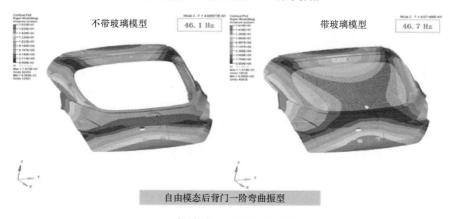

b) 自由模态：一阶弯曲模式46Hz

图 7-21　一阶扭转（不带玻璃）和一阶弯曲自由模态

> **结论**　塑料背门的自由模态达到预设目标值（≥30Hz）。

2. 整车 NVH 验证分析

单件自由模态不能准确反映背门在实车上的振动情况。在不同的约束状态下，结构的固有频率和振动模态会发生改变，因此在施加约束之后的模态分析能反映结构的真实振动情况。在整车模型中将金属背门更换成塑料背门，对比替换前后背门的模态变化和怠速噪声的变化情况如下：

1）边界条件：自由无约束，计算频率范围为 0～50Hz。

怠速噪声：计算方法 NastranSOL111，模态频率响应。采用自由边界条件，模态抽取结构模态频率范围：1～350Hz；空腔模态频率范围：1～350Hz。载荷大小为实际激励载荷。频率响应计算范围：20～200Hz。

2）整车模型中背门模态分析情况如图 7-22 所示，与原金属背门的模态对比见表 7-22。

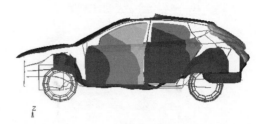

a) 背门扭转模态　　　　　　　　　　b) 背门弯曲模态

图 7-22　背门扭转模态和弯曲模态

表 7-22　背门模态对比表　　　　　　　　（单位：Hz）

振型描述	塑料背门(第二版)/Hz	塑料背门(第一版)/Hz	金属背门/Hz
扭转模态	23.5	23.1	23.4
弯曲模态	28.5	29	29.3

由上可知，塑料背门在整车模型中进行一阶扭转模态优化后，扭转模态比钣金属背门提高 0.1Hz，弯曲模态降低 0.8Hz。

3）塑料背门与金属背门的怠速噪声计算结果如图 7-23 所示。

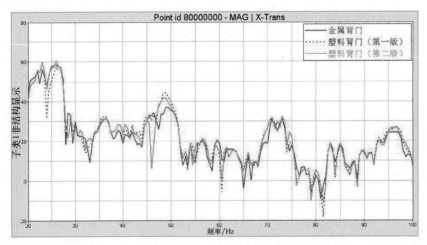

图 7-23　背门怠速噪声对比

由上可知，塑料背门第二版相对第一版在 49Hz 峰值处噪声下降 2.9dB，其他峰值基本无变化。

> **小结**　整车模型中更换塑料背门后，优化后的塑料背门扭转模态提升 0.1Hz，弯曲模态降低 0.8Hz，变化较小；49Hz 处的怠速噪声峰值下降 2.9dB，其他峰值基本无变化，但整体怠速噪声比金属背门略差。

3. 垂向刚度

考虑背门长期承受重力作用，若刚度不足，时间长了可能导致背门出现下掉现象，因此需要模拟实车状态进行垂向刚度分析。

边界条件：带部分车身，约束车身侧铰链安装孔，施加撑杆力和1G（向下）重力场，要求测量点（锁芯附近）相对垂向位移小于1mm。结果如图7-24所示，锁扣附近位置垂向位移为0.32mm，满足目标要求。

4. 横向刚度

背门横向刚度不足，在弯道行驶等工况下，背门会左右晃动，产生异响等问题。为模拟背门在实车状态下的横向刚度，进行横向刚度CAE分析：约束铰链安装点1-6自由度；约束锁销中心点处1-3自由度。在背门锁销中心节点施加载荷250N，方向沿Y轴正向，要求锁芯中心节点位置位移小于10mm。

分析结果如图7-25所示，施力点位移为2.64mm，满足目标要求。

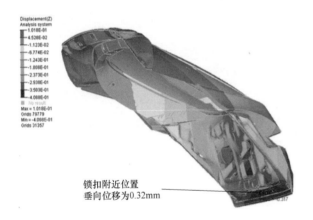

图7-24　塑料背门垂向刚度分析结果

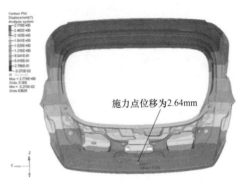

图7-25　塑料背门横向刚度分析结果

5. 背门强度

考虑背门在行驶和使用过程中可能遇到的极限工况，进行极限工况下的强度分析。分析结果如图7-26、图7-27所示，背门最大应力远小于材料屈服强度，满足要求。

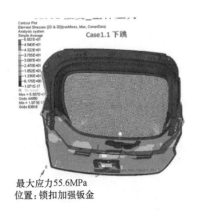

图7-26　背门下跳工况强度分析结果

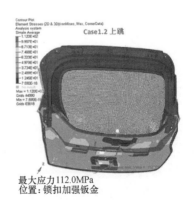

图7-27　背门上跳工况强度分析结果

除了上述分析外,本案例还对背门进行了安装点刚度、外板抗凹性、高低温尺寸稳定性分析等。

7.3.8 产品工艺分析

1. 内板 SMC 模压工艺分析

1) 产品模具内放置状态如图 7-28 所示。

2) 拔模分析:产品设计过程中应避免产生倒扣或拔模角度不足。

3) 产品壁厚分析:产品壁厚一般在 2.5~3.5mm 之间,壁厚过渡应均匀。本案例中背门内板主壁厚为 2.5mm,如图 7-29 所示。

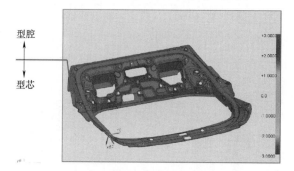

图 7-28 产品放置状态

图 7-29 背门内板壁厚分析

4) 剪切边结构分析:当产生尖角时,应进行剪切边结构分析,适当调整结构。

5) 产品结构分析:所有后加工孔填补成与产品相同的壁厚,如图 7-30 所示,在模具上孔的边缘应有刻线参考,这样便于放料与产品成型。

产品切割完之后的效果如图 7-31 所示。

图 7-30 工艺孔填充后效果图

图 7-31 背门内板切割后效果图

2. 下外板注塑工艺分析(模流分析)

外板采用 PP 注塑成型,其工艺分析方法与一般注塑无大的区别。工艺方案应保证 A 级表面外观和减小变形。本案例中下外板采用中心向两侧流动的方案,变形量最小,如图 7-32 所示,但是在牌照区域存在可接受的熔接线。

第7章 塑料背门产品开发

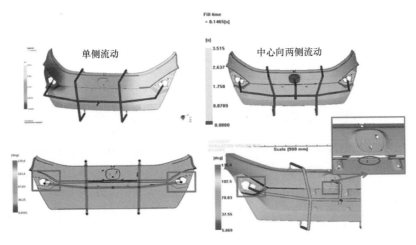

图 7-32 塑料背门下外板不同注塑工艺方案对比

7.3.9 产品制造

1. 模具设计与制造

背门中最重要的是内板，而 Higate 背门内板为 SMC 模压成型，其模具的设计和加工是保证零件质量的关键。在模具设计过程中，要根据产品的具体尺寸设计模具的型腔。除此之外，还要根据产品的表面质量要求和需求量大小选择合适的材料。为了保证产品的质量和工艺可行性，应合理设计模具的剪切边、顶出系统。背门内板 SMC 模压模具如图 7-33 所示。

图 7-33 背门内板模具

2. 模压零件成型

背门内板 SMC 模压成型工艺流程如图 7-34 所示。

（1）压制前的准备

1）片状模塑料的质量检查：压制前应了解料的质量、性能、配方、单重、增稠程度等，对质量不好、限位结团、浸渍不良、树脂积聚部分的料应去除。SMC 的质量对成型工艺过程（即制品质量）有很大的影响。

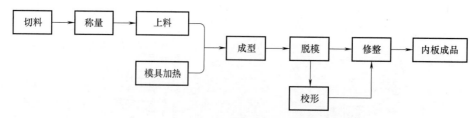

图 7-34 背门内板 SMC 模压成型工艺流程图

2) 剪裁：按制品的结构形状、加料位置、流动性决定剪裁要求；按制品表面投影面积的 40%～80% 来确定用量。此外，还要注意流程，流程决定片材剪裁的形状与尺寸，制作样板，再按样板裁料。同时要防止外界杂质的污染，上下薄膜在装料才揭去。

3) 设备的准备：熟悉压力机的各项操作参数，模具安装要水平，并确保安装位置在压力机台面的中心，压制前要先彻底清理模具，并涂脱模剂。加料前要用干净纱布将脱模剂擦匀，以免影响制品外观。对于新模具，用前必须先去油。

(2) 加料

1) 料的流动距离和制品表面质量。它与 SMC 的流动与固化特性、产品性能要求、模具结构等有关。一般，加料面积为 40%～80%，过小会因流程过长而导致玻纤取向，会降低强度，增加波纹度，甚至不能充满模腔；过大则不利于排气，易产生制品内裂纹。

2) 加料位置与方式：加料位置与方式直接影响到制品的外观、强度与方向性。通常情况下，加料位置应在模腔中部，加料方式必须有利于排气。多层片材叠合时，最好将料块按上小下大呈宝塔形叠置。另外，料块尽量不要分开加，否则会产生空气聚集和熔接区，导致制品强度下降。

由于背门风窗玻璃两侧立柱是连接背门上下区域的关键部件，受力较集中，为避开在该区域产生熔接线，在该区域特别增加放料，将熔接线调整到其他非关键位置。

首次试模样件采用上下区域铺料，经测试，熔接线位于风窗玻璃两侧位置，如图 7-35 所示。

图 7-35 首次铺料方式与熔接线位置

熔接线会降低背门的整体强度，必须进行调整，可通过增加风窗玻璃两侧位置铺料，同时调整模具相对压力机中心位置来实现。调整之后，熔接线成功调整到背门强度要求相对较低的下方，如图 7-36 所示。

第7章 塑料背门产品开发

图 7-36　调整后的铺料方式与熔接线区域示意

综合考虑各方面因素，通过反复试模验证，制定了 SMC 背门内板和 SMC 上外板的放料规范，其中背门内板放料规范（部分）见表 7-23。

表 7-23　背门内板放料规范（部分）

项目	内　容
工具	切料刀、电子称、卷尺、毛刷
适用对象	后背门内板切、放料
操作规范	一、放料前模具处理 1. 操作工利用铜/铝薄片将模具中粘留的飞边、余料刮下，并采用气枪将刮下的飞边、物料清理干净 2. 对开机后前 2~3 模的产品进行压制前，操作工需事先在模具上刷涂脱模剂，其中，模具上较深的型腔和加强筋处要重点刷涂两层脱模剂 二、内板 1. 将 SMC 物料平放于钢化玻璃切料台面上，分别切取如下规格料块：100mm×1200mm 共 8 片、150mm×1200mm 共 3 片 2. 取出其中 100mm×1200mm 四条，切割成 2 等份，100mm×600mm 共 8 片；取出其中 100mm×1200mm 四条，切割成 100mm×300mm、100mm×900mm 各 4 片；取出其中 150mm×1200mm 三条，切割成 150mm×300mm、150mm×900mm 各 3 片 3. 取 300mm×100mm 共 4 片叠加后，放置在 900mm×100mm 共 4 片上方，放到模具指定位置，料块重量控制为 (1.9±0.05)kg；取 600mm×100mm 共 4 片叠加，共计两叠，放置到模具指定位置，料块重量控制为 (1.0±0.05)kg；取 300mm×150mm 共 3 片，叠加后放置 900mm×150mm 共 3 片上方，按如下图示放置到模具指定位置，料块重量控制为 (2.2±0.05)kg 放料位置示意：300mm×100mm 4pc；900mm×100mm 4pc；600mm×100mm 4pc；300mm×150mm 3pc；900mm×150mm 3pc
注意事项	1. 操作工切料时注意防止割伤 2. 操作工清理模具中残留飞边、刷脱模剂、放置 SMC 原料时注意防止烫伤

（3）成型 当SMC片材放入模腔后，压力机快速下行。当上下模吻合时，缓慢施加所需的成型压力，经过一定的固化制度后，制品成型结束。SMC制品的质量由生产设备以及生产工艺参数决定，工艺参数是工艺控制的前提，设备是工艺控制的有效保障。因此在成型过程中，要合理地选择各种成型工艺参数及压力机操作条件。

1）成型温度。SMC模塑料的模压温度通常取固化温度稍低一点的温度范围为其固化温度范围，一般约为135~170℃，并应通过试验来确定；提高成型温度，可缩短相应的固化时间；反之，当成型温度降低时，则需延长相应的固化时间。成型温度应在最高固化速度和最佳成型条件之间权衡选定。通过多次试模后，本案例中背门内板模具温度设定为160℃。

2）成型压力是指压力机作用于模具上的压力。SMC成型压力随制品结构、形状、尺寸及SMC增稠程度而异。形状简单的制品仅需5~7MPa的成型压力；形状复杂的制品，成型压力可达7~15MPa。SMC增稠程度越高，所需成型压力也越大。成型压力的确定应考虑多方面因素，背门内板模压压力一般在10MPa左右。

3）固化时间。SMC在成型温度下的固化时间（也叫保温时间）与它的性质、固化体系、成型温度、制品厚度和颜色等因素有关。固化时间一般按40s/mm计算。对3mm以上厚制品，厚度每增加4mm，固化时间增加1min。

4）压力机操作。由于SMC是一种快速固化系统，因此压力机的快速闭合十分重要。如果加料后，压力机闭合过缓，易在制品表面出现预固化补斑、产生缺料或尺寸过大。在实现快速闭合的同时，在压力机行程终点应细心调节模具闭合速度，减缓闭合过程，利于排气。

5）SMC模压工艺参数表。通过一系列分析和试模最终形成固化的SMC内板工艺参数见表7-24。

表7-24 SMC内板工艺参数表

产品名称	SMC内板	产品尺寸/mm×mm	1300×250	生产设备	HET2500	原料	律通0300-01786
主要参数	投料净重/kg	保压时间/s	压力/t	模具温度（上/下）/℃			
	5.5~5.62	σ240	σ1000(-5%)	σ160/155(+5)			
	合模点/mm	起始合模速度/(mm/s)	末端合模速度/(mm/s)	开模速度/(mm/s)	顶出速度/(mm/s)	顶出保持时间/s	
	—	480	10	3	2(±1)	3	
配件	嵌件	2个					
嵌件分布	 M6×10×10,2个						

第7章 塑料背门产品开发

下外板为常规注塑件,结构和工艺都相对简单,此处不再介绍。

6)修整:模压成型后,零件周边有少量飞边属于正常现象,如图7-37所示,经过适当修整即可达到要求。

3. 夹具

尺寸控制是塑料背门开发的主要难点之一。要实现塑料背门总成的合格状态,需要多种组装工序才能完成。这需要用到大量夹具以确保装配精度。

(1)冷却矫形工装

背门内板的尺寸精度对背门总成的状态起着关键性作用,模压成型后,还需要通过冷却矫形工装以确保内板尺寸。背门内板的冷却矫形工装如图7-38所示。

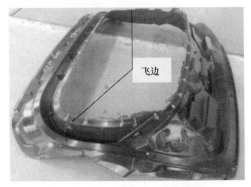

图7-37 SMC内板飞边修整前

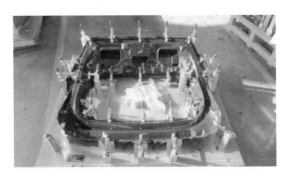

图7-38 背门内板冷却矫形工装

(2)涂胶工装

塑料背门内外板目前主要通过胶水黏接,胶水黏接不仅影响到内外板黏接强度和密封性,更会影响背门整体的尺寸公差。背门外板一般采用PP材料,相对内板SMC较软,若黏接不到位,会直接导致外板变形严重,因此应有合理的黏接工装来保证性能。内外板之间设计上应留有一定间隙,以允许内、外板变形量可通过胶层厚度来进行调节。总成装配时分别以零件的外形定位,内板与外板能够分别与工装定位及紧固,两个零件之间的定位结构作为辅助作用。此外,风窗玻璃的安装、背门铰链安装等都需要设计合理的工装来保证总成尺寸。塑料背门外板黏接简易工装如图7-39所示,背门铰链装配工装如图7-40所示。

图7-39 外板黏接简易工装

图7-40 背门铰链装配工装

4. 检具

集成化是塑料背门的一大优势,因此一般情况塑料背门都要求集成化供货,不单纯是一个内外板黏接的塑料件，还会装配后风窗玻璃、尾灯、铰链、门锁等，对装配有较高要求。除了通过夹具来保证外，用检具检测每道工序是否满足要求，也是保证塑料背门尺寸精度的重要措施不可少的。塑料背门内板检具如图 7-41 所示，总成检具如图 7-42 所示。

图 7-41　内板检具

图 7-42　总成检具

5. 工艺制造过程

1) SMC 上外板和 SMC 内板成形过程：模压成型→冷却矫形→机加工孔位→尺寸检测。

2) 下外板工艺流程：注塑成型→喷漆。

3) 钣金加强件冲压成形（铰链加强件、撑杆加强件、锁加强件、刮水器加强件）。

4) 借用件或改制件：借用部分钣金和其他背门零件，以降低开发成本，如风窗玻璃、线束、尾灯、扰流板、门锁、撑杆等。

5) 总成装配：黏接

塑料背门与金属背门的区别在于：

1) 塑料背门不需要经过涂装线后再在总装车间组装附件，而是在分装线上完成装配，总装车间只需装配铰链和连接背门总线。

2) 塑料背门一般都有较高的集成度，部分背门线束等不考虑维修性的零部件在集成后，大都需要在内外板黏接前预埋。

3) 背门内板上一般有很多钣金加强件需要进行螺栓或者黏接，而钣金背门则是过涂装线前进行焊接。

本案例中的塑料背门借用了较多钣金零件，集成度相对较低，装配顺序较钣金背门无太大差别。装配顺序如下：

1) 内板上安装钣金加强件等附件。

2) 预埋线束等。

3) 黏接下外板：清洁→火焰处理或等离子处理→涂胶→压合。

4) 黏接后风窗玻璃：风窗玻璃涂胶并通过工装与塑料背门压合。

5) 装配扰流板、高位制动灯、刮水器、尾灯、黏接标牌等。

6) 装配门锁。

7) 装配内饰板等。

8) 完成背门总成后还要进行通电检测、尺寸检测、密封性检测等，检测合格后进行包装并运送到主机厂总装线。

9) 整车装配：背门总成在往整车上装配时，采用间隙辅助工装进行，可以提高铰链位置准确性，提高间隙面差质量。

6. 制造过程中的问题及解决方法

1）模压成型料厚调整：要求内板和上外板厚度偏差控制在±0.2mm以内，首批样件厚度基本超差在+0.5mm。首批内板实测与理论厚度对比如图7-43所示。

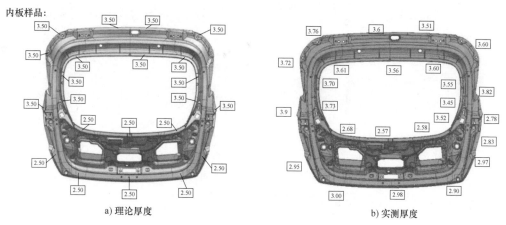

图 7-43　内板理论厚度和实测厚度

由于厚度超差，为此进行了模具的检测，首先进行空压测试产品壁厚、平面接触块间隙测试，测试压力为200T，测试结果如图7-44所示。

其次进行加压测试产品壁厚、平面接触块间隙测试，测试压力为1000吨，测试结果如图7-45所示。

从上述检测结果看出，随着压力增大，壁厚增加。模具在1000T压力下，产品壁厚偏大，需通过修模调整模具。最终达到了产品壁厚要求。

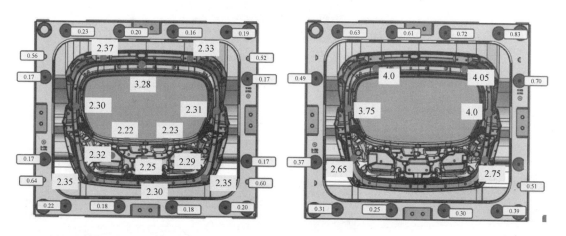

图 7-44　模具检测产品壁厚（测试压力200T）　　图 7-45　模具检测产品壁厚（测试压力1000T）

7.3.10　零部件性能验证

1. 自由模态

采用悬绳法，使塑料背门与钣金背门焊接总成以相同的状态进行背门自由模态测试，以便与钣金背门进行对比，测试结果如图7-46所示。

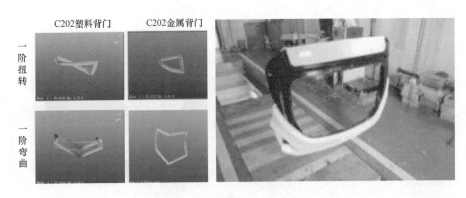

图 7-46　塑料背门自由模态测试

测试结果表明，本案例开发的塑料背门与金属背门一阶扭转模态频率接近，一阶弯曲模态频率低于金属背门，但高于其他车型塑料背门。

2. 扭转刚度

采用传统背门刚度测试方法，对塑料背门进行扭转刚度测试，约束方法如图 7-47 所示。

图 7-47　扭转刚度测试

从背门在开启、锁止状态下的扭转刚性试验数据看，加载 60N 时，塑料背门无永久变形，如图 7-48 和图 7-49 所示。

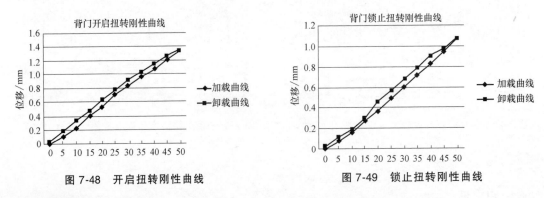

图 7-48　开启扭转刚性曲线　　　　图 7-49　锁止扭转刚性曲线

本案例开发的塑料背门在加载 50N 时，锁止扭转刚性变形满足目标值（小于 1.2mm），开启扭转刚性变形满足目标值（小于 1.5mm）。

3. 横向刚度

按规定要求进行背门横向刚度约束,约束方法如图 7-50 所示。

图 7-50　背门横向刚度测试

按规定方法加载,并记录测试结果,如表 7-25 所示。

表 7-25　横向刚度测试记录表

载荷/N	0	50	100	150	200	250	0
变形量/mm	0	0.55	1.72	2.96	4.16	5.90	0.12

结论　在 250N 加载下,塑料背门横向变形仅为 5.9mm,满足目标(≤10mm)的要求。

4. 抗凹性

按规定方法进行背门抗凹性测试,约束方法如图 7-51 所示。

图 7-51　抗凹性测试

按规定加载并记录测试结果,各车型抗凹性测试结果对比见表 7-26。

表 7-26　各车型抗凹性测试结果对比

性能	车型 A	车型 B	车型 C	塑料背门
抗凹性/mm	1.12	2.37	1.34	1.98
	1.15	2.02	2.28	2.51
	2.09	2.84	1.73	1.86
	1.64	2.68	2.27	1.54

用接触面为直径 12mm 的圆柱（边缘倒角）压外板，当压力达到 40N 时，外表面的变形量基本都不超过 2mm，变形最大位置在牌照中间位置，但在目标范围内。当压力达到 60N 移去圆柱时，外板未出现回弹音，无可目测的永久变形。综上，塑料背门抗凹性满足要求。

5. SLAM 关闭循环耐久试验

试验内容：背门从全关位置解锁打开，然后以规定的速度关闭，一次打开和关闭为一次关闭循环，频率为 4.8 次/min，完成规定次数 SLAM 关闭循环耐久试验，试验方法如图 7-52 所示。

试验结果：塑料背门 SLAM 关闭循环耐久试验完成后，背门及相关系统工作正常，无失效、无裂纹、无明显变形等其他异常现象，试验结果合格。

6. 高低温 SLAM 耐久试验

试验内容：背门不带撑杆从全关位置解锁打开，提升至规定高度，然后自由下落至关闭。一次打开和关闭为一次耐久循环，频率控制在 4~6 次/min，在 -40~85℃ 温度区间完成 25000 次耐久循环。25000 次循环完成后，额外增加 500 次关闭能量为 27J（重心提升高度为 117.5mm）关闭循环，温度为常温。试验完成后，背门系统各附件应功能正常；背门系统和车身应无明显变形（肉眼可见）、松旷、开裂、异响或破坏等异常现象。试验过程如图 7-53 所示。

图 7-52　背门 SLAM 关闭循环耐久试验

图 7-53　高低温 SLAM 耐久试验

试验结果：塑料背门完成 SLAM 耐久试验后，背门各附件功能正常，背门无明显变形、松旷、开裂、异响等异常现象，试验结果合格。

7. 其他试验

除了上述试验外，还应进行油漆、材料特性、胶水等相关测试。

上、下外板还应进行耐燃油性、镜面光泽度、铅笔硬度、耐冲击性、附着力、耐酸性、耐碱性、耐清洁剂性、耐增塑剂、耐汽油性、耐潮性、耐温水性、强化耐候性、耐酒精性等试验，如图 7-54 所示，都满足要求。

内板进行阻燃性、耐潮湿性、耐热老化性、耐光照老化性、耐化学液体、雾化特性等试验，如图 7-55 所示。

第7章　塑料背门产品开发

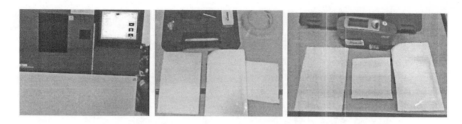

图 7-54　上、下外板各项试验示意图

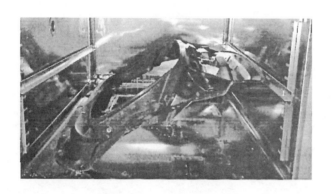

图 7-55　内板试验示意图

黏接用胶水进行常温下、浸水、高温老化、高温高湿、高低温循环老化等测试，如图 7-56 所示，结果满足要求。

图 7-56　粘胶试验

背门总成进行耐高低温循环、耐热老化、耐低温冲击性、耐候性、高低温变形测试等试验，图 7-57 所示为耐低温冲击试验。测试结果都达到要求。

7.3.11　整车试验

1. 装车检查

用塑料背门总成直接替换原金属背门，安装过程中只需要安装铰链，连接背门线束，更换撑杆，检查无误后完成安装，如图 7-58 所示。测量与整车间隙面差匹配情况并记录。

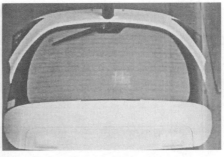

图 7-57 背门总成耐低温冲击试验

图 7-58 塑料背门装车效果

2. 整车状态下约束模态测试

利用模态分析方法分析车内的振动噪声并与激励频率避频一直是控制车内噪声的重要手段。除自由模态外,对塑料背门进行整车状态下的约束模态分析更接近实际情况,可用来探究分析更换塑料背门后对整车振动噪声性能的影响。按规定方法分别进行金属背门和塑料背门的测试,塑料背门约束模态测试如图 7-59 所示。

图 7-59 塑料背门约束模态测试

背门约束模态测试结果及整车声腔模态分析结果如图 7-60 所示。

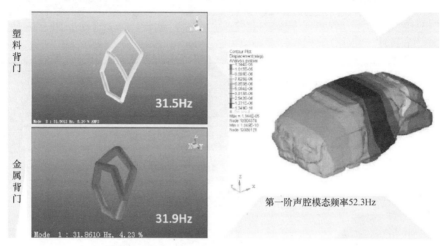

图 7-60 背门约束模态与整车声腔模态

分析结果如下：①约束状态下，塑料背门与金属背门局部模态频率接近；②塑料背门与第一阶声腔模态频率明显避频。

3. 声密性测试

为了探究塑料背门对 NVH 性能的影响，除模态分析和避频分析外，还需对比塑料背门与金属背门在整车状态下匀速路噪和加速噪声的差异。将该乘用车放置在消声室内，按规定方法先进行声密性测试，测试结果如图 7-61 所示。

编号	塑料背门/dB	金属背门/dB
1	26.3	25.8
2	37.5	36.9
3	39.4	38.9
4	32.8	32.5
5	35.5	34.7
6	38.6	38.4

图 7-61 塑料背门声密性测试

测试结果表明：金属背门与塑料背门声密性测试结果接近；满足 NVH 对气密性的要求，密封性良好。

4. 整车 NVH 性能测试

更换背门材料后对路噪及加速噪声可能产生影响，因此在整车 NVH 性能测试分析中重点关注路噪及加速噪声变化。粗糙水泥路车内噪声对比见表 7-27，根据路面匀速噪声测试对比可知，塑料背门与更换金属背门的车内前排噪声差别较小，误差在 ±0.6dB 范围内，噪声差别可接受。

表 7-27 粗糙水泥路车内噪声对比

速度	FLR/dB	
50km/h	65.6	66.2
65km/h	67.7	68.1
80km/h	72.3	71.7

进行 2 档加速工况车内语音清晰度对比测试，如图 7-62 所示。

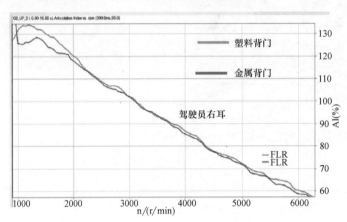

图 7-62 2 档加速工况车内语音清晰度对比

测试结果：更换塑料背门前后，2 档全负荷加速工况车内语音清晰度相当。

以相同测试方法对金属背门和塑料背门进行加速工况车内噪声声压级测试，将测试结果进行对比，如图 7-63 所示。

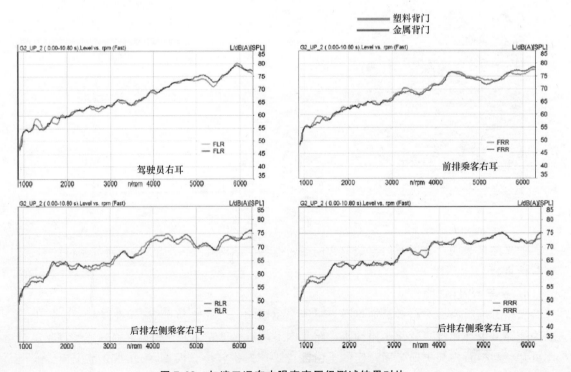

图 7-63 加速工况车内噪声声压级测试结果对比

测试结果：更换塑料背门前后，2档加速工况车内噪声声压级相当。

主观评价结果：1）在水泥路面上，采用塑料背门后，车内噪声未出现"压耳""轰鸣"等问题；2）在2档加速过程中，采用塑料背门与金属背门的车内噪声差异很小；3）在50km/h、65km/h及80km/h匀速状况下，采用塑料背门与金属背门的车内噪声差异较小。

> **结论** ① 整车约束状态下，塑料背门与金属背门的模态频率接近，振型一致，模态特性相当。
>
> ② 采用塑料背门与发动机怠速、路面激励、轮胎旋转模态及声腔模态避频，有效避免了车内轰鸣声和路噪问题。
>
> ③ 采用塑料背门与金属背门的声密性测试结果接近，状态良好，满足NVH对声密性的要求。
>
> ④ 采用塑料背门与金属背门在2档全负荷加速和匀速工况下的车内噪声声压级相当，语音清晰度相当，满足NVH性能要求。

5. 整车淋雨试验

为检查塑料背门是否满足密封要求，按规定进行整车淋雨试验，如图7-64所示。

图7-64 整车淋雨试验

测试结果：试验过程中，背门位置无向车舱内渗漏的现象；试验完成后，立即开启背门后内部无明显积水，因此，塑料背门防雨密封性试验结果合格。

6. 汽车异响四通道主观评价

塑料背门搭载在整车上，按整车要求进行异响四通道主观评价，如图7-65所示。

环境温度：常温、高温49℃、低温-30℃；工况：比利时路、搓衣板路、鹅卵石路、钢绳路、角钢路、花砖路、扭转路等状态。

结果：通过整改后，背门本身无明显异响。

7. 四通道道路模拟试验

采用工装车在重庆西部汽车试验场的满载载荷谱，在四通道道路模拟试验台上对工装车进行100h验证，验证工装车的可靠性，重点考核塑料背门的可靠性，如图7-66所示。试验结果合格。

图 7-65 汽车异响四通道主观评价

图 7-66 四通道道路模拟试验

8. 可靠性路试

为充分验证塑料背门可靠性,搭载在整车上进行可靠性路试,如图 7-67 所示。

图 7-67 可靠性路试

2 辆工装车在试验过程中,背门右下角出现脱层现象,其原因及解决办法见表 7-28。

表 7-28 可靠性路试问题及解决办法

问题	图片示意	原因分析	整改方案
背门右下角出现脱层		铺料位置远离脱层区域,模压过程中材料不足;模压过程中树脂和玻纤粘合力不够,导致分层	对铺料位置进行优化,在出现脱层区域附近增加片料;模具温度范围应在 150~160℃;现场控制方案:工艺调整稳定后对容易脱层边缘及重要区域进行切割,检测断面的致密性

9. 整车低温环境适应性试验

为验证塑料背门低温下性能，2016年1月塑料背门到达漠河进行换装。搭载在整车上进行冬季适应性道路试验。换装前背门状态如图7-68所示，换装后的整车如图7-69所示。

图7-68 冬季试验塑料背门装配前

图7-69 换装塑料背门后的整车

塑料背门从1月12日换装到3月完成冬季适应性试验，共行驶7835km。在道路试验过程中，没有产生使用故障和质量问题。

10. 整车主观性能评价

完成所有试验后，最后进行整车性能主观评价（如不同工况下整车NVH主观性能等），评估更换塑料背门后整车性能变化，确定新产品是否可以应用。图7-70所示为塑料背门正常主观性能评价样车。

图7-70 整车性能评价样车

11. 装车过程中出现的问题以及解决办法

1) 首次四通道异响评价出现密封条摩擦异响，原因分析见表7-29。

表7-29 塑料背门四通道异响原因分析

部件	异响现象	原因分析	问题属性	建议
密封条	扭转路面背门左下角及门槛区域密封条摩擦异响	经测量背门左侧密封间隙为14.5mm，右侧为15.3mm，背门密封间隙整体偏大，且背门略微倾斜。扭转路面背门左下角及门槛区域密封条挤压摩擦异响	零部件质量	建议控制塑料背门内板密封面变形

为核实确定原因，对塑料背门内板密封条接触面进行了三维扫描，如图7-71所示。结果表明，背门内板在异响位置确实存在面差不合格，与实际情况一致。

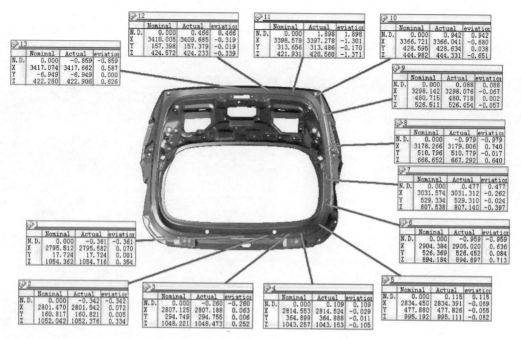

图 7-71　内板密封条接触位置三维扫描

整改方案：工艺参数调整，调整前工艺参数如表 7-30 所示，调整后工艺参数见表 7-31。通过工艺参数调整和质量检测，内板面轮廓度平均不合格率由 38% 降低为 12%，还有个别背门内板实现了检测点全部合格。经过验证，密封条位置异响问题得到解决。

表 7-30　背门内板调整前工艺参数

	一阶合模速度 /(mm/s)	开模速度 /(mm/s)	顶出速度 /(mm/s)	顶出保持时间/s	—
主要参数	480	3	2(±1)	3	—
	SMC 面密度 /(kg/m²)	切料规格 1 /mm	切料规格 2 /mm	切料规格 3 /mm	切料规格 4 /mm
	4.3	900×100 4PCS	300×100 4PCS	600×100 8PCS	450×150 5~6PCS
放料规范	\multicolumn{5}{c}{900×100 4PCS　300×100 3PCS　600×100 4PCS　600×100 4PCS　450×150 5~6PCS　300×100 1PCS}

表 7-31 背门内板调整后工艺参数

主要参数	一阶合模速度/(mm/s)	开模速度/(mm/s)	顶出速度/(mm/s)	顶出保持时间/s	—
	480	3	2(±1)	3	—
	SMC 面密度/(kg/m²)	切料规格 1/mm	切料规格 2/mm	切料规格 3/mm	切料规格 4/mm
	4.6	900×100 4PCS	300×100 4PCS	600×100 8PCS	450×150 7PCS
放料规范	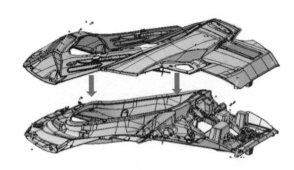				

2) 间隙面差整改。第一批样件由于塑料背门变形，导致尾灯无法装配，随后进行塑料背门的尺寸整改，经过多轮装车，间隙面差不断改善，其原因及整改如下：

① 结构定位原因。间隙不合格原因一：由于前期对 SMC 零件的成型工艺及精度了解不够，考虑其有零收缩及较小变形，设计时均以内板作为基准进行总成装配设计，外板直接装配在其上面，如图 7-72 所示。实际装配时，零件变形较大，定位起不到实际的作用，导致间隙左右存在偏差，不易控制。

间隙不合格原因二：SMC 零件下端开口处变形较大，而下外板本身零件较软，其定位在上外板开口位置，涂胶后间隙随着上外板变形而变形，导致图示两侧间隙不合格，如图 7-73 所示。

图 7-72 塑料背门定位方式

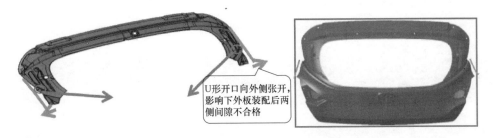

图 7-73 上外板与塑料背门连接关系

解决措施：调整设计思路，以铰链孔为定位基准。总成装配时分别以零件的外形定位，内板与外板能够分别与工装定位及紧固，两个零件之间的定位结构仅仅作为辅助作用，如图 7-74 所示。

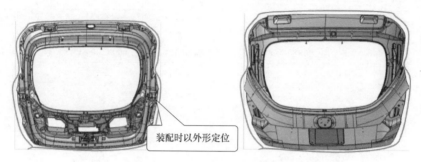

图 7-74　上外板与内板定位方式永久整改措施

② 内外板装配方式。

原因分析：原设计方案装配时以 SMC 内板为基准，设计限位筋保证胶层理论厚度，如图 7-75 所示。随着内板的变形，外板也随之变形。

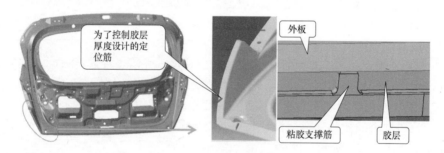

图 7-75　粘胶厚度控制

整改措施：调整设计思路，胶层厚度允许一定范围内波动，内外板的型面分别采用工装定位。分别以内板、外板的外形进行装配定位，且确保内板与外板能够分别与工装定位及固定。

外板：确保外板工装的型面符合理论型面要求。

胶层：粘胶厚度不完全约束。内、外板变形量可通过胶层厚度来进行微调。

内板：确保铰链装配孔及密封条配合面的精确度，基准与车身相同。

新工装上模可翻转，内板、上外板和下外板能够单独定位，如图 7-76 所示。

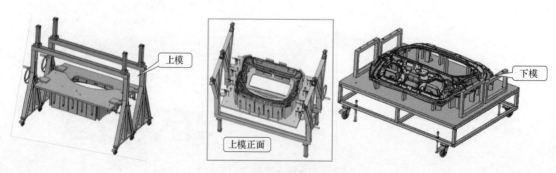

图 7-76　粘胶合模简易工装

工装上模与下模之间定位与夹紧：采用气缸带动肘夹（多连杆机构）进行夹紧，将上下模固定牢固，保证定位面贴合。上下模之间高度及位置精确定位。

7.4 总结

本案例从性能目标到结构方案，再到最后的生产和试验验证，开发过程中做了大量的验证，基本完成了塑料背门的验证。通过实物总成称重测量，塑料背门与钣金背门相比减重3.69kg（相对于替换部分，减重率25%），性能与钣金背门相当，轻量化效果明显。

当然，作为"以塑代钢"的典型案例研究开发，借用了钣金背门方案的部分零件，对塑料背门的优势发挥和验证也有一定影响。另外，本案例存在试验样本量有限，部分试验简化或暂未开展（如整车下的高温路试未开展）等不足。

塑料背门的轻量化、集成化等优势明显。随着塑料背门技术的成熟，其结构和工艺将发生更大的改变。例如，由于塑料背门的造型自由度高，未来的尾灯可能不再是一个单独的部件，其灯罩完全可以和背门外板一体成型，这时的尾灯就剩下一个单独的集成电路供装配维修；背门上可以实现更多的显示信息和传感器集成等，实现智能背门等，这些优势是金属背门不可比拟的。因此，塑料背门的发展应用将随着电动化和智能化不断发展进步。

塑料背门在现阶段也面临诸多挑战。首先，最大的制约因素就是成本，塑料背门目前综合成本略高于金属背门；其次，是消费者对塑料背门安全性的质疑，为此，我们在开发过程中更应坚定信念，接受质疑，通过更加充分的试验验证来消除质疑，同时正确引导消费者；最后，塑料背门的高度集成化，大量新材料、新工艺的应用，对基础技术的研究和综合性人才的培养，提出了更高的要求。

参考文献

[1] 2017（第三届）复合材料模压成型工艺技术与市场应用研讨会-会议资料《SMC材料汽车应用设要求》[R]. https://www.docin.com/p-2043399051.html
[2] 佚名. SMC制品的细节结构设计（二）[Z]. https://wenku.baidu.com/view/c317b669561252d381eb6e04.html
[3] 李国能. 塑料模压成型技术问答[M]. 北京：印刷工业出版社，2011.
[4] 张玉龙. 塑料模压成型工艺与实例[M]. 北京：化学工业出版社，2010.

第8章 复合材料机舱支架总成开发

8.1 开发背景

相对于传统燃油汽车,纯电动汽车没有发动机,而是由电机提供动力,比传统燃油汽车增加了电机控制器、充电机、电动压缩机等部件,这些新增部件对纯电动汽车的机舱结构提出了新的布置模式和特殊要求,如需要增加机舱支架总成来承载这些部件,机舱支架总成如图8-1所示,某款纯电动汽车机舱支架总成的承载示意图如图8-2所示,承载重量为68kg。

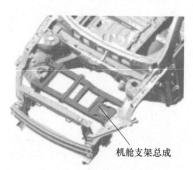

图8-1 机舱支架总成位置

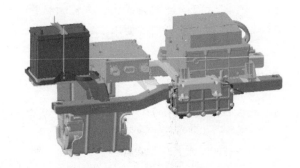

图8-2 机舱支架总成承载示意图

增加了电池,纯电动汽车比传统车增重200~400kg,这限制了纯电动汽车的续驶里程,并且对电池寿命也有影响,迫切需要进行轻量化提升续驶里程,降低纯电动汽车的使用成本,实现纯电动汽车更广泛的推广应用。

8.2 纯电动汽车机舱支架总成简介

8.2.1 机舱支架总成结构

机舱支架总成位于纯电动汽车的机舱内,主要功能为承载电机控制器总成、高压电池盒总成、蓄电池总成、充电机总成、电加热器总成及支架、电动压缩机及支架总成、线束。通

第8章　复合材料机舱支架总成开发

常，金属机舱支架总成由10余个金属件焊接而成，如图8-3所示，其明细见表8-1，金属支架总成的重量约为6kg。

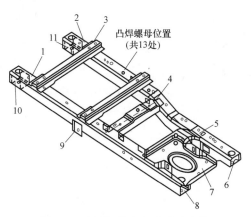

图8-3　金属机舱支架总成示意图

表8-1　金属机舱支架总成明细

序号	零部件名称	序号	零部件名称
1	机舱支架前横梁(带螺母)	7	蓄电池支架
2	机舱支架后横梁(带螺母)	8	机舱支架横梁左前焊接支架
3	电机控制器安装纵梁(带螺母)	9	空调管安装支架(带螺母)
4	充电机右安装纵梁(带螺母)	10	机舱支架横梁右前焊接支架
5	充电机左安装纵梁(带螺母)	11	机舱支架横梁右后焊接支架
6	机舱支架横梁左后焊接支架		

8.2.2　金属机舱支架总成性能要求

由于机舱支架总成需要承载电机控制器、充电机总成等关键重要零部件，机舱支架总成对强度、模态、碰撞、疲劳耐久等性能有明确要求，具体要求如下。

1) 强度要求：满足相应工况下的强度要求，如表8-2所示。

表8-2　金属机舱支架总成强度要求

工况	工况描述	强度要求
静态工况(垂向1g)	满载轮荷静置,考察悬架零部件初始应力分布	低于金属材料强度值
扭转工况(垂向1g)	左前车轮、右后车轮同时抬高120mm	低于金属材料强度值
制动工况(纵向0.8g)	满载工况,极限制动	低于金属材料强度值
转弯工况(侧向0.8g)	满载轮荷,极限转弯	低于金属材料强度值
颠簸工况(垂向2g)	颠簸路面行驶	Z方向最大位移小于1mm

2) 模态要求：金属机舱支架在整车环境中一阶弯曲模态频率为24Hz，无配重的单件一阶约束模态频率为120Hz。

3) 碰撞要求：在碰撞过程中，金属机舱支架总成不能影响车身纵梁的正常变形。

4）疲劳耐久要求：进行 4 万 km 可靠性道路试验后，不发生疲劳破坏。

总之，因金属机舱支架总成零部件较多，工艺流程多，重量较大，但结构相对简单，该部件适合进行轻质材料集成设计开发。

8.3 复合材料机舱支架总成开发

机舱支架总成为结构功能件，其承载部件为关键重要部件且重量较大，对模态要求较高。根据其性能要求，需要选择高强度、高模量且性能稳定的复合材料进行轻量化开发。SMC 性能稳定且强度高，是用于机舱支架总成开发的理想材料[4]。

8.3.1 SMC 简介

SMC 英文名称为 Sheet Molding Compounds，中文名称为片状模塑料，是一种干法制造玻璃钢制品的模压中间材料，由不饱和聚酯树脂、低收缩/低轮廓添加剂、引发剂、内脱模剂、矿物填料等预先混合成糊状，在加入增稠剂等混合均匀后，对短切玻璃纤维进行充分浸渍，形成片状的"夹芯"结构，SMC 生产流程如图 8-4 所示。

由于 SMC 是热固性复合材料，对成型工艺要求较高，在成型过程中需要满足如下条件：

① 模压料是在模具开启的状态下加入。

② 成型过程中，模压料需要在较高温度条件下快速固化。

③ 制品成型需要保持较高成型压力，成型压力一般由液压机施加。

④ 制品尺寸和形状主要由闭合状态下的模具型腔来保证。

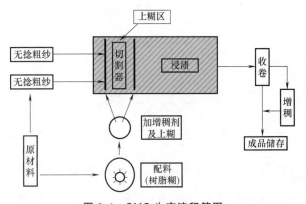

图 8-4 SMC 生产流程简图

为保证部件充分成型，其模压成型设备应具有足够的台面、足够的行程、足够的压力和合理的速度。

作为热固性复合材料，SMC 具有明显的优缺点：

（1）SMC 的优点

① 轻质高强，良好的抗冲击吸能性。

② 产品设计自由度大，可通过后黏接技术实现中空结构的成型。

③ 低的热导率和良好耐腐性。

④ 产品质量稳定性好，尺寸精度高。

⑤ 操作环境清洁、安全。

⑥ 产品易于进行后续加工、装配与处理。

（2）SMC 的缺点

① SMC 可以回收，但不能再利用，在今天环保法规要求越来越严格的情况下，不得不考虑 SMC 使用的前景问题。

第8章　复合材料机舱支架总成开发

② 相对于热塑性复合材料，SMC 成型周期较长，大批量生产过程中限制较多。

目前，SMC 主要应用在商用车上，应用部件为发动机罩、活动式车顶内衬、侧板、格栅板以及车身外板等，在 SUV 乘用车的背门上也有应用。

SMC 成型效率的提升也将是未来的开发热点，从材料、工艺控制、成型设备等各个环节提升效率，以满足大批量生产的要求，同时可以进一步降低成本，SMC 的应用将会更加宽广。

8.3.2 性能要求

相对于金属材料，复合材料对温度变化更加敏感，特别是在高温条件下，材料性能降低非常明显，需要增加零部件在不同温度下的性能验证。但复合材料比金属材料具有更优的阻尼性能，因此，复合材料部件对模态的要求可以相应降低。复合材料机舱支架总成性能具体要求如下。

1. CAE 分析要求

1）强度要求：如表 8-3 所示。

表 8-3　复合材料机舱支架总成强度要求

工况	描述	目标值
静态工况(垂向 1g)	满载轮荷静置，考察悬架零部件初始应力分布	在 70℃下，结构最大应力低于 0.75 倍材料拉伸强度
扭转工况(垂向 1g)	左前车轮、右后车轮同时抬高 120mm	在 70℃下，结构最大应力低于 0.75 倍材料拉伸强度
制动工况(纵向 0.8g)	满载工况，极限制动	在 70℃下，结构最大应力低于 0.75 倍材料拉伸强度
转弯工况(侧向 0.8g)	满载轮荷，极限转弯	在 70℃下，结构最大应力低于 0.75 倍材料拉伸强度
颠簸工况(垂向 2g)	颠簸路面行驶	在 70℃下，Z 方向的结构最大变形小于 2.5mm

2）模态要求：在 70℃下，单件无配重一阶约束模态频率达到 93Hz，在整车环境中一阶弯曲模态频率达到 18Hz。

3）碰撞要求：在碰撞分析过程中，复合材料机舱支架总成刚度不能影响纵梁中段的变形。

2. 环境性能要求

根据复合材料的特点，在充分考虑机舱支架总成应用环境下，明确了复合材料机舱支架总成满足以下性能要求，如表 8-4 所示。

表 8-4　复合材料机舱支架总成环境性能要求

序号	试验项	试验方法	接受准则
1	基本功能试验	机舱支架总成安装在实车或台架上检查基本功能	应符合安装及尺寸公差要求
2	外观性能检查	用目测检查外观	机舱支架总成上不允许有毛刺、碰伤、修饰、变形、裂痕、锈蚀等缺陷
3	耐高低温循环	将样品模拟实际承载固定状态地安装到夹具或固定装置上，然后按以下温度循环进行 3 个循环：(90±2)℃,3h；(23±2)℃,(50±5)%RH,1h；(-30±2)℃,3h；(23±2)℃,(50±5)%RH,1h；(38±2)℃,(95±3)%RH,16h	试验后试样不得出现翘曲变形、裂纹、分层及其他影响使用功能的缺陷。与未进行试验的零件相比，产品表面外观不得有变化。测试结束后，样品应满足图样上的尺寸要求

(续)

序号	试验项	试验方法	接受准则
4	耐热老化	试样应在(90±2)℃高温烘箱种放置168h(7天),然后在常温下放置1h后对产品状态进行评价	试样颜色变化$\Delta E \leq 3.0$。不得出现脆化、裂纹、表面收缩、翘曲变形及其他影响使用功能的缺陷。对于挤出型零件,其长度变化应$\leq 0.5\%$
5	耐低温冲击性	将零件模拟实际安装状态固定,在(80±2)℃的烘箱中放置24h,然后在(23±2)℃下放置2h,接着在(-30±2)℃的低温箱中放置4h以上,拿出低温箱后,立即进行落球冲击试验(30s内完成)。落球重量500g,落球高度300mm	试验后零件不得出现破裂
6	耐燃油性	将试样在(50±2)℃的高温烘箱下放置30min以上,取出后立即将5mL的93#汽油倒在样品表面上,然后将试样在(23±2)℃下静置24h。重复以上步骤2次,总共进行3次操作。第三次结束后在(23±2)℃下放置72h,然后对产品进行评价	实验后产品不得出现颜色变化,裂纹,起泡,黏degradation失效,材料降解或发黏及其他不可接受缺陷
7	耐风窗玻璃清洗液	从产品上取一块样品,(23±2)℃条件下在风窗玻璃清洗液中浸泡72h,然后用自来水冲洗干净,对外观进行评价	试验后产品不得出现裂纹、破裂及其他失效现象
8	耐蓄电池电解液	将5mL的测试液体倒在产品表面上,然后将试样在(23±2)℃下静置24h。重复以上步骤2次,总共进行3次操作。第三次结束后在常温下放置72h,然后对产品进行评价	试验后产品不得出现裂纹、破裂及其他失效现象
9	阻燃性	按照GB 8410—2006《汽车内饰材料的燃烧特性》进行试验	≤ 100mm/min
10	禁限物质检测	提交铅、汞、镉、六价铬、多溴联苯(PBBs)、多溴二苯醚(PBDEs)等六种禁用物质的测试报告	含量满足要求

3. NVH性能要求

整车动态NVH性能与金属机舱支架总成相当。

4. 可靠耐久要求

满足台架振动试验,机舱支架总成不发生疲劳破坏。

8.3.3 SMC材料选择

为了满足复合材料机舱支架强度、动态特性及低成本等要求,选用了工艺性好的高强型玻纤SMC模塑材料作为机舱支架的设计材料,参数如表8-5所示。

表8-5 高强型玻纤SMC模塑材料性能参数

项目	高强型玻纤SMC		测试标准
	室温25℃	高温70℃	
纤维含量(%)	35	35	
密度/(g/cm³)	1.8	1.8	GB-1643-88
成型收缩率(%)	≤ 0.1		HRD-61404
拉伸强度/MPa	176	164	HR-W0001

项 目	高强型玻纤 SMC		测试标准
	室温 25℃	高温 70℃	
拉伸弹性模量/GPa	12.5	12.1	HR-W0001
断裂拉伸应变(%)	3.1		
弯曲强度/MPa	235		HR-W0002
弯曲弹性模量/MPa	8.5		HR-W0002
无缺口简支梁冲击强度/(kJ/m²)	≥110		HR-W0003

8.3.4 总成结构设计

充分利用复合材料结构设计自由度大的优点，将复合材料机舱部件集成设计为 3 个部件：机舱支架总成本体、空调管固定支架和 12V 蓄电池托盘，如图 8-5、表 8-6 所示。其中，机舱支架本体为 SMC 件，集成了 9 个部件，未集成空调管固定支架及 12V 蓄电池托盘，因这两个件重量相对较小，不集成这两个部件不会明显影响轻量化效果，且集成这两个部件会使复合材料机舱支架总成结构更加复杂，会明显增加模具成本。

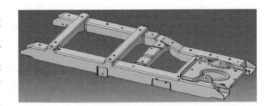

图 8-5 复合材料机舱支架总成结构图

① 材料：高强型玻纤 SMC。
② 工艺：热压（复合材料部件）和冲压（金属部件）。
③ 重量：总计 4kg，相对于金属件实现减重 2.2kg，减重率 35%。

表 8-6 复合材料机舱支架总成明细表

序号	零部件名称	材料	数量	重量/kg
1	机舱支架本体(带嵌装螺母)	SMC	1	3.3
2	蓄电池支架	DC01	1	0.6
3	空调管安装支架(带螺母)	DC01	1	0.1

8.3.5 复合材料机舱支架总成 CAE 分析

1. 单件 CAE 分析

（1）强度分析

载荷输入机舱支架总成承载附件总质量为 68kg。

1）材料参数：对复合材料机舱支架进行 CAE 仿真分析，采用的材料参数如表 8-7 所示。

表 8-7 机舱支架 CAE 分析材料参数

材料名称	密度/(g/cm³)	弹性模量/MPa	泊松比	拉伸强度/MPa	测量标准
DICMAT 5340 SMC 片材	1.8	12(25℃)、121(70℃)	0.3	176(25℃) 164(70℃)	GB/T 1447—2005

2）约束：前舱支架在整车中的固定方式为5点固支。

3）模型单元：将复合材料机舱支架总成导入Ansys软件中，建立有限元模型。采用四面体单元对其进行网格划分，网格大小为3mm。按照装配方式进行连接，并对该模型赋予材料属性、定义边界条件、输出信息等，最终有限元模型如图8-6所示。

4）计算结果：

① 制动工况（纵向0.8g）。通过计算得出，复合材料机舱支架在高温70℃环境中承受纵向0.8g的载荷下的应力分布，最大应力为5.97MPa，整体的应力在2MPa以下，远远小于其材料强度，如图8-7所示。

② 转弯工况（侧向0.8g）。复合材料机舱支架在高温70℃环境中承受侧向0.8g的载荷下的应力分布，最大应力为1.46MPa，整体的应力在0.8MPa以下，远远小于其材料强度，如图8-8所示。

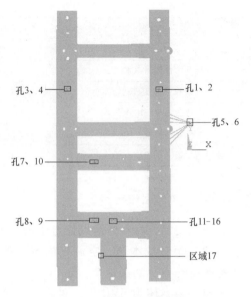

图8-6 机舱支架有限元模型图

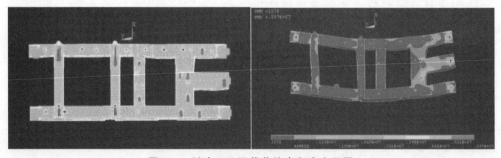

图8-7 制动工况下载荷约束和应力云图

 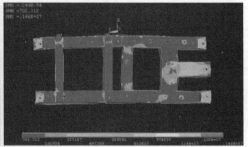

图8-8 转弯工况下载荷约束和应力云图

③ 颠簸工况（垂向2g）。在颠簸工况下，不仅要分析应力分布情况，明确最大应力值，还需要明确该工况下的最大变形量是否满足要求。复合材料机舱支架在高温70℃环境中承受2g的载荷下的应力分布和最大变形量如图8-9所示。最大应力为43.6MPa，远远小于其材料屈服强度。Z方向的结构最大变形量为1.94mm，满足最大变形量小于2.5mm的要求。

第8章 复合材料机舱支架总成开发

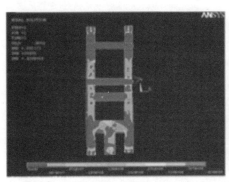
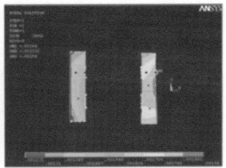

图 8-9 颠簸工况下载荷约束、应力云图和最大变形量

(2) 模态分析

采用子空间法对模态进行求解,在 25℃ 时,单件无配重状态下模态为 117.55Hz,在 70℃ 时,单件无配重状态下模态为 115.65Hz,满足性能要求。

> **小结** 根据以上 CAE 分析结果可知,在制动工况(纵向 $0.8g$)、转弯工况(侧向 $0.8g$)、颠簸工况(垂向 $2g$)条件下均满足性能要求,模态也满足性能要求。后续需要通过相关试验,进一步验证 CAE 分析的准确性。

2. 系统 CAE 分析

完成复合材料机舱支架总成单件 CAE 分析后,还需要进行系统 CAE 分析,主要有模态分析和碰撞分析。

(1) 模态分析

需要进行复合材料机舱支架总成在前舱车体装配状态下的一阶模态分析,分析结果为第一阶全局弯曲模态频率 18.7Hz,满足目标,见图 8-10、表 8-8。

(2) 碰撞 CAE 分析

1) 分析目的:为实现前机舱支架轻量化目的,将金属前机舱支架材料由 DC01 替换为高强型玻纤 SMC 模塑材料,并重新设计结构后评估其碰撞性能。

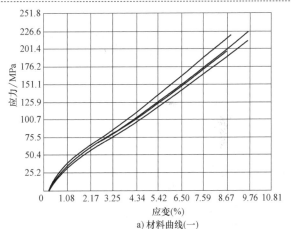

a) 材料曲线(一)

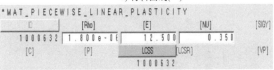

b) 材料曲线(二)

图 8-10 高强型玻纤 SMC 模塑料材料曲线和模型

表 8-8 一阶模态分析结果

序号	频率	振型描述
1	18.7Hz	前舱支架一阶弯曲模态
2	22.5Hz	前舱横摆模态
3	28.3Hz	压缩机前后摆动模态
4	29.3Hz	前舱上下摆动模态

2）结果要求：复合材料机舱支架总成的碰撞性能与金属机舱支架相当。

3）模型描述：前机舱支架材料由金属材料 DC01 替换为高强型玻纤 SMC 模塑材料，材料性能曲线如图 8-11 所示。

4）分析结果：

① B 柱加速度。在偏置碰撞工况下，左侧 B 柱根部加速度曲线趋势合理，加速度峰值为 35.8g，满足碰撞要求，分析结果如图 8-12 所示。

② 纵梁变形。经过与原金属机舱支架结果对比，复合材料机舱支架对纵梁变形的影响较小，纵梁溃缩、变形形式合理，满足碰撞要求，如图 8-13 和图 8-14 所示。

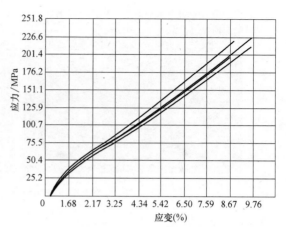

图 8-11 高强型玻纤 SMC 模塑材料性能曲线

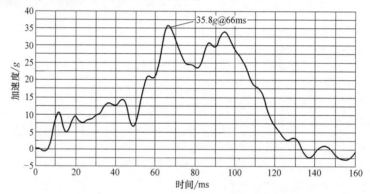

图 8-12 偏置碰撞工况左侧 B 柱加速度曲线

图 8-13 复合材料机舱支架分析结果

图 8-14 金属机舱支架分析结果

③ 防火墙侵入量。复合材料机舱支架状态下防火墙动态最大变形量为 216mm，与原金属机舱支架状态下侵入量接近（213mm），满足要求，分析结果如图 8-15 所示。

④ 驾驶员脚部侵入量。分析结果显示，复合材料机舱支架状态下，驾驶员脚部测量点动态侵入量最大值为 48mm，满足要求，分析结果如图 8-16 所示。

⑤ 转向管柱位移量。在复合材料机舱支架状态下，分析结果显示转向管柱位移量为 15mm，上移量为 63mm，满足要求，分析结果如图 8-17 所示。

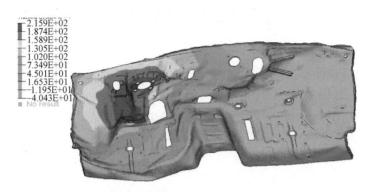

图 8-15　防火墙侵入量分析结果

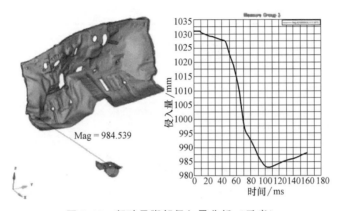

图 8-16　驾驶员脚部侵入量分析（示意）

⑥ 踏板侵入量。分析结果显示，制动踏板侵入量为 68mm，加速踏板侵入量为 23mm，满足要求，具体分析结果如图 8-18 所示。

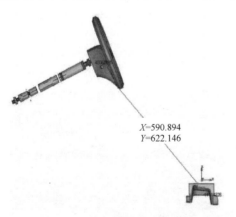

图 8-17　转向管柱位移量分析

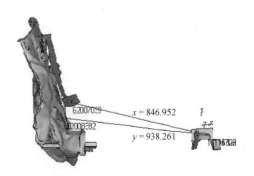

图 8-18　踏板侵入量分析

> **小结**　将金属前机舱支架替换为高强型玻纤 SMC 模塑材料，碰撞分析计算结果与原金属前机舱支架方案相当，满足碰撞要求，如表 8-9 所示。

表 8-9 碰撞分析结果统计表

序号	考察项		SMC 机舱支架总成		五星目标值
1	假人搁脚区域的最大侵入量/mm	驾驶员左脚		88	<100
2		驾驶员右脚		63	
3		前排乘客左脚		15	
4		前排乘客右脚		12	
5	转向管柱位移量/mm	向上		63	<72
6		向后		15	<90
7	制动踏板 X 向侵入量/mm		68		<80
8	加速踏板的 X 向侵入量/mm		23		<80
9	B 柱下方加速度峰值/g		35.8		<45
10	防火墙 X 向最大变形量		216		<150

8.3.6 模具设计、制造及样件试制

1. 模具设计及制造

(1) 模具设计输入

模具设计输入如表 8-10 所示。

表 8-10 模具设计输入表

序号	输入项目	输入要求
1	成型工艺	模压
2	成型温度	150~165℃之间，恒温
3	材料	SMC
4	收缩率	0.05%~0.1%
5	尺寸公差及边界要求	复合材料机舱支架总成的尺寸公差及边界要求，与金属件的尺寸公差条件及边界条件相同
6	检测点要求	复合材料机舱支架总成的检测点要求，与金属件的检测点要求相同

(2) 模具设计方案

1) 模具主要结构如图 8-19 所示，主要包含以下部分：上模板 1、上绝热板 2、上模 3、顶出油缸 4、下模 5、垫块 6、顶杆固定板 7、推板 8、下模板 9、下绝热板 10。

2) 模具尺寸：1500mm（长）×680mm（宽）×589mm（高）。

3) 模具主要材料如表 8-11 所示。

4) 模具运行方式设计如表 8-12 所示。

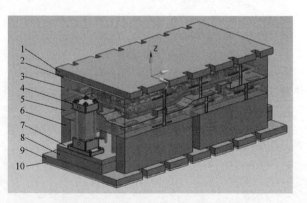

图 8-19 复合材料机舱支架模具结构图

表 8-11 模具材料明细

序号	部件	材料
1	上模板、垫块、顶杆固定板、推板、下模板	45 号钢
2	上模、下模	P20
3	顶杆	SKD61
4	绝热板	硬质水泥石棉板

表 8-12 模具运行方式

序号	运行方式	设计内容
1	加热方式	上、下模均采用油温机油温加热,具有加热均匀、温差小等特点
2	顶出方式	因模具较长,在模具左右两侧均设有顶出油缸,能保证模具左右顶出力均匀,能有效保证产品可脱模顶出
3	隔热方式	如图 8-19 件号 2(上绝热板)、件号 10(下绝热板)所示,材料为硬质水泥石棉板
4	锁模方式	运输和存放时,通过锁模板用螺杆把上、下模联接成一体,便于运输搬运(锁模孔及吊装孔数模上未显示,实际加工有这道工序,上、下模均会加工锁模孔及吊装孔)

(3) 模具设计主要特点

1) 产品成型时底面在上,槽口朝下。料的流动方向与模具合模方向一致。便于料的流动,能有效减少缺陷的产生。

2) 产品有两个斜面,合模时前后、左右会产生合模分力。通过一系列设计,确保合模顺利进行并获得所设计产品结构,如图 8-20 所示。

图 8-20 中标记为 1 的 6 个限位块,能有效保证合模时上下模不会发生前后、左右移位,合模正常。标记为 2 的 8 个合模支撑块保证尺寸能微调,产品壁厚可根据试模结果微调。标记为 3 的 4 套导柱导套系统,保证模具顺利合模。标记为 4 的 8 个镶块,用于产品侧壁腰型孔成型。

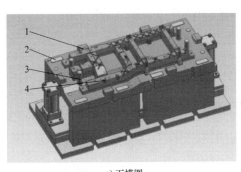
a) 下模图

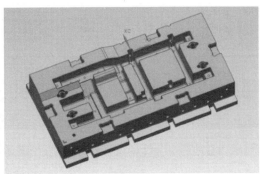
b) 上模图

图 8-20 复合材料机舱支架模具图
1—限位块 2—合模支撑块 3—导柱导套 4—镶块

3) 为了保证镶嵌螺母,设计了活动销和镶嵌螺母,如图 8-21 和图 8-22 所示,镶嵌螺母有三种尺寸,分别为 M10 四个、M8 六个、M6 一个。为了防止镶嵌螺母错装,活动销对应地也设计了三个尺寸。生产时先把镶嵌螺母装在对应的活动销上,再一起放入下模,压制结束后随产品一起脱模,最后把活动销分别旋出。

图 8-21　活动销

图 8-22　镶嵌螺母

2. 样件试制

(1) 复合材料机舱支架总成样件试制

详细信息如表 8-13 所示。

表 8-13　样件试制详细信息

产品名称	机舱支架	材料名称	SMC	材料型号	5340
试模成型条件					
成型压力	20MPa	成型温度	145℃	成型时间	6min
投料量	3.22kg				
试模模具状态					
项目		是否满足	备　注		
1. 模具组件完整		√	漏装 2 个活动销,经修模后装上		
2. 模具能正常开模		√			
3. 模具能正常合模		√			
4. 模具能合紧		√			
5. 模具加热正常		√			
6. 顶杆能顶出		√			
7. 顶杆能退回		√	第二模时顶杆不能退回,后经修模修好		
定形工装状态					
项目		是否满足	备　注		
1. 定形工装组件完整		√			
2. 定形工装与产品无干涉		√	产品与定形工装有干涉,经过修模修好		
3. 有效定形		√	定形工装增加了 4 个固定座		
成型产品状态					
项目		是否满足	备　注		
1. 无缺料		√			
2. 无划伤		√			
3. 无毛边		√	有毛边,需要对产品进行打磨		
4. 成型孔对穿		√	模具成型的孔没有对穿,有一层薄皮将孔覆盖		
5. 不粘上模		√			
6. 不粘下模		√			
7. 没有变形		√	检验结果见检验记录		

第8章　复合材料机舱支架总成开发

（2）试模中出现的问题及解决方法

1）产品用顶杆顶出之后，顶杆无法退回。

解决方法：对下模的顶杆孔进行扩孔，修模后再次试模，顶杆无法退回的问题没有再次出现。

2）模具中有2个顶杆的长度较短，产品成型后有两个圆柱凸起（图8-23），在产品定形时，这2个圆柱凸起与定形工装干涉，导致定形工装不能有效定形。

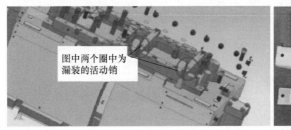
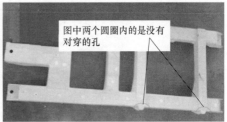

图8-23　顶杆问题示意图

解决方法：更换顶杆，后再次试模，没有圆柱体凸起出现。

3）在试模时，漏装2个模具活动销，有2个M10嵌件的孔没有对穿，如图8-24所示。

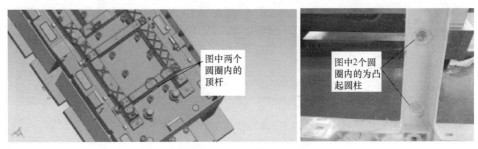

图8-24　漏装活动销示意图

解决方法：对模具进行修模，将模具上漏装的2个活动销装上了模具，成型后的产品无此问题。

4）产品四个角在定形工装上没有固定座压紧，如图8-25所示。

图8-25　原定形工装及端口处间隙

解决方法：在定形工装与产品四个角对应的位置上增加4个固定座，其修改后效果如图8-26所示，此问题获得解决。

图 8-26 修改后的定形工装及端口处间隙

8.3.7 试验验证

1. 尺寸验证

首先进行复合材料部件尺寸验证,采用三坐标扫描的方式进行验证,验证内容如下:

1)对零件孔的位置进行测试,确保能够完成其承载部件的装配,测量孔的位置如图 8-27 所示。

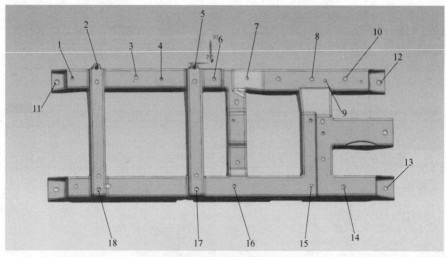

图 8-27 测量孔的位置图

测试及分析结果如表 8-14 所示,可以看到孔位置误差在 X 和 Y 方向的绝对值在 1mm 以内,在 Z 方向的误差较大,但可以控制在 3% 之内。另外,Z 方向的误差对装配影响较小。

2)除了对零件孔的位置进行验证外,还需要对零件的平面度进行验证,确保其变形在要求范围之内,测量平面度的点的位置如图 8-28 所示。

测试及分析结果如表 8-15 所示,平面上有两个点在 X 方向上误差高于 3%,X 方向上移动对部件的变形影响很小,因此可以判定该复合材料部件的平面度可以满足要求。

第8章 复合材料机舱支架总成开发

表 8-14 孔位置的测量结果　　　　　　　　　　　　　　　　　　（单位：mm）

点	理论值			坐标转换后的实际测量值			偏差值		
	X	Y	Z	X	Y	Z	X	Y	Z
1	-95.216	447.215	335.58	-95.422	446.895	335.309	0.206	0.32	0.271
2	-67.066	374.26	353	-67.066	374.128	353	0	0.132	0
3	-93.709	254.612	335.58	-93.96	254.572	335.065	0.251	0.04	0.515
4	-98.717	178.133	335.58	-98.838	178.066	335.242	0.121	0.067	0.338
5	-67.066	80.305	353	-67.066	80.305	353	0	0	0
6	-98	22	335.58	-97.818	21.95	335.956	-0.182	0.05	-0.376
7	-93.709	-78.058	312.991	-93.615	-78.812	313.864	-0.094	0.754	-0.873
8	-93.368	-272.8	295.758	-93.329	-273.283	297.062	-0.039	0.483	-1.304
9	-98.709	-311.98	294.258	-98.557	-312.454	297.551	-0.152	0.479	-3.293
10	-93.368	-372.8	294.258	-93.028	-373.143	298.061	-0.34	0.343	-3.803
11	-99.102	491.148	283.712	-99.367	491.205	288.374	0.265	-0.06	-1.62
12	-98.488	-476.26	252.258	-98.431	-477.258	262.21	-0.057	0.997	-5.45
13	-411.717	-487.88	283.607	-410.361	-488.812	292.828	-1.356	0.93	-9.116
14	-415.903	-357.8	337.08	-415.514	-358.1	343.187	-0.389	0.3	-6.107
15	-410.935	-262.91	335.58	-410.583	-263.299	338.175	-0.352	0.385	-2.595
16	-410.888	-32.914	335.58	-410.786	-33.039	336.237	-0.102	0.125	-0.657
17	-422.666	80.315	353	-422.856	80.534	352.825	0.19	-0.22	0.175
18	-422.666	374.269	353	-422.995	373.997	352.384	0.329	0.272	0.616

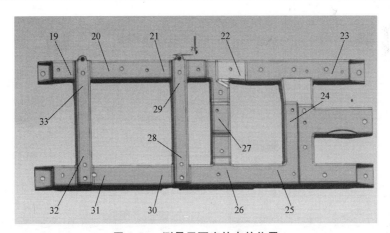

图 8-28　测量平面度的点的位置

表 8-15　平面度测量点的测量结果　　　　　　　　　　　　　　（单位：mm）

点	理论值			坐标转换后的实际测量值			偏差值		
	X	Y	Z	X	Y	Z	X	Y	Z
19	-104.68	421.584	335.58	-106.72	417.313	335.26	2.037	4.271	0.32
20	-98.956	303.668	335.58	-101.67	298.184	335.089	2.713	5.484	0.491

(续)

点	理论值			坐标转换后的实际测量值			偏差值		
	X	Y	Z	X	Y	Z	X	Y	Z
21	-100.44	143.193	335.58	-99.92	144.129	335.313	-0.523	-0.936	0.267
22	-106.33	-97.307	305.602	-107.12	-103.19	304.892	0.79	5.883	0.71
23	-103.36	-398.25	294.258	-103.67	-396.18	298.478	0.339	-2.07	-4.22
24	-253.41	-262.95	335.58	-276.10	-264.24	338.517	22.691	1.29	-2.94
25	-409.24	-215.97	335.58	-410.34	-224.26	337.862	1.094	8.288	-2.28
26	-418.66	-64.737	335.58	-411.89	-64.568	336.487	-6.771	-0.169	-0.91
27	-250.17	-42.257	335.58	-247.62	-47.658	336.544	-2.542	5.401	-0.96
28	-351.32	80.889	353	-353.84	81.49	352.854	2.52	-0.601	0.146
29	-148.31	79.882	353	-145.97	80.606	353.006	-2.343	-0.724	-0.01
30	-413.73	164.287	335.58	-411.00	152.453	335.114	-2.731	11.834	0.466
31	-411.44	302.408	335.58	-411.16	305.579	334.905	-0.276	-3.171	0.675
32	-341.25	373.76	353	-354.11	375.762	352.413	12.854	-2.002	0.587
33	-150.55	374.638	353	-143.26	377.922	352.524	-7.286	-3.284	0.476

小结 复合材料机舱支架上孔的最大误差率控制在3%以内，虽然在平面度方面有两个点的 X 方向误差超过3%，对零件尺寸基本没有影响，因此复合材料机舱支架尺寸满足要求。

2. 装配验证

在完成复合材料机舱支架总成零部件尺寸验证后，需要进一步进行装配验证，验证其该零部件是否满足装配要求，装配如图8-29所示。

图8-29 复合材料机舱支架总成装配示意图

从实际装配情况来看，复合材料机舱支架总成完全满足装配要求。

3. 单件性能试验

在完成复合材料机舱支架总成零部件尺寸及装配验证后，应该进行单件试验。单件试验通过后，再进行系统和整车试验验证，这样可以有效提升零部件开发效率。复合材料机舱支架总成单件试验验证主要包括单件环境性能验证和单件 NVH 试验验证。

(1) 环境性能试验

复合材料机舱支架总成单件环境性能试验项目及试验结果如表 8-16 所示。从试验结果来看，复合材料机舱支架满足环境性能要求。

表 8-16　环境性能试验情况

序号	试验项目	试验依据	试验结果	结论
1	耐风窗玻璃清洗液试验	JT1-9902—2013	将样条浸泡部分与没有浸泡部分进行对比，样条没有出现裂纹、破裂及其他失效现象	满足要求
2	耐低温冲击试验	JT1-9902—2013	产品进行低温冲击试验后没有破裂	满足要求
3	耐燃油性试验	JT1-9902—2013	样品没有出现颜色变化、裂纹、起泡、黏接失效、材料降解或发黏及其他不可接受缺陷	满足要求
4	耐蓄电池电解液试验	JT1-9902—2013	样品没有出现裂纹、破裂及其他失效现象	满足要求
5	燃烧试验	GB 8410—2006	测试结果 32mm/min ≤ 100mm/min	满足要求

(2) 单件 NVH 性能测试

对于复合材料机舱支架总成进行了单件自由模态测试考察其 NVH 性能，并与金属材料部件的测试结果进行了对比，复合材料机舱支架总成的单件自由模态测试结果及与金属材料机舱支架总成对比如图 8-26 和表 8-17 所示。如图 8-30 和表 8-17 所示。

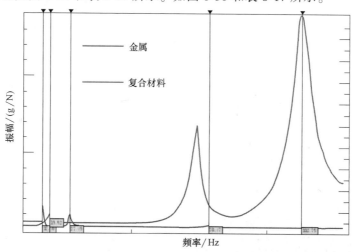

图 8-30　机舱支架自由模态测试图

表 8-17　机舱支架自由模态测试响应频率

部件	金属机舱支架	复合材料机舱支架
响应频率/Hz	17.4	19.92
	27.49	74
	78.47	112.75

结论 从测试结果及对比分析可以看出，复合材料机舱支架总成和金属材料机舱支架总成均存在3个灵敏度。金属机舱支架总成的灵敏度对应的频率为17.4Hz、27.49Hz、78.47Hz。复合材料机舱支架总成的灵敏度对应的频率为19.92Hz、74Hz、112.75Hz，在74Hz和112.75Hz下的灵敏度值明显偏高。但对于机舱支架总成，主要关注60Hz以下的响应频率及灵敏度值，金属机舱支架总成存在两个响应频率，而复合材料机舱支架总成只有1个响应频率，并且灵敏度值与金属机舱支架总成的灵敏度值相当。因此，在60Hz以下，复合材料机舱支架的频响频率较金属机舱支架分散，更容易避开共振。

4. 系统及整车性能试验

通过单件性能试验验证后，可以继续开展系统及整车性能验证。对于复合材料机舱支架，主要进行强度、振动耐久、刚度及整车NVH性能验证，其中，强度、振动耐久性能主要通过台架振动试验验证，刚度及整车NVH性能主要通过静态和动态NVH验证。

（1）台架振动试验验证

试验方案如下：

1）采集纯电动汽车前舱支架在道路可靠性试验中各种路面的加速度信号。

2）将采集的信号在试验设备上进行迭代，转变为液压缸的驱动信号。

3）按照所装配零部件重量设计制造配重块，并进行装配。

4）按照道路可靠性试验方法使用台架振动试验设备，振动294个可靠性循环。

试验工装和样件安装如图8-31所示。

图8-31 台架振动试验示意图

试验结果：完成台架振动试验后，复合材料机舱支架无裂痕等缺陷产生，满足性能要求。

（2）整车静态NVH试验验证

本次试验主要对比机舱支架总成更换材料前后，压缩机运行对整车振动、噪声的影响。

试验方案如下：

1）测试工况：压缩机0~2900r/min升速，空调为内循环、一档风量。

2）测试结果：

① 整车噪声测试结果。整车噪声测试数据对比如图8-32所示。

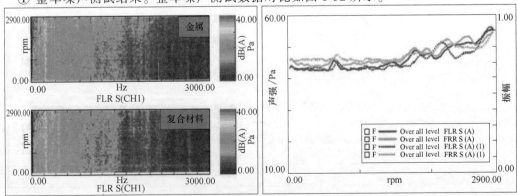

图8-32 整车噪声测试数据

> **结论** 从驾驶员噪声频谱分析、噪声曲线看,复合材料机舱支架驾驶室噪声比金属机舱支架差异不大。

② 方向盘振动测试结果。方向盘振动测试数据对比如图8-33所示。

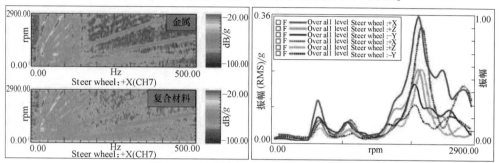

图 8-33　方向盘振动测试数据（示意）

> **结论** 从振动频谱分析机舱支架材料变更前后,对方向盘振动影响不大;从振动曲线看,复合材料机舱支架方向盘与金属机舱支架X向振动峰值比较有$0.02g$的降低,其他方向变化不大。

③ 座椅振动测试结果。座椅振动测试数据对比如图8-34所示。

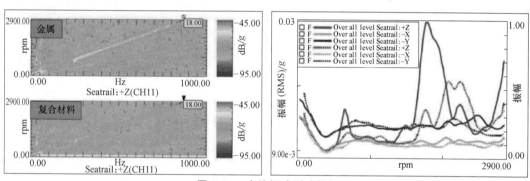

图 8-34　座椅振动测试数据

> **结论** 从振动频谱分析看,机舱支架材料变更前后对座椅Z向18阶振动有改善;从振动曲线看,复合材料机舱支架与金属机舱支架Z向振动比较有$0.01g$降低,其他方向变化不大。

由于机舱支架的前、后横梁承载主要重量,前、后横梁的振动效果测试是十分必要的。复合材料机舱支架总成的前、后横梁如图8-35所示。

④ 前横梁振动测试。前横梁振动测试数据对比如图8-36所示。

> **结论** 从振动频谱分析看,复合材料前横梁高频部分振动比金属横梁有所改善;从振动曲线看,复合材料机舱支架Z向振动与金属机舱支架比较有$0.03g$降低,X、Y方向差别不大。

⑤ 后横梁振动测试。后横梁振动测试数据对比如图8-37所示。

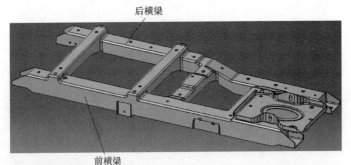

图 8-35 复合材料机舱支架总成前、后横梁示意图

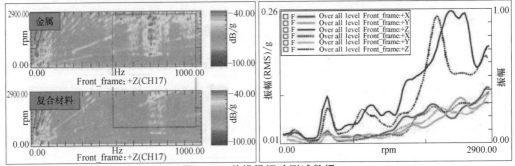

图 8-36 前横梁振动测试数据

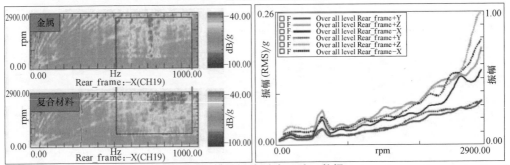

图 8-37 横梁振动测试（后）数据

结论 从振动频谱分析看，复合材料后横梁高频部分振动比金属横梁振动变大；从振动曲线看，复合材料机舱支架 X 向振动与金属机舱支架比较有 $0.02g$ 增大，Y、Z 方向差别不大。

⑥ 压缩机振动测试。压缩机振动测试数据对比如图 8-38 所示。

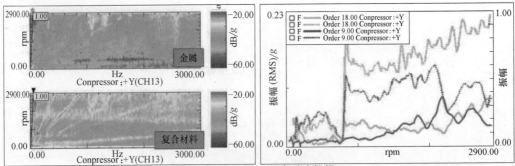

图 8-38 压缩机振动测试数据

第8章 复合材料机舱支架总成开发

> **结论** 从振动频谱分析看,复合材料机舱支架压缩机本体振动整体增大明显;从振动曲线看,复合材料机舱支架压缩机 9 阶、18 阶振动有 $0.1g$ 增加。
>
> 从以上整车静态 NVH 测试结果表明:在噪声方面,复合材料支架驾驶室噪声与金属支架相比变化不大;在振动方面,复合材料支架的方向盘、座椅振动幅值与金属支架相比降低 $0.01g$。复合材料支架前梁 Z 向振动与金属支架相比降低 $0.03g$,后梁 X 向振动与金属支架相比增大 $0.02g$。
>
> 压缩机本体振动,搭载复合材料机舱支架后,压缩机本体振动变化较大,整个工作转速段振动均有增加,幅值在 $0.2g$ 左右。
>
> 综上,更换复合材料机舱支架后对整车静态 NVH 的影响不大,但对压缩机单体振动影响较大。

(3) 动态 NVH 验证

机舱支架由钢变为 SMC 复合材料后,尤其需要验证整车动态 NVH 是否满足要求,测试结果如下:

1) 轮胎、底盘 NVH 客观指标结果对比如表 8-18 所示。

表 8-18 轮胎噪声客观指标结果对比

客观指标结果对比		金属机舱支架	复合材料机舱支架
沥青路面匀速 50km/h 车内噪声	FLR/dB(A)	57.5	58.0
沥青路面匀速 60km/h 车内噪声	FLR/dB(A)	58.3	58.9
滑行噪声,80→30km/h	FLR/dB(A)	55.7→64.1	55→63.4
	FLR/dB(A)	89→128	88→132

> **结论** 从底盘及轮胎噪声指标对比来看,更换复合材料机舱支架前后数据差异不大。

2) 动力系统 NVH 客观指标结果对比如表 8-19 所示

表 8-19 动力系统噪声客观指标结果对比

客观指标结果对比			金属机舱支架	复合材料机舱支架
100→20km/h 全减速	噪声	FLR/dB(A)	67.3	66.5
20→100km/h 全加速	噪声	FLR/dB(A)	67.3	66.7
	振动	方向盘/g	0.18	0.16
		座椅导轨/g	0.05	0.04
蠕行工况	振动	座椅导轨/g	0.008	0.01

> **结论** 从动力系统噪声指标对比来看,更换复合材料机舱支架前后数据差异不大,对动力系统噪声影响较小。

3) 匀速振动噪声客观指标结果对比如表 8-20 所示。

4) 机电系统 NVH 客观指标结果对比如表 8-21 所示。

表 8-20 匀速振动噪声客观指标结果对比

结果对比		金属机舱支架	复合材料机舱支架
80km/h 巡航车内噪声	FLR/dB(A)	63.5	62.8
100km/h 巡航车内噪声	FLR/dB(A)	66.8	66.3

表 8-21 机电系统 NVH 客观指标结果对比

结果对比		金属机舱支架	复合材料机舱支架
定置空调开启,1档风量,最大制冷	FLR/dB(A)	45.5	45.6
驻车,风量1档,吹面,内循环关键点振动加速度,最大值	方向盘/g	0.04	0.06
	座椅导轨/g	0.005	0.01

结论 ①从匀速噪声指标对比来看,更换复合材料支架前后数据差异不大。②从定置开空调工况对比,噪声差异不大,但座椅导轨的振动增大,高于目标值,需注意并优化。

5) 压缩机振动影响。复合材料机舱支架总成压缩机振动测试结果如图 8-39 和图 8-40 所示。

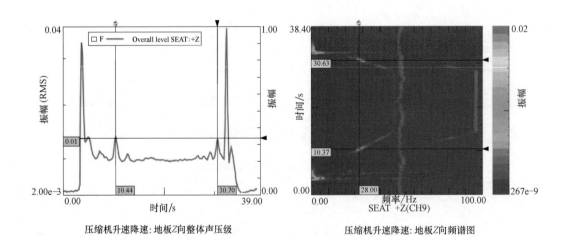

图 8-39 底板 Z 向整体声压级和频谱图

由图 8-39 可知,压缩机升速降速过程中,地板 Z 向存在声音比较突兀的转速点,28Hz 左右,即 1680r/min,振幅约 0.01g。

由图 8-40 可知,车内噪声频谱图 1 阶虽有声音突兀点,但整体来讲线性度较高。

结论 从空调压缩机性能对比测试数据看,压缩机对整车的影响与原车状态相当。

从以上测试结果看,机舱支架更换复合材料后与原车状态相当。

第8章 复合材料机舱支架总成开发

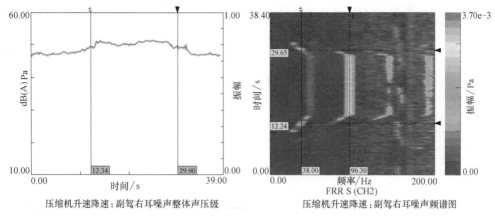

图 8-40 副驾右耳整体声压级和频谱图

8.4 总结

从零部件性能目标开始,选择材料和工艺进行集成设计和分析,完成了复合材料机舱支架总成开发,结论如下:

1) 复合材料机舱支架总成 CAE 分析可以满足强度、模态、碰撞等要求。

2) 复合材料机舱支架总成可以满足整车 NVH、台架振动试验等要求;减重效果明显,相对于金属件(6.2kg),可以实现减重 2.2kg。

3) 复合材料机舱支架总成可以满足强度、刚度、振动耐久及模态性能要求。

展望未来,还有很多后续工作要做:

1) 需要进行整车道路可靠性试验,进行充分验证后才能进行批量应用。

2) 复合材料机舱支架总成的成本较高,生产效率较低,未来应探索热塑性复合材料机舱支架总成降低成本、提升生产效率的措施。

3) SMC 材料的回收再利用比较困难,可以持续开展材料与工艺的优化工作。

参考文献

[1] 李兴龙. 电动汽车概论 [M]. 北京:北京理工大学出版社,2005.
[2] 倪绍勇,王金桥,王书,等. 轻质材料在纯电动汽车轻量化中的应用 [J]. 时代汽车,2016 (7):55-57.
[3] M D DING, J C LIU, et al. A Development of SMC Lightweight Engine Room Bracket of Electric Vehicles [A]. FISITA 2016 World Automotive Congress, Paper NO. F2016-MFMD-008, 2016.
[4] 杨珍菊. 国外复合材料行业进展与应用(上)[J]. 纤维复合材料,2016,33 (4):31-44.
[5] 陶永亮. SMC 模塑料在汽车中的应用 [J]. 上海塑料,2012 (4):10-14.

第 9 章 塑料前端模块产品开发

前端模块是由前端模块支架、碰撞横梁、保险杠蒙皮、冷却风扇、散热器、空调冷凝器、前机盖锁、前照灯、线束和各种电子传感器等部件集成组装构成的车身前端模块系统。其中,前端模块支架是前端模块各部件的安装和支撑平台,也是整车结构及其力学性能的重要组成部分。塑料前端模块支架是采用纤维增强的热塑性树脂复合材料,通过注塑工艺或模压工艺成形制造的零部件。通常,塑料前端模块成型后还需要进行螺纹连接、铆接、钣金嵌件热铆焊接、蒸汽等二次处理。

9.1 对标分析

9.1.1 分类及材料对标

1. 分类

前端模块支架可以分为金属支架、嵌件注塑支架、组合支架及全塑支架等。

(1)金属支架

采用冲压和焊接工艺,是最传统保守的方案,特别是仅是将原车身的一部分独立出来作为前端模块支架以实现前端零件模块化,重量、成本上无变化。其最大的优势就是在于可靠,可以保持原区域的相关性能要求不变,不需要专门的验证试验。缺点是继承了非独立支架的问题,受冲压和焊接工艺约束,形状不能太复杂,不能集成简化模块内零件安装点,如图9-1所示。

(2)嵌件注塑支架

由于可以仅在局部区域增加金属嵌件,比金属支架轻,同时又可与组合支架一样可成型为较为复杂的形状,可以将一些卡扣和安装点集成到支架上。嵌件注塑前端模块支架如图9-2所示。另外,由于

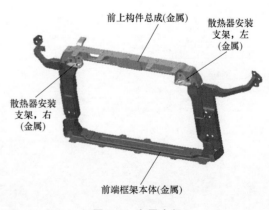

图 9-1 金属支架

必要的安装点可以通过嵌件注塑到支架上（最大拔脱力≥240N、最大抗扭转力矩≥11N·m），也节省了后续装配工序。该方案是作为早期替代金属支架进行轻量化和模块化的主要方法。

（3）组合支架

组合支架是指在全塑的支架本体上后续装配金属加强件的一类支架，除了继承了注塑支架的优点外，虽然增加了后续装配工序，但在成本上仍然具有优势，如图9-3所示。

（4）全塑支架

图9-2 嵌件注塑前端模块支架

玻纤增强塑料注塑支架轻量化优势最为明显，但由于全塑结构要达到足够的结构强度，需要在材料和结构方面进行优化，往往需要选用性能更好的材料（玻纤增强）和需要一定的空间做加强结构（加强筋），在前期布置时需要预留足够的空间，如图9-4所示。

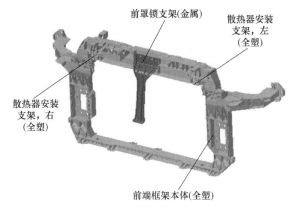

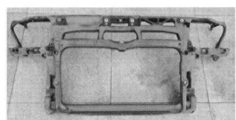

图9-3 组合前端模块支架

图9-4 全塑前端模块支架

（5）模压纯塑支架

由于采用玻纤毡增强热塑性塑料（Glass Material Reinforced Thermoplastics，GMT），在强度方面具有优势，但由于模压工艺类似于冲压，无法实现成型较为复杂的形状，加之GMT材料本身价格偏高，目前这种工艺应用得较少，如图9-5所示。

图9-5 GMT模压前端模块支架

综上所述，塑料前端模块支架主要有嵌件注塑支架、全塑支架和组合支架对标情况如表9-1所示。

表 9-1 常用塑料前端模块支架对标情况

类别	车型	图片	上市时间	结构特点	材料	重量/kg
嵌件注塑支架	奥迪Q5		2008年	前端模块的上横梁和立柱嵌入钣金加强件	塑料:PA6-GF30 嵌件:H220PD+Z	4.17
	奥迪A6		—	前端模块整体嵌金属		4.65
	现代iX35		2010年	前端模块整体嵌金属		5.8
全塑支架	马自达CX-5		2013年	全塑料结构	PP-LGF35	3.29
	高尔夫7		2013年	全塑料结构	PA6-GF40	2.14
	迈腾		2011年	局部有金属支架加强	塑料:PP-LGF40 金属支架:H260PD+Z	
组合支架	现代iX5		2014年	支架由上横梁、下框架两部分通过螺栓装配而成,上横梁为焊接总成零件,下框架为嵌件注塑结构	塑料:PA6-GF30 嵌件:金属	5.542
	朗动		2012年		塑料:PA6-GF30 嵌件:金属	6.78
	名图		2013年		塑料:PP-LGF40 嵌件:金属	8.1

2. 材料对标

按照不同的成型工艺,塑料前端模块支架会选择使用不同的材料,一般包括短玻纤增强聚己内酰胺(Polyamide 6-Glass Fiber,如 PA6-GF30、PA6-GF40)、玻纤毡增强热塑性塑料(如 GMT)及长玻纤增强聚丙烯(Polypropylene-Long Glass Fiber,如 PP-LGF30、PP-

LGF40）。注塑工艺以 PP-LGF30 和 PA6-GF30 为主，模压工艺以 GMT 为主。目前，市场上高档车型塑料前端模块支架多采用 PA6-GF，中低档车型多采用 PP-LGF，GMT 模压前端模块支架应用很少。

（1）PP-LGF30 材料特点

1）密度小、强度高。LFT 的密度为 $1.1 \sim 1.6 \text{g/cm}^3$，为钢材的 $1/7 \sim 1/5$，其能够以较小的单位质量获得较高的机械强度。

2）可设计性的自由度大，物理、化学和力学性能都可以通过合理选择原材料的种类、配比、加工方法及纤维含量来进行设计。

3）热性能高。一般塑料的使用温度为 $50 \sim 100℃$，用玻纤增强材料后，使用温度可提高到 $100℃$ 以上，线膨胀系数比未增强的塑料低 $1/4 \sim 1/2$；成型收缩率小，仅为 0.2%，提高产品的尺寸精度。

4）耐化学腐蚀性。该特性主要由基体材料的性能决定，热塑性塑料都有其特有的防腐特点。因此，要根据零件的使用环境和介质条件进行基体塑料选择。

5）可循环利用，可重复加工成型，废品和边角余料能循环利用，不会造成环境污染。

6）具有较强的柔韧性、抗冲击性能，良好的抗破坏能力和阻尼性能。

（2）GMT 材料特点

1）密度小、强度高。GMT 材料的密度一般在 $1.1 \sim 1.3 \text{g/cm}^3$。

2）抗疲劳性好，抗裂纹扩展的能力强。

3）韧性好、耐冲击。GMT 材料受到外加冲击载荷时，吸收冲击能量的途径及能力高，在受到碰撞时，可发生一定程度的形变，在外力去除后，该形变可恢复。

4）抗湿热老化性能优越。湿热环境很难使聚丙烯等聚烯烃材料降解，浸渍良好，以聚丙烯为基体的 GMT 材料抗湿热老化性能非常优越，在 $60℃$ 的水中放置 1200h，材料的力学性能下降不明显。

5）阻尼大，隔声、减振性能优越。GMT 材料中的热塑性树脂基体分子链及其链段的运动能力强，可消耗外加能量（如声能、振动机械能等），从而赋予材料良好的隔声、减振性能。

6）容易回收、再生，可重复使用。GMT 材料的基体为热塑性树脂，可加热使材料软化熔融，经模具再加工成型。

合理的原材料性能为保证产品性能打下了坚实基础。

9.1.2 结构对标

1. 集成度

按集成零件的多少可以分为单一支架、小集成、中等集成、大集成。

（1）单一支架

单一的支架，即仅替代散热器周边钣金零件。作为一个单独的支架，在总装线上装配，其他零件正常在生产线装配。这种方式虽然将白车身机舱前端的十多个金属零件进行了集成，但这种集成规模很小，并未实现真正意义上的模块化。代表车型：长安福特福克斯（3.6kg），如图 9-6 所示。

（2）小集成

集成冷却系统并附带的周边一些小的附件，如机舱锁、传感器、喇叭、发动机盖撑杆、前舱密封条、部分管路、线束以及涡轮增压发动机的中冷器等。代表车型：高尔夫Ⅵ、途观、标致206、标致407，如图9-7所示。

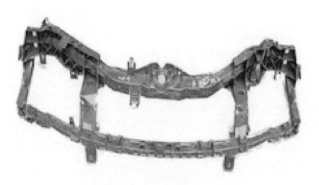

图9-6 福特福克斯

（3）中等集成

集成防撞梁、前照灯、行人保护小腿支架。代表车型：大众途锐、大众迈腾、大众辉腾、雷诺梅甘娜，如图9-8所示。

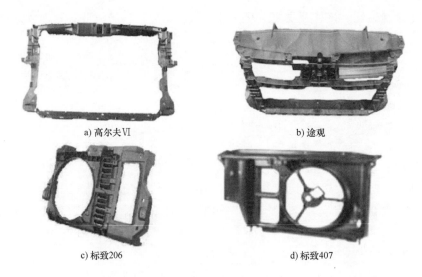

a) 高尔夫Ⅵ　　　　　　　　b) 途观

c) 标致206　　　　　　　　d) 标致407

图9-7 小集成前端模块支架

（4）大集成

集成保险杠甚至翼子板相关零件。代表车型：大众高尔夫Ⅴ、宝马Mini、奔驰威霆，如图9-9所示。

2. 布置位置

前端模块总成需要在固定的前悬区域内集成众多附件，其布置位置是前端模块设计的基础及最重要的内容，当附件布置确定后，前端模块的大体几何形状概念就可以得到确定。按照冷却系统与机盖锁、前端模块的相对位置，可以将前端模块布置分为几类，如表9-2所示。

3. 总成安装定位方式

前端模块总成安装一般上部与车身上纵梁连接，中部与车身中纵梁连接。前端模块安装点如图9-10所示。

（1）上部连接方式

按照是否可拆分出与车身上纵梁的连接支架，分为整体支架和单独支架，如图9-11所示。

第9章 塑料前端模块产品开发

a) 大众途锐

b) 大众迈腾

c) 大众辉腾

d) 雷诺梅甘娜

图 9-8 中等集成前端模块支架

a) 大众高尔夫

b) 宝马Mini

c) 奔驰威霆

图 9-9 大集成前端模块支架

表 9-2 前端模块的布置类型

机盖锁位置	在前端模块前	在前端模块前	在前端模块前	在前端模块后
冷却系统位置	在前端模块前	在前端模块后/前	在前端模块前	在前端模块前
前端模块支架形状	方形	口形	门形	前照灯支架
结构				
照片				
车型	JEEP 自由侠、观致、DS、哈弗 H7(很少)	大众、马自达、现代、奥迪等(常见)	卡宴、昂科雷、奔驰(很少)	福特(福克斯/翼虎)(很少)

注：黄色为机盖锁，红色为冷却系统，蓝色为前端模块支架。

237

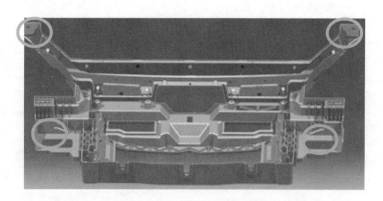

图 9-10 前端模块的安装点

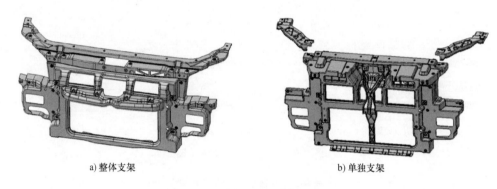

a) 整体支架　　　　　　　　　　　　　b) 单独支架

图 9-11 整体支架和单独支架

（2）中部连接方式

按照与车身纵梁的连接方向不同，可以分为 X 向固定和 Y 向固定。

1）X 向固定：是指在总装线上前端模块总成与车身前纵梁端板 X 向贴合后，再通过 X 向的螺栓固定在车身前纵梁端板上，一般是通过前端模块上的定位孔与车身上的定位销来配合定位。这种方式为大部分前端模块所采用。图 9-12 是一个典型的前端模块总成安装定位示意图。

2）Y 向固定：是指在总装线上前端模块总成内的防撞梁 X 向插入车身前纵梁后，再通过 Y 向的螺栓固定在车身前纵梁上，一般是通过装配工装来进行定位。这种方式一般只用于大集成前端模块。因为前端模块上集成了前保险杠总成，导致 X 向安装空间不足，只能使用安装方式比较复杂的 Y 向安装。

4. 附件安装定位方式

前端模块总成内部可以在前端模块支架上集成碰撞横梁、保险杠蒙皮、冷却风扇和散热器、空调冷凝器、前机盖锁、前照灯、线束和各种电子传感器、碰撞传感器等众多附件。不同附件间一般可以使用以下标准件装配到前端模块支架上，包括夹片螺母、铆钉、拉铆螺母及焊接螺母，如图 9-13 所示。前端模块支架上与保险杠下部和底护板的连接点用夹片螺母，其余安装点一般采用拉铆螺母，塑料与钣金件的连接点可以采用铆钉，同时穿过塑料与钣金

第9章 塑料前端模块产品开发

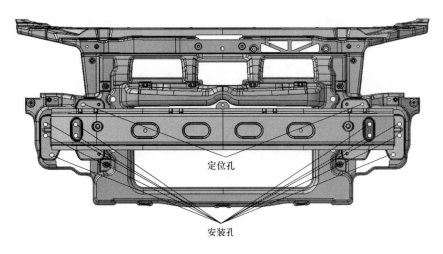

图 9-12 前端模块 X 向固定安装

件的安装点一般采用拉铆螺母。钣金件上的安装点一般直接使用焊接螺母。

5. 散热器的集成

在装配时,冷却风扇和散热器、空调冷凝器通常会形成一个冷却系统的分总成,再统一安装到前端模块支架上。冷却系统安装点一般包括上下两处,包括 X 向和 Z 向安装,如表9-3所示。

图 9-13 前端模块安装标准件

表 9-3 散热器的安装点

分类	上部安装点		下部安装点	
安装方向	X 向	Z 向	X 向	Z 向
标准件	橡胶支架	橡胶减振垫	橡胶支架	橡胶减振垫
图片				
对手件	前端模块	钣金支架/前端模块	前端模块	钣金支架/前端模块
图片				

按照采用不同的安装点，常见有三种方案，如表9-4所示。

表9-4 散热器的集成方案

方案	方案1	方案2	方案3
上部 X 向	●	●	
上部 Z 向			●
下部 X 向	●		
下部 Z 向		●	●

（1）方案1

当冷却系统通过上下部橡胶支架与前端模块支架通过双线自攻螺钉连接（共4处）时，需要在前端模块支架上开 Y 向长圆孔，并布置轴套以增加强度。冷却系统安装时沿 X 向安装。多数塑料前端模块均采用此方案，如图9-14所示。

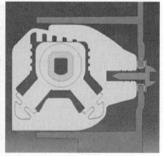

图9-14 散热器集成方案1

（2）方案2

当冷却系统通过上部橡胶支架和下部橡胶减振垫与前端模块支架连接（共4处）时，需要在前端模块支架下方开圆孔或安装单独的支架（左右对称共2处），上端通过双线自攻螺钉连接（共2处）。冷却系统安装时需要旋转安装。塑料前端模块较少采用此方案，如图9-15所示。

图9-15 散热器集成方案2

（3）方案3

当散热器通过上下部橡胶减振垫与前端模块支架连接（共4处）时，需要在前端模块支架上下侧开圆孔或安装单独的支架（左右对称共2处）。考虑到装配可行性，上下侧安装点必须有一侧是单独支架。此方案一般多见于金属前端模块，如图9-16所示。

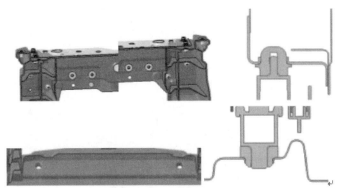

图 9-16　散热器集成方案 3

6. 保险杠横梁集成

在装配时,保险杠横梁集成通常通过螺栓安装到前端模块支架上。根据螺栓的安装方向不同,可以分为两个方案。

(1) 方案 1

前保险杠横梁通过 M6 六角法兰螺栓与前端模块支架上的拉铆螺母 X 向连接(共 4 处)。此种连接方式最为常见,如图 9-17 所示。

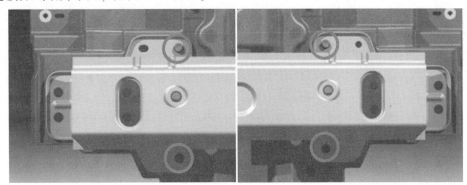

图 9-17　保险杠横梁集成方案 1

(2) 方案 2

前保险杠横梁通过 M6 六角法兰螺栓与前端模块支架上的拉铆螺母 Y 向连接(共 4 处)。此种连接方式较少,如图 9-18 所示。

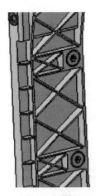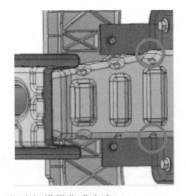

图 9-18　保险杠横梁集成方案 2

7. 机盖锁的集成

机盖锁是前端模块上最重要的集成零件,而对它起到足够的支撑作用也是前端模块需要实现的重要功能。常见的锁有两种形式,它们的安装方向分别是 Z 向和 X 向,其中,图 9-19 所示 X 向安装的锁是当前主流车型所使用的锁,Z 向安装的锁基本已经被淘汰。机盖锁通过 M6 螺栓与前端模块支架上的拉铆螺母连接,如图 9-19 所示。

a) Z 向安装　　　　　　　　　　b) X 向安装

图 9-19　机盖锁的安装形式

按照机盖锁布置的不同位置,当前有几种布置形式,如表 9-5 所示。

表 9-5　机盖锁的布置形式

布置形式	Y0 位置 机盖锁在前端模块前	Y0 位置 机盖锁在前端模块中	Y0 位置 机盖锁在前端模块后	两侧位置 机盖锁在前端模块中
图片				
车型	大众、马自达、现代	奔腾 B70、马自达 CX-5	宝骏 510、起亚 KX5、福特福克斯、翼虎	宝马、奥迪
备注	大多数有或无锁加强支架(中纵梁)	较少	个别	成本较高,常见于豪华车型

8. 原始进气管集成

前端模块上开过孔,使用螺栓连接,具体螺栓选取和过孔大小根据发动机的需要选定,如图 9-20 所示。

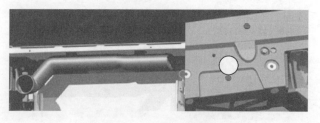

图 9-20　原始进气管集成

9. 上盖板后端集成

上盖板后端通过 M6 螺栓（需要支撑前保险杠时）或子母扣（只起装饰作用，不需要支撑前保险杠时）连接在前端模块上，如图 9-21 所示。

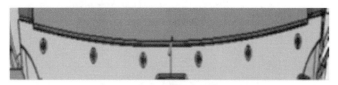

图 9-21　上盖板后端集成

10. 前保险杠上部集成

前保险杠上部通过 M6 螺栓与前端模块支架上的拉铆螺母连接，如图 9-22 所示。

图 9-22　前保险杠上部集成

11. 前保险杠下部与机舱下护板集成

前保险杠下部与机舱下护板通过 M6 特种螺栓与前端模块支架上的夹片螺母连接（各 3 处），如图 9-23 所示。

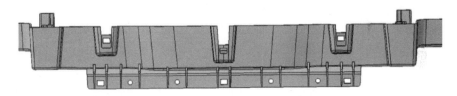

图 9-23　前保险杠下部与机舱下护板集成

12. 小腿保护支架集成

针对行人保护的腿形碰撞试验，可以增加小腿保护支架。当使用类似前防撞梁结构的支架时（钢或塑料材料），可采用与防撞梁类似连接方式。当使用类似上盖板结构的支架时，可采用与上盖板类似的连接方式。通过 Z 向特种螺栓连接拉铆螺母，X 向子母扣将小腿保护支架连接在前端模块下部，如图 9-24 所示。

13. 前照灯的集成

前照灯通过 M6 螺栓与前端模块上的两处拉铆螺母连接（共 2 处），如图 9-25 所示。

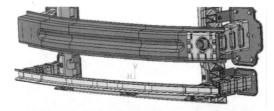

图 9-24　小腿保护支架集成

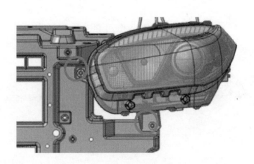

图 9-25　前照灯的集成

9.2　塑料前端模块开发

9.2.1　总体方案

参照竞品分析结果并基于某车型的开发需求，总体方案计划采用 PP-LGF30 材料的全塑前端模块，前端模块总成集成零件包括机盖锁、冷却系统、前防撞梁、机盖支杆、发动机原始进气管。装配时采用 X 向安装，与车身纵梁端板 X 向螺栓连接。与车身上纵梁采用单独钣金支架连接。机盖锁采用 Y0 布置的 X 向安装锁。

9.2.2　可行性分析

在开始设计前，需要先由总布置将周边数据布置完成。待完成后再进行空间分析。前端模块最初的形状是一个根据边界数据的输入而生成的矩形（建议宽度为 50~60mm，翻边长度为 50mm）。它是传递受力并提供所需刚度的主要结构。其加强结构一般可以选择八字形（红色）或倒 T 形（绿色），当空间不足且后期 CAE 分析合格时可以不加。骨架与周边零件的最小间距为 15mm。前端模块上表面后端需要与机盖密封面重合，其余位置与机盖内板运动包络最小间距为 20mm，如图 9-26 所示。

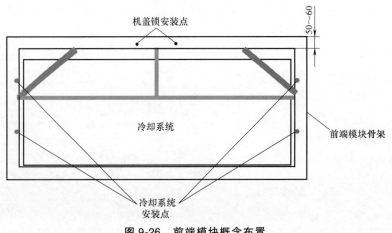

图 9-26　前端模块概念布置

依据此概念可以绘制典型断面,如果数据有问题,可以调整附件的布置位置,并最终确定典型断面,如图 9-27 所示。

9.2.3 概念数据设计

根据典型断面及周边零件数据,可以画出前端模块的概念数据。考虑到当前口字形前端模块在机盖锁位置强度不足,增加八字形加强筋,以增加整体结构强度。为了便于使用 OptiStruct 进行 CAE 优化分析,设计概念数据时直接使用片体进行设计,而不需要设计为实体,如图 9-28 所示。

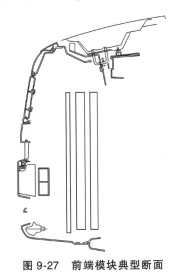

图 9-27 前端模块典型断面

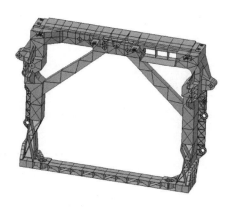

图 9-28 前端模块概念数据(见彩图)

9.2.4 产品性能 CAE 分析及优化

前端模块是关系到性能的重要零件,除了要进行整车 CAE 分析项目之外,在零件开发前期还需要对零件数据进行 CAE 分析,并按照分析结果进行结构优化,以满足前端模块的性能目标要求。

过去设计往往基于经验进行设计,初版数据完成后进行 CAE 分析,再根据 CAE 分析结果对数据进行优化,循环至 CAE 分析合格,优化主要依靠经验并需要多次试错迭代,同时实际设计数据往往会产生强度过剩。

采用 OptiStruct 软件对壁厚和结构进行优化,可使优化设计更加方便、稳健和精确可靠,帮助工程师减少试错迭代,从而缩短设计的开发和测试时间。

1. 壁厚优化

过去前端模块设计一般采用等壁厚设计,再根据 CAE 的分析结果手工进行局部壁厚优化,设计壁厚一般为 3mm。而此次设计采用了 OptiStruct 来进行基于软件的自动变壁厚设计。

首先将数据导入到 HyperMesh 中进行网格划分,然后定义壳单元的厚度,将本体的厚度设为 2.5mm,加强筋的厚度设为 2mm,局部安装点的厚度设为 5mm(其重量为 4.5kg),最后按照前端模块的性能要求对数据加载进行分析计算。前端模块网格加载分析如图 9-29

所示。

经过计算，在锁极限拉力测试时局部应力超差，导致材料屈服强度不满足性能要求。保险杠面罩安装点刚度，变形量大于设计许可的最大变形量，局部结构的刚度不能满足要求，零件结构需要进行设计优化。

将不同位置壳单元的属性进行细分，并将其厚度设定为设计优化变量，设定范围为 0.1~5mm，变化步长为 0.5mm。属性细分设定完成后的模型如图 9-30 所示。

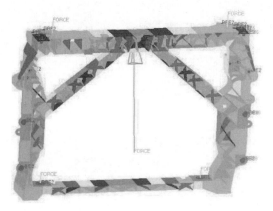

图 9-29 前端模块网格加载分析　　图 9-30 前端模块支架壁厚优化分析模型

在定义好载荷下的响应、约束以及优化目标后，便可以通过 OptiStruct 进行优化分析求解，经过迭代得到最优解，零件优化后的重量为 4.25kg，如图 9-31 所示。

2. 拓扑优化

经过壁厚优化的数据可以继续进行拓扑优化，主要是根据注塑成型工艺的需求，调整部分不合理的壁厚及优化部分加强筋的形状和布置。在 Feasible Design 的优化结果中，根据单元中的材料密度分布来进行优化，如图 9-32 所示。

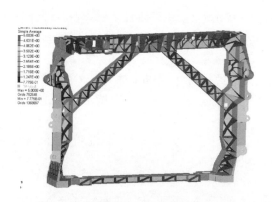 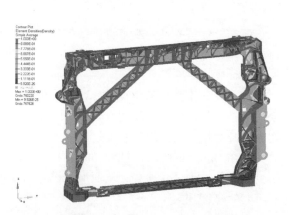

图 9-31 壁厚优化后的数据（见彩图）　　图 9-32 单元材料密度分布（见彩图）

当密度值为 1 时（红色区域），表示此区域需要材料最多，此区域产品壁厚保证不变或增加。而密度值为 0.01 时（蓝色区域），代表此区域需要材料最少，此区域产品壁厚可以减少或者将产品局部切去。按照此原则对数据进行拓扑优化，优化之后前端模块的重量为

3.8kg，材料得到了最大化的利用。

3. CAE 分析

CAE 建模软件主要是 Hypermesh，分析软件有 Abaqus、Moldflow 和 Digimat，完成 CAE 分析需塑料前端模块支架本体、前罩锁扣、前照灯安装支架、前罩缓冲垫、碰撞横梁等产品数据，包含壁厚、加强筋及安装点分布及形式，而对于前照灯和冷却系统则只需提供质心及其坐标。在有限元网格尺寸划分上，建议前端模块支架本体为 6mm×6mm，前罩锁扣和前照灯安装支架为 4mm×4mm，前碰撞横梁为 5mm×5mm。按照实车状态进行连接，零部件之间的连接采用 Beam 方式，约束 1~6 个自由度。在材料模型设置中，对于塑料前端模块支架本体，需要同时输入材料的弹性段、塑性段参数，而且需通过 Digimat 软件将 Moldflow 计算出的纤维方向文件映射至该材料模型中，其他零部件只需要输入弹性材料模型。

塑料前端模块支架是玻纤增强的塑料复合材料，其各向异性仿真分析的核心问题在于各向异性的材料模型和产品的玻纤分布。Moldflow 软件可以解决这两个问题。通过模流分析，可以获得玻纤取向数据；通过 Moldflow 和 Abaqus 软件的数据接口转换为力学计算所需的数据格式；计算采用 midplane 模型，Moldflow 软件将输出 short fiber 类型的各向异性材料模型以供 Abaqus 计算。

PP-LGF30 材料的基本性能：弹性模量为 7.7GPa，密度为 $1.12g/cm^3$，泊松比为 0.41，屈服强度为 205MPa。

塑料前端模块支架刚度分析位置如图 9-33 所示。载荷加载区域包括锁扣安装处、前罩安装点处、冷却系统安装点处、前照灯托架处。

按照前端模块的实际装车条件，需要对前端模块进行刚度及模态的测试。具体项目包括：锁极限拉力测试、发动机盖接触部位刚度、保险杠面罩安装点刚度、散热器安装点刚度、前照灯安装点刚度、机盖锁扣安装点刚度及模态计算，如表 9-6 所示。按照车型和结构的不同，对前端模块的性能要求可能也会有不同。

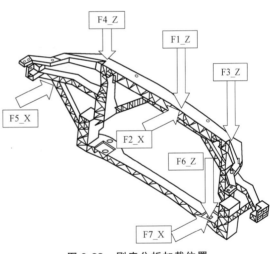

图 9-33 刚度分析加载位置

表 9-6 前端模块支架 CAE 分析项

序号	分析工况	分析项	负载/N	方向	目标值
1	散热器安装点刚度（F6、F7）	变形量	600	-Z	<2mm
2	前照灯安装点刚度（F5）	变形量	360	-Z	<1mm
3	机盖锁扣安装点刚度（F1、F2）	变形量	2400	+/-Z	<3mm
4	一阶全局模态	频率	—	—	≥35Hz
5	机盖接触部位刚度（F3、F4）	变形量	147	-Z	<0.5mm
6	保险杠面罩安装点刚度	变形量	98	-Z	<0.5mm

塑料前端模块支架 CAE 分析结果如图 9-34~图 9-39 所示。

图9-34 散热器安装点刚度（见彩图）

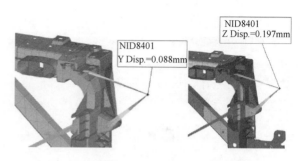

图9-35 前照灯安装点刚度（见彩图）

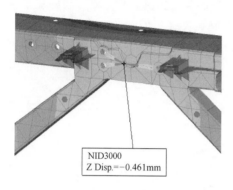

图9-36 机盖锁安装点刚度（见彩图）

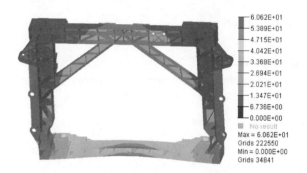

图9-37 模态分析（见彩图）

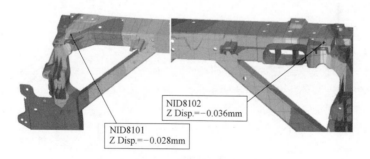

图9-38 机盖接触部位刚度（见彩图）

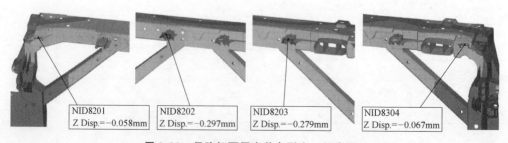

图9-39 保险杠面罩安装点刚度（见彩图）

9.2.5 产品装配过程开发

依据前期达成的共识,前端模块总成分装的装配工艺如图 9-40 所示。

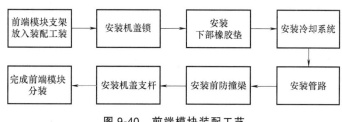

图 9-40 前端模块装配工艺

前端模块总成分装的定位概念如图 9-41 所示。

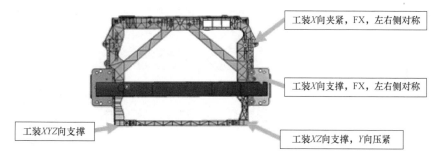

图 9-41 塑料前端模块定位

9.3 零部件装车验证

模具开发完成后进行产品的试制,产品主要外表面不允许有裂纹、毛刺、划伤;不允许有明显的熔接痕、缩痕、应力痕、银纹、波纹面、烧焦、飞边、气泡、浇口痕迹、顶白等缺陷;外观可视面上不允许有分模线。如果是设计上必须在产品外表面上产生分模线,分模线的痕迹小于 0.1mm;对于非主视面分模线的痕迹小于 0.15mm。

对塑料前端模块支架材料及产品性能进行试验验证,验证项主要有材料试验、环境试验、刚度试验和整车级试验。

9.3.1 材料试验

材料试验主要为了验证材料的性能,包括密度、燃烧灰分、力学性能及热性能等,所有测试结果满足技术规范要求,如表 9-7 所示。

9.3.2 环境试验

环境试验主要为了验证塑料前端模块支架的耐热性能、耐寒性能、耐高低温交变性能及耐化学溶剂的腐蚀性能,环境试验包括长期耐热、短期耐热、低温耐寒、高低温循环及耐腐蚀性能试验,如表 9-8 所示。所有测试结果均满足技术规范要求。

表 9-7 PP-LGF30 性能标准要求

序号	试验项目	要求	试验结果	试验方法
1	密度/(g/cm^3)	1.12±0.02	1.11	ISO 1183
2	燃烧灰分(%)	30±3	30	ISO 3451/1 A
3	拉伸强度/MPa	≥80	107	ISO 527
4	拉伸模量/MPa	≥5500	6616	ISO 527
5	弯曲强度/MPa	≥120	161	ISO 178
6	弯曲模量/MPa	≥5500	7512	ISO 178
7	冲击强度/(kJ/m^2),23℃	≥45	50	ISO 179
8	缺口冲击强度/(kJ/m^2),23℃	≥16	21	ISO 179/1eA
9	热变形温度/℃	≥150	159	ISO 75

表 9-8 塑料前端模块支架环境性能要求

测试项目	测试条件 温度	测试条件 时间	性能要求	试验结果
短期耐热性	高温:(100±2)℃ 常温:(23±2)℃	高温:5h, 常温:2h 循环2次	产品形状、尺寸、外观、颜色和表面状态无明显变化,有效面的波状高度最大变化量在0.5mm以下	试验后,样件外观无明显变化。有效面的波状高度最大变化量在0.5mm以下
长期耐热性	120℃	1000h	产品形状、尺寸、外观、颜色和表面状态无明显变化,有效面的波状高度最大变化量在0.5mm以下	试验后,样件外观无明显变化。有效面的波状高度最大变化量在0.5mm以下
耐高低温交变试验	-30~100℃	循环5次,每次5h	产品形状、尺寸、外观、颜色和表面状态无明显变化,有效面的波状高度最大变化量在0.5mm以下	试验后,样件外观无明显变化。有效面的波状高度最大变化量在0.5mm以下
短期耐寒性	(-40±2)℃	24h	产品形状、尺寸、外观、颜色和表面状态无明显变化,有效面的波状高度最大变化量在0.5mm以下	试验后,样件外观无明显变化。有效面的波状高度最大变化量在0.5mm以下
低温落球冲击试验	-30℃	24h	无裂纹产生	试验后,样件外观无开裂现象
耐化学腐蚀性	23℃化学介质:汽油、发动机润滑油、防冻液、清洗液、制动液	0.5h	无腐蚀现象发生	①93号汽油:试验后样件表面无腐蚀现象 ②防冻液:试验后样件表面无腐蚀现象 ③清洗液:试验后样件表面无腐蚀现象 ④制动液:试验后样件表面无腐蚀现象 ⑤发动机润滑油:试验后样件表面无腐蚀现象

(1) 短期耐热试验

将塑料前端模块支架放入规定温度为100℃的老化箱中停放5h后取出，在常温条件下停放2h，循环2次后，观察产品形状、外观、颜色和表面状态有无明显变化，并用塞尺测量有效面的波状高度最大变化量，如图9-42所示。

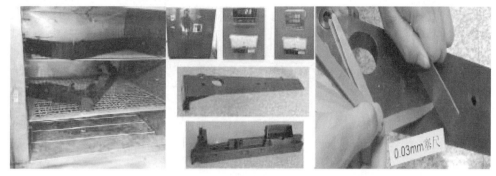

图9-42 短期耐热试验照片

(2) 长期耐热试验

将塑料前端模块支架放入规定温度为120℃的老化箱中停放1000h后取出，观察产品形状、外观、颜色和表面状态有无明显变化，并用塞尺测量有效面的波状高度最大变化量，如图9-43所示。

图9-43 长期耐热试验照片

(3) 耐寒性试验

将塑料前端模块支架放入规定温度为-40℃的低温箱中停放24h后取出，观察产品形状、外观、颜色和表面状态有无明显变化，并用塞尺测量有效面的波状高度最大变化量，如图9-44所示。

(4) 低温落球冲击试验

将塑料前端模块支架放入(-30 ± 2)℃下低温箱中，存放24h后，在低温条件下对支架任意位置进行落球冲击试验，落球重量：(1.5 ± 0.05)kg，跌落高度：(0.30 ± 0.01)m，冲击后支架无裂纹产生，如图9-45所示。

(5) 高低温交变试验

将塑料前端模块支架放入高低温试验箱中，在5min之内将测试环境从标准温度

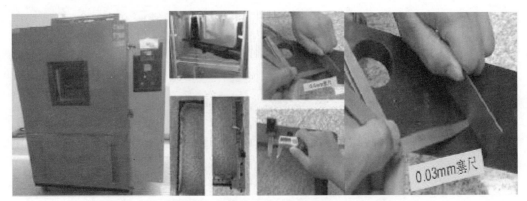

图 9-44　耐寒性试验照片

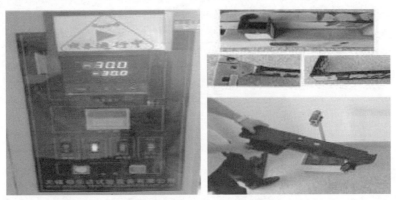

图 9-45　低温落球冲击性试验照片

(23℃)降低到-30℃，并保持 2h 之后在 5min 之内升高到标准温度（23℃），并保持 0.5h。之后在 5min 之内将测试环境的温度升高到 100℃，并保持 2h 之后在 5min 之内将测试环境的温度降低到标准温度（23℃），放置 0.5h 后进行下一次的周期试验，总共要进行 5 个周期试验。试验完成后观察产品形状、外观、颜色和表面状态有无明显变化，并用塞尺测量有效面的波状高度最大变化量，如图 9-46 所示。

图 9-46　高低温交变试验照片

（6）耐腐蚀试验

将蘸有汽油、发动机润滑油、冷却液、清洗液、制动液等化学剂 5ml（或 5g）的无纺布擦拭塑料前端模块支架表面 2~3 次。然后在环境温度为（23±2）℃，湿度为 65%±5% 条件下放置 30min 后观察擦拭表面的变化，如图 9-47 所示。

图 9-47 耐腐蚀试验照片

9.3.3 刚度试验

刚度试验主要考察锁扣刚度、散热器安装点刚度、前照灯安装点刚度和扭转刚度等，如表 9-9 所示。所有测试结果均满足技术规范要求。

表 9-9 塑料前端模块支架力学性能要求

测试项目	测试条件			指标要求		
	负载/N	方向	温度/℃	变形量/mm	外观要求	刚度/(N/mm)
锁扣刚度	2400	-Z/+Z	23	3	产品形状、尺寸、外观无明显变化	400
			80			
散热器安装点刚度	300×2	-Z	23	2		150
			80			
	50×4	-X/+X	23	1		50
前照灯安装点刚度	180×2	-Z	23	1		180
	40×2	-X/+X	23	1		40
扭转刚度			23	9°		

锁扣刚度测试在温度为 80℃、23℃ 的条件下进行（80℃ 条件要求在环境舱预处理至少 24h，试验完成时间要求在 0.5h 内）。在机盖锁扣安装点处沿锁扣受力方向（-Z/+Z 方向）采用螺旋升降机手动施加 2400N 的作用力（2 个安装点，每个安装点施加力为 1200N），采用千分表测量位移变化，测得在 -Z/+Z 方向最大变形量<3mm，满足要求，如图 9-48 所示，样件数量 2 个，每种温度条件下样件各 1 个。

散热器 Z 向支撑刚度测试分别在温度为 80℃、23℃ 的条件下进行（80℃ 条件要求在环境舱预处理至少 24h，试验完成时间要求在 0.5h 内）。在散热器质心处沿 -Z 方向采用螺旋升降机手动施加 600N 的作用力（每个支撑点 300N），-Z 方向最大变形量<2mm，样件数量 2 个，每种温度条件下样件各 1 个。

在 23℃ 条件下，零件在工装台架上呈安装状态，在散热器质心处沿 -Z 方向采用螺旋升降机手动施加 200N 的作用力（4 个支撑点，每个支撑点 50N），采用千分表测量位移变化，-X/+X 最大变形量<1mm。样件数量 1 个，如图 9-49 所示。

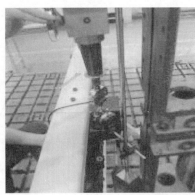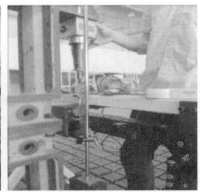

图 9-48　锁扣刚度测量照片

图 9-49　散热器区域测量照片

前照灯安装点 Z 向支撑强度测试在 23℃ 条件下进行，在前照灯安装点处沿 $-Z$ 方向施加 360N 的作用力（2 个安装点，每个安装点 180N），$-Z$ 方向最大变形量 <1mm。

前照灯安装点 $-X/+X$ 向支撑强度测试在 23℃ 条件下进行，在前照灯安装点处沿 $-X/+X$ 方向施加 80N 的作用力（2 个安装点，每个安装点 40N），$-X/+X$ 方向最大变形量 <1mm，如图 9-50 所示。

图 9-50　前照灯安装点区域测量照片

在 23℃ 条件下，将塑料前端模块支架一侧固定在工装台架上，另外一侧沿中轴线扭转 ±9°，采用数字量角器测量角度变化量。检查塑料前端模块支架是否有永久变形、裂纹及失效现象，如图 9-51 所示，样件数量为 2 个。

第9章 塑料前端模块产品开发

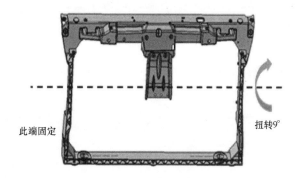

此端固定　　　　扭转9°

图 9-51　扭转刚度测试示意图

9.3.4 整车级试验

将塑料前端模块支架在整车装配条件下进行试验验证,试验项目主要包括:机盖开关耐久试验、振动耐久试验、整车 NVH 测试、整车碰撞性能试验、整车四通道道路模拟试验、整车温度场试验及综合道路试验,如表 9-10 所示。

表 9-10　塑料前端模块支架整车性能要求

测试项目	测试条件	结果要求
机盖开关耐久性能试验	搭载塑料前端模块支架的整车机盖,以每分钟 5 次的速度,让机盖做开启和自然跌落试验共 5000 次	无裂痕、变形和破损
振动耐久试验	110℃,2.7g,11Hz;振动周期:上下振动 80 万次,左右振动 20 万次,前后振动 20 万次	无裂痕、变形和破损
整车 NVH 测试	搭载塑料前端模块的白车身	满足前端模块局部模态要求($\geq$45Hz) 满足车身刚度目标要求:弯曲刚度$\geq$21752N/mm、扭转刚度$\geq$18182N·m/(°),该项指标仅供参考
整车碰撞性能试验	速度:50_{-2}^{0}km/h	满足 100% 正面碰撞性能要求
	速度:64_{0}^{+1}km/h	满足偏置碰撞性能要求
	小腿模块:(11.1±0.2)m/s	满足行人保护法规要求
整车四通道道路模拟试验	搭载塑料前端模块的整车模拟 15000km 强化耐久性	无裂痕、变形、破损等失效现象
整车温度场试验	搭载塑料前端模块支架的整车	满足整车温度场限值要求,塑料前端模块支架允许最高温度 120℃
综合道路试验	30000km	无裂痕、变形、破损等失效现象

1. 机盖开关耐久试验

对装配塑料前端模块支架的整车进行 5000 次的机盖开关耐久试验,每个温度耐久试验结束后需对前端模块状态进行检测,试验参数如表 9-11 所示。

经室温 2750 次、80℃/500 次、38℃/1250 次、-30℃/500 次共 5000 次耐久循环试验后,塑料前端模块支架无裂痕、变形、破损等失效现象,如图 9-52 所示。

表 9-11 机盖开关耐久试验参数要求

温度(℃)/湿度(%)	耐久循环(次)	循环比重(%)	关闭速度/(m/s)
室温	2750	55	1.5
80℃/室温湿度	500	10	
38℃/95%	1250	25	
-30℃	500	10	

2. 振动耐久试验

将散热器总成装配在塑料前端模块支架上,然后将塑料前端模块及其附件总成按实际工作状态固定在振动试验台上,要求此振动试验台能实现上下、左右、前后三个坐标轴的正弦振动。振动性能试验条件:110℃、2.7g、11Hz;振动周期:上下振动80万次,左右振动20万次,前后振动20万次。试验后塑料前端模块支架无裂纹、变形、破损等失效现象,如图9-53所示。

图 9-52 机盖开关耐久试验

图 9-53 振动耐久试验

3. 整车 NVH 测试

搭载塑料前端模块的白车身NVH试验包括塑料前端模块局部模态试验、车身弯曲刚度和扭转刚度试验,测试测得车身弯曲刚度20873N/mm、扭转刚度17081N·m/(°),模态测试结果如表9-12所示,满足技术规范要求。

表 9-12 模态试验结果

模态频率/Hz	振型描述
42.9	一阶扭转;前舱横向摆动
44	呼吸模态;前舱上下摆动;顶篷局部模态
48.3	一阶弯曲
49.3	防火墙及其以后车身部分的一阶扭转
54.1	底板及尾部模态
56.6	底板、尾部及前舱模态

4. 整车碰撞性能试验

装配塑料前端模块的整车碰撞试验分小腿模块行人保护碰撞、100%正面碰撞试验、偏置碰撞试验，满足碰撞要求。

5. 整车温度场试验

将搭载塑料前端模块的整车放置于环境舱内底盘测功机上，试验前在各温度测量点布置好热电偶传感器对车辆进行预热处理，确保前舱内发动机达到或接近温度平衡，待车辆充分预热后测量各工况下（山路爬坡工况、高速爬坡工况、极速工况、城市工况等）车身和车内主要部件温度数据，前端模块支架及整车温度场满足规范要求。

6. 四通道道路模拟试验

将搭载塑料前端模块的整车布置在四通道道路模拟试验机上，根据试验车型道路载荷谱，设定好整车四通道道路模拟试验机四个通道的传感器、分油器和伺服阀的配置参数。试验结束后，塑料前端支架无裂痕、变形、破损等失效现象，如图9-54所示。

图9-54　整车四通道道路模拟试验照片

7. 综合道路试验

搭载塑料前端模块支架的整车综合道路试验场地为湖北襄阳东风汽车试验场，试验路面包括：一号综合路、二号综合路、比利时路、性能路、高速环道、二号环道及标准坡道，试验里程为30000~35000km。试验结束后，塑料前端支架无裂痕、变形、破损等失效现象。

综上所述，塑料前端模块支架进行了系统的测试验证，从原材料、零部件、模块系统到搭载整车，所有试验项目都满足设计目标要求，符合产品定义。

9.4　加强筋设计规范

加强筋的设计布置包括加强筋结构形状、厚度、角度及连接方式等。加强筋一般可以采用十字形和X形设计，优先选择X形加强筋。筋的间距为50~70mm，根部壁厚为3mm。具体设计时可按实际情况再进行优化设计，如图9-55所示。

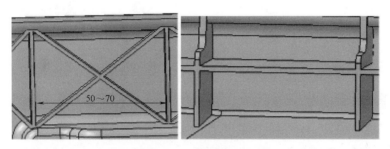

图9-55　前端模块定位

9.4.1　加强筋结构形状

不同受力情况下的加强筋设计布置如图9-56所示。

1）若部件受弯曲力，可采用背面平行的加强筋设计，提高弯曲强度（图 9-56a）。

2）若部件受扭转力，可采用对角线的加强筋设计，提升扭转强度（图 9-56b）。

3）若部件在高负载下受挠曲力，可采用垂直的加强筋设计，提高高负载下挠曲强度（图 9-56c）。

4）若部件关键安装点受高负载力，可采用加强筋设计，提高局部受力点的强度（图 9-56d）。

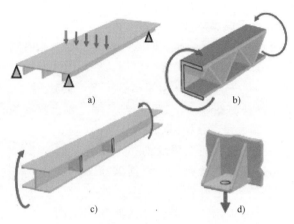

图 9-56　不同受力情况下的加强筋设计布置

9.4.2　加强筋厚度

考虑结构强度，同时考虑结构轻量化。支架主体结构壁厚均匀，厚度要求≥3mm，加强筋厚度要求≥1.5mm。关键安装点如锁扣及车身连接安装点，需设计足够的加强筋。此时，安装点壁厚设计要求≥4.0mm，加强筋厚度要求≥2.0mm。为保证加强筋强度，加强筋拔模角可减小至1°，深度≤40mm。加强筋厚度设计如图 9-57 所示。

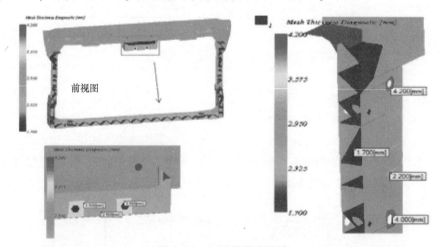

图 9-57　加强筋厚度设计

9.4.3　加强筋角度

加强筋角度设计要求，角度设计范围可考虑采用 30°~60°，45°是最理想的角度，将会提供最佳的力学性能，如图 9-58 所示。

加强筋连接点和加强筋与主体梁的结合处，都存在锐角转角。锐角转角带来的问题导致玻纤断裂、强度下降。设计解决方案采用圆弧过渡。①加强筋连接点的圆弧半径为 2mm；②加强筋与主体梁的圆弧半径设计为 1mm（大部分为低剪切区域）。同时，顶杆接触面可设计为圆弧，便于脱模。加强筋圆弧半径设计如图 9-59 所示。

图 9-58 加强筋角度设计

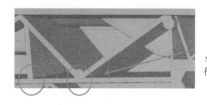  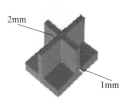

图 9-59 加强筋圆弧半径设计

9.4.4 加强筋间的连接方式

加强筋与加强筋之间设计要求有连接点，避免产生薄弱区。加强筋的连接方式设计如图 9-60 所示。

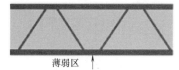 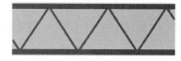

图 9-60 加强筋的连接方式

当采用普通壁厚在 4mm 以下的加强筋，如图 9-61a 所示，零件结构的机械强度和刚度还是太低而不满足性能要求时，需要考虑选用十字交错的加强筋设计，如图 9-61b 所示，这可提供更高的结构强度。这种结构只应用在非常有必要的情况下，因为这会导致狭窄而深的型芯，影响零件脱模。

a) 标准刚度加强筋设计　　　　　　　b) 更高刚度加强筋设计

图 9-61 十字加强筋设计

9.4.5 加强筋间的深宽比设计

塑料前端模块支架结构设计完成后，应分析检查结构设计的合理性，检查其是否影响注塑成型。

深宽比（D/W）是重要的衡量指标，直接影响成型零件的冷却周期和结构强度。深宽比的定义如图 9-62 所示，内切圆的直径为宽度 W，结构剖面深度为 D。最佳的设计结构深宽比（D/W）要求在 2.5~3.0 之间。

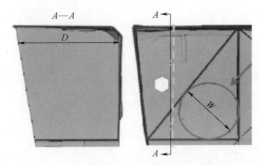

图 9-62 加强筋深宽比

9.5 总结

本章全面介绍了塑料前端模块产品的设计和验证过程。在开发之初依据项目要求定义好前端模块的种类、材料和集成度,依据集成度的定义来布置附件的安装位置和结构,其中,机盖锁、冷却系统的布置是附件布置中最重要的工作。附件布置的完成就形成了前端模块产品的布置位置,也就大致确定了前端模块的形状。布置合理的前端模块形状是保证其性能的最重要基础,接着基于装配工艺的要求来设计总成和附件的装配方式。在整体结构设计完成后按照性能要求来进行加强筋的设计,这也是前端模块设计的重要内容,完成后的数据通过OptiStruct 软件的优化设计使产品完全达到性能目标。在优化数据的同时完成了产品的虚拟验证,使得产品变更减少,开发速度加快,设计质量提高。

在零件工装开发和样件试制完成后,首先需要完成包括材料性能、环境、刚度性能等方面的试验验证,并最终通过整车级试验来完成对塑料前端模块产品性能的验证。

通过对塑料前端模块产品的开发实践,可以在保证性能达标的前提下将复合前端模块优化设计为全塑前端模块。根据复合前端模块与全塑前端模块的设计数据,从零件数量、重量、成本方面进行了对比,全塑前端模块支架极大地减少了零件的数量,集成度为8,重量减少39%,成本降低约25%,轻量化效果明显。

参考文献

[1] 刘阳,李瑞生,徐晶才. 汽车前端模块的优化设计 [J]. 汽车实用技术,2018 (8):74-76.

[2] 赵涌,张吉光,史荣波,等. 塑料前端模块支架测试方法 [C]//中国汽车工程学会. 2013 中国汽车工程学会论文集. 北京:北京理工大学出版社,2013.

[3] 赵涌,史荣波,陈云霞,等. 塑料前端模块支架设计方法 [C]//中国汽车工程学会. 2013 中国汽车工程学会论文集. 北京:北京理工大学出版社,2013.

第10章 压铸镁合金仪表板横梁开发

仪表板横梁（Cross Car Bar，CCB）是为仪表板本体及其附件（如收音机、空调控制模板、仪表等）、乘员侧安全气囊、转向管柱（有时包括制动踏板、加速踏板、离合器踏板等底盘零部件）、空调箱、线束等零部件提供支承的结构件，同时也是模块化仪表板总成装配过程中的辅助夹具和定位支承件。它直接与车身相连，在整车正面碰撞时对整个驾驶室起到加强作用，承受所支承和连接零部件传递的载荷，对乘员的安全性有较大的影响。

10.1 仪表板横梁轻量化方案简介

目前，汽车用仪表板横梁主要采用钢管和钣金件焊接而成，此类钢制仪表板横梁总成的组成零件数量多，需要焊接组装，不利于尺寸控制，且整体重量大，不符合轻量化的理念。但是钢管钣金焊接型仪表板横梁由于拥有明显的价格及性能优势，因此得到了广泛应用。

随着汽车轻量化的需求越来越大，仪表板横梁也在向轻量化方面发展。仪表板横梁的主要轻量化方案件见表10-1和图10-1，可根据车型定位、轻量化方案的技术成熟度，以及应用成本等诸多方面选择相应的方案。

表 10-1 仪表板横梁各种轻量化方案对比

	方案	重量	价格	技术成熟度	应用车型	应用推荐
镁合金	镁合金整体压铸	—	—	—	宝马、捷豹、路虎、奔驰、沃尔沃吉利帝豪、荣威550、奇瑞G6等	中高端/新能源车
	镁+钢				沃尔沃 XC60/S60、福特 Galaxy、菲亚特 Bravo、荣威 I6 等	紧凑型 C 级车
铝合金	铝冲压件焊接				奥迪 A6/A3 等、大众速腾/迈腾/高尔夫 V/Polo 等	中高端/新能源车
	铝型材件焊接				凯迪拉克 ATS、阿尔法·罗密欧 Giulia、欧宝 Ampera 等	紧凑型 C/D 级车
	挤压铝型材+铸铝+钢	—	—	—	奔驰 C/E 系、GLK 等	中高端/新能源车

(续)

方案	重量	价格	技术成熟度	应用车型	应用推荐
镁合金+铝合金+塑料	—	—	—	奔驰 E/S/M 系	高端车
铝合金+塑料	—	—	—	奔驰 A/B/C 系	高端车
钢+塑料	—	—	—	福特福克斯、沃尔沃 C70/S40 等	紧凑型 C 级车
差厚管	—	—	—	上汽、长城等	紧凑型 B/级车
碳纤维复合材料	—	—	—	概念非量产,长安已开发	成本高,高端车用量也有限
全塑	—	—	—	概念非量产,吉利已开发	微型车

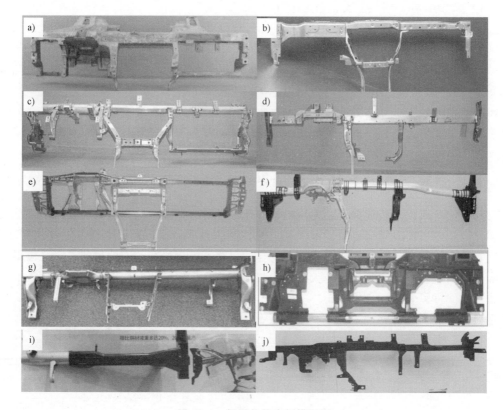

图 10-1 轻量化仪表板横梁图

a)镁合金压铸 b)铝冲压焊接 c)铝挤压焊接 d)铝挤压件+铸铝+钢 e)钢/镁复合
f)镁/铝/塑料复合 g)差厚管 h)钢塑复合 i)碳纤维复合材料 j)全塑

10.2 镁合金汽车仪表板横梁应用现状

镁合金是最轻的金属结构材料,镁合金的应用可以减轻整车重量,并间接减少了燃料消耗量,降低排放,满足现代汽车工业对减重、节能的要求。镁合金已经成为汽车用材料的重要发展方向,被誉为"21世纪的绿色工程材料"。

镁合金应用于汽车工业有如下优势：

1）轻量化。镁合金的密度为 $1.78g/cm^3$，约为钢铁的 1/4，铝合金的 2/3，是金属结构材料中最轻的金属。替换钢铁件一般减重都在 50%以上，从而间接减少了燃料消耗量。

2）减振性能好。镁合金具有很高的阻尼系数和良好的减振性能，可承受较大冲击振动，减振量大于铝合金和铸铁，用于制造壳体可以降低噪声，用于制造座椅、轮毂可以减小振动，从而提高汽车的安全性和舒适性。

3）比强度和比刚度高。镁合金密度比钢和铝合金轻，比强度高于铝合金和钢，比刚度接近铝合金。

4）铸造性能好。镁合金具有良好的铸造性和尺寸稳定性，易加工且废品率低，从而可以降低生产成本。

5）设计灵活。开发产品的时候，局部需加强刚度时可增加厚度，需让出空间时可减小厚度，可使产品高度集成化。

6）便于生产。整体压铸，工艺简单，生产环节减少，便于物流、生产和质量管理，更容易控制质量，有效降低成本。

7）回收利用性好。镁合金可以从废品、废料的再生资源中获得，可进行 100%回收利用，且由于镁熔点低，回收再利用的耗能也更少，其再生比塑料和铁等其他材料的再生所需要的能源用量少。

压铸镁合金仪表板横梁的应用是由小体积零件向更大体积零件过渡迈出的重要一步，其相对于传统钢制仪表板横梁，最高减重达到 60%以上，可集成仪表板横梁周边 30~60 个支架类零部件，总成的尺寸稳定性得到大幅度提高。镁合金仪表板横梁相对于传统的钢制仪表板横梁有着较高的减振、降噪特性，同时也可以提高横梁的刚度。

10.2.1 国外镁合金仪表板横梁应用现状

德国奥迪公司于 20 世纪 80 年代研制成功第一个镁合金压铸仪表板并应用于 V-8 型奥迪轿车中。已采用这类镁合金压铸仪表板横梁的车企有通用、奔驰、宝马、克莱斯勒、菲亚特、阿尔法-罗密欧、大众、福特、捷豹、路虎等汽车公司。目前至少有 30 款以上车型正在采用镁合金压铸仪表板横梁，见表 10-2。

表 10-2 国外压铸镁合金仪表板横梁应用现状

序号	国家	品牌	车型	年代	重量/kg	牌号
1	意大利	阿尔法-罗密欧	147	2004	5.90	AM60B
2	意大利	阿尔法-罗密欧	159	2006	6.60	AM60B
3	意大利	阿尔法-罗密欧	Giulietta	2010	6.43	AM60B
4	德国	宝马	X3	2012	3.81	AM60B
5	德国	宝马	X5	2013	4.89	AM60B
6	德国	宝马	i3	2014	4.08	AM60
7	德国	宝马	7系	2015	4.66	MgAl6Mn
8	德国	宝马	5系	2017	4.80	MgAl6Mn
9	德国	宝马 MINI	Cooper S	2006	4.61	MgAl6Mn
10	德国	宝马 MINI	Clubman Cooper S	2007	4.64	MgAl6Mn
11	德国	宝马 MINI	Countryman	2010	4.44	MgAl6Mn

(续)

序号	国家	品牌	车型	年代	重量/kg	牌号
12	德国	奔驰	E 级	2003	3.70	AM60B
13	德国	奔驰	CLS 级	2007	3.08	AM50
14	德国	奔驰	M 级	2012	4.36	AM60B
15	德国	奔驰	GLC 级	2017	3.64	—
16	意大利	菲亚特	Croma	2005	6.87	AM60B
17	意大利	菲亚特	500X	2014	5.34	AM50A
18	英国	捷豹	S-type	2001	5.20	AM60B
19	英国	捷豹	XJ	2010	5.58	MgAl6Mn
20	英国	捷豹	XE	2015	3.54	MgAl6Mn
21	英国	捷豹	F-Pace	2016	3.84	MgAl6Mn
22	英国	路虎	发现	2004	5.28	AM60B
23	英国	路虎	揽胜	2012	5.72	MgAl6Mn
24	美国	吉普	大切诺基	2012	4.66	AM60B
25	美国	吉普	自由侠	2015	5.12	AM60B
26	美国	克莱斯勒	道奇酷博	2007	5.20	AM60B
27	美国	福特	探险者	2006	5.30	AM60B
28	法国	标致	508	2011	4.41	AM60B
29	瑞典	沃尔沃	XC90	2015	3.41	MgAl5Mn
30	瑞典	沃尔沃	S90	2017	3.28	MgAl5Mn

由表 10-2 可以看出：

① 镁合金仪表板横梁常用的牌号主要为 AM60B（MgAl6Mn），其次是 AM50A（MgAl5Mn）。

② 随着技术的发展，近几年来镁合金压铸仪表板横梁的重量基本可以做到 3.3~5kg，减重效果非常显著。

图 10-2 为压铸镁合金仪表板横梁典型结构图片，有开放式和封闭式两种结构，根据车型定位及仪表板横梁周边边界条件确定结构形式。

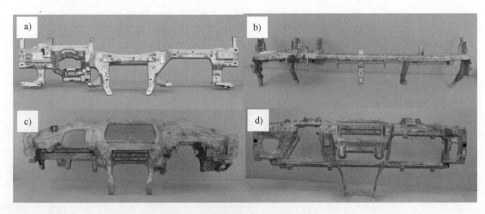

图 10-2 压铸镁合金典型结构图片

a) 宝马 5 系 b) 标致 508 c) 捷豹 XJ d) 路虎揽胜

10.2.2 国内镁合金仪表板横梁应用现状

压铸镁合金仪表板横梁早期主要应用在国外品牌汽车，国内自主品牌汽车应用较少。随着国内汽车市场的发展，基于轻量化和新技术的需求，镁合金仪表板横梁也开始应用到国内自主品牌汽车上。据不完全统计，国内应用镁合金仪表板横梁的主要车型见表 10-3 及图 10-3。奇瑞在压铸镁合金仪表板横梁的应用上走在了前列，早在 2009 年就在 G6 车型上批量应用了压铸镁合金仪表板横梁，钢骨架重约 12.6kg，镁合金仪表板骨架重为 4.25kg，单件轻量化率 55% 以上，材料牌号为 AM60B。吉利和上汽荣威近年来也开始采用压铸镁合金仪表板横梁。因压铸镁合金仪表板横梁成本较高，根据横梁大小不同，成本约增加 20%~40%，国内自主品牌汽车对此的应用相对还是较少。

表 10-3 国内压铸镁合金仪表板横梁应用现状

序号	国家	品牌	车型	年代	重量/kg	材料牌号
1	中国	吉利	帝豪	2016	4.52	AM60B
2	中国	荣威	550	2016	4.42	AM60B
3	中国	奇瑞	G6	2009	4.25	AM60B
4	中国	北汽新能源	C11CB	2018	6.0	AM50A

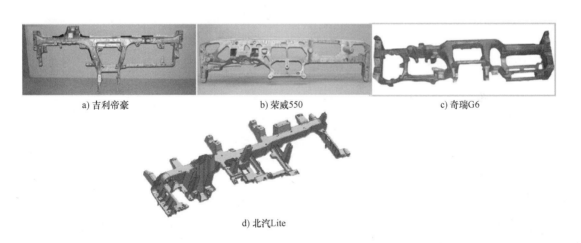

a) 吉利帝豪　　　　b) 荣威550　　　　c) 奇瑞G6

d) 北汽Lite

图 10-3 自主品牌汽车典型压铸镁合金仪表板横梁

10.3 压铸镁合金仪表板横梁开发案例

10.3.1 材料选择

目前，汽车用镁合金零件绝大多数为压铸件，压铸镁合金主要有四个系列：AZ（Mg-Al-Zn）系、AM（Mg-Al-Mn）系、AS（Mg-Al-Si）系和 AE（Mg-Al-RE）系。其中，AZ 系合金具有良好的铸造性能、屈服强度和耐腐蚀性，广泛用于汽车座椅、变速器壳体等；AM系合金主要用于要求具有较高的延伸率、韧性、抗冲击性能、优良耐腐蚀性的零部件，如仪表板骨架、方向盘、车门等；AS系和AE系合金主要用于耐热压铸镁合金部件。目前，用于汽车结构件的镁合金中，AZ和AM这两种系列占90%。

各系列典型合金牌号主要有AZ91D、AM50A、AM60B、AS41、AE42等，化学成分和力学性能见表10-4和表10-5。

表10-4 常用压铸镁合金的化学成分　　　　　　　　　　　　　　单位：%

牌号	Al	Mn	Zn	Si	Cu	Ni	Fe	RE	其他
AZ91D	8.3~9.7	0.15~0.5	0.35~1.0	0.1	0.03	0.002	0.005	—	0.02
AM60B	5.5~6.5	0.24~0.6	0.22	0.1	0.1	0.002	0.005	—	0.02
AM50A	4.4~5.4	0.26~0.6	0.22	0.1	0.1	0.002	0.004	—	0.02
AS41B	3.5~5.0	0.35~0.70	0.2	0.5~1.5	0.02	0.002	0.0035	—	0.02
AE42	3.6~4.4	≥0.1	0.2	—	0.04	0.001	0.004	2.0~3.0	0.02

表10-5 常用镁合金的力学性能

牌号	抗拉强度/MPa	屈服强度/MPa	延伸率(%)	疲劳强度/MPa	硬度/HB
AZ91D	240	160	3	50~70	70
AM60B	225	130	8	50~70	65
AM50A	210	125	10	—	60
AS41B	215	140	6	50~70	60
AE42	230	145	10	—	60

AZ91D中铝的含量最高，强度最高，但塑性最低。该牌号良好的强度重量比、防腐性能，优异的可铸造性，一般用于硬度比变形能力更重要的动力系和机械部件，例如：离合器壳体、阀套、转向盘轴、凸轮罩、制动托盘支架等。

AM60B一般用于汽车安全部件的压铸，如仪表板横梁和座椅骨架，该合金具有优异的延展性、能量吸收特性、强度和可铸造性。AM50A比AM60B的铝含量低，该合金提供更大的延展性，但是强度略低，铸造性也有所降低。它一般用于要求超过AM60延伸特性的应用。

AS41B的蠕变强度在170℃以下范围内优于AZ90D和AM60B，同时具有较好的伸长率、屈服强度和抗拉强度，已用于空气冷却汽车发动机的曲轴箱、风扇罩和电机支架等。

主流车型仪表板横梁形状复杂、体积大而且壁厚不均，要求承载各种仪表仪器，因此要求具有较高的韧性和强度，通过综合考虑AM60B和AZ91D的性能以及参考有关文献资料，最终决定选用AM60B作为压铸镁合金仪表板横梁的材料。

10.3.2 结构设计

设计压铸镁合金仪表板横梁时，需考虑不改变传统的转向管柱，不影响仪表板总成内部空间布置及尽可能利用原有边界条件,保证镁合金仪表板横梁与车身的连接点与原钢制仪表板横梁方案相同。参照原钢制仪表板横梁进行镁合金仪表板横梁替代设计及截面尺寸优化分析,经过概念设计及多轮结构数据修改,完成并通过所有 CAE 分析,得到符合要求的结构设计数据。

图 10-4 是某车型镁合金仪表板横梁的结构图,图 10-4a 是原钢制仪表板横梁方案,重 10kg,由 30 个左右的冲压件焊接而成;图 10-4b 是经过多轮设计后的镁合金一体化整体压铸仪表板横梁结构图,零件数量大大减低,重约 4.25kg,减重达 50% 以上。

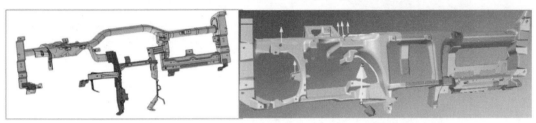

a) 原钢制仪表板横梁　　　　　　　　b) 镁合金仪表板横梁

图 10-4　镁合金仪表板横梁结构设计图

10.3.3　性能 CAE 分析

1. 刚度模态 CAE 分析

仪表板横梁上附件非常多,导致受力复杂,且方向不同,因此要根据不同的附件和不同的状态进行分析。车辆在正常行驶中,仪表板横梁各个部位处于完全振动状态,通过模态分析可以得到仪表板横梁的振动特性,通过设计和优化改善该结构的动态特性,避免与汽车其他零部件产生 NVH 恶化现象。镁合金仪表板横梁刚度分析见图 10-5。另外,如果刚度不合理,将直接影响仪表板横梁的可靠性、NVH 特性等关键指标,因而必须对仪表板横梁进行刚度、模态分析。分析结果见表 10-6,镁合金仪表板横梁的刚度、NVH 性能满足性能要求。

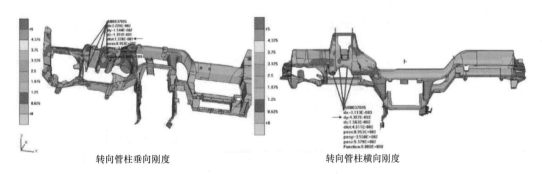

转向管柱垂向刚度　　　　　　　　转向管柱横向刚度

图 10-5　镁合金仪表板横梁刚度分析

2. 安全性能 CAE 分析

当车辆前端发生碰撞或偏移时,仪表板横梁能加强车身的结构强度,防止机舱的坚硬部件对乘员舱的侵入,从而保护乘客的搭乘空间。当车辆发生侧碰时,仪表板横梁与 A 柱连接,能有效地减小车辆的变形。当车辆发生正碰时,仪表板横梁承载着前排乘客席安全气囊静载荷和气囊爆破时的动载荷,从而保护乘员的安全,因而需开展仪表板横梁的安全性能 CAE 分析。镁合金仪表板横梁 NVA(模态)分析见图 10-6。

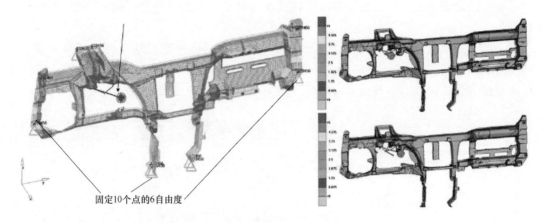

图 10-6 镁合金仪表板横梁 NVH(模态)分析

表 10-6 仪表板横梁刚度、模态 CAE 分析结果

序号	载荷	目标	CAE 分析结果	备注
1	横梁刚度 V 横梁刚度 L	≥580N/mm ≥860N/mm	$V=764$N/mm $L=2395$N/mm	合格
2	NVH 模式	≤37Hz(L) 41~43Hz(V) 85%横梁	$L=34.3$Hz 98% $V=41.5$Hz 94%	合格

根据仪表板横梁的受力情况和 CAE 分析要求,开展 PAB(前排乘员侧气囊)加载、膝部载荷、侧面冲击载荷、ODB(偏置变形障碍碰撞)载荷四个方面的安全性能仿真分析,得出给定的工况下仪表板横梁的等效应力分布情况。最后对镁合金仪表板横梁的重量进行仿真分析。

分析结果表明:应力集中主要发生在安装仪表的螺栓支点,仪表板横梁的其余部位受载荷程度较低,应力值较小且分布均匀(图 10-7~图 10-11)。镁合金仪表板横梁完全满足给定的零部件的性能要求,达到了使用条件(具体见表 10-7)。

在性能 CAE 分析完成后,对压铸镁合金仪表板横梁的重量进行 CAE 仿真分析,分析重量为 4.25kg,实际重量为 4.68kg,仿真分析准确度较高。

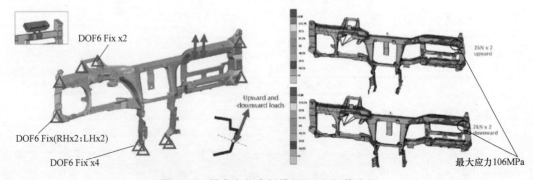

图 10-7 镁合金仪表板横梁 PAB 加载分析

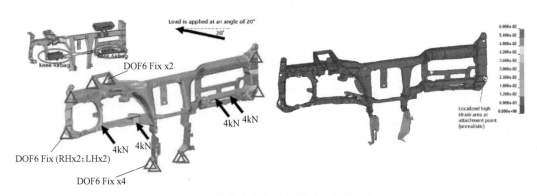

图 10-8　镁合金仪表板横梁膝部加载分析

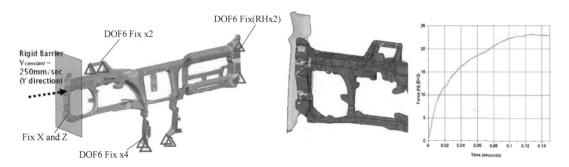

图 10-9　镁合金仪表板横梁侧面冲击载荷分析

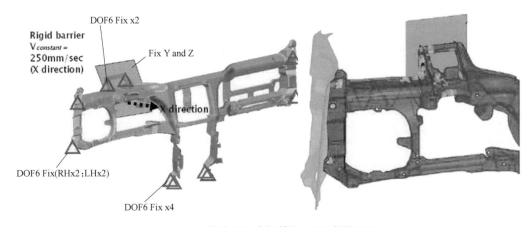

图 10-10　镁合金仪表板横梁 ODB 载荷分析

表 10-7　仪表板横梁安全性能 CAE 分析结果

序号	载荷	目标	CAE 分析结果	备注
1	PAB 加载 2kN×2（上和下）	应力≤130MPa（屈服）	应力=106MPa	合格
2	膝部加载（4kN×4）	不失效	合格	合格
3	侧面冲击载荷	最大载荷≥16kN	最大载荷为 18.0kN	合格
4	ODB 载荷	最大载荷>9kN	最大载荷为 11kN	合格
5	重量	<5kg	4.25kg	合格

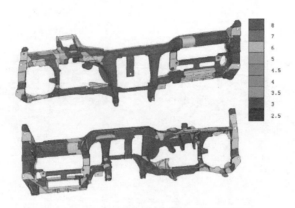

图 10-11　镁合金仪表板横梁重量分析界面

10.3.4　成形工艺

镁合金熔点低、凝固潜热小、凝固速度快、黏度低、流动性好且易于充满复杂型腔等特点，因而特别适合于压铸生产。目前，90%以上的工业用镁合金铸件是通过压铸方法制造的。压铸成形是目前最成熟、应用最广的方法，在欧美、日本和我国台湾地区已有相当规模。镁合金压铸可分为热室技术和冷室技术，热室压铸法通常用于生产质量不大的薄壁件；冷室压铸通常用来生产厚壁件和大铸件。

镁合金的特点：①流动性好，易铸造复杂而壁薄的零件；②比热容低，容易获得较高的冷速；③密度低，在适中的压力下可以获得理想的铸件；④在液态镁合金中，铁的溶解度很小，降低了遇铝而黏结的倾向。

结合镁合金的特点及仪表板横梁的结构特点，选择冷室压铸制造镁合金仪表板横梁。

10.3.5　连接技术

镁合金的连接技术主要有机械连接（铆接和螺纹联接）、胶接及焊接，铆接和胶接主要用于镁板，镁合金焊接难度比较大，适用于整体压铸镁合金仪表板横梁的连接技术主要是螺纹联接。

螺纹联接的优点是结构简单、装拆方便、连接可靠、生产率高和成本低廉，缺点是螺纹部分存在应力集中，在变载荷下较易损坏。镁合金的螺纹紧固在汽车等领域有着重要应用，镁合金螺纹联接需要解决两个问题：螺纹联接的疲劳失效和镁合金的电偶腐蚀。

防止镁合金螺纹联接疲劳失效的方法主要是增加螺纹联接接头的强度：一方面要选用大小合适的螺栓直径，另一方面采用强度较高的材料作为联接件是提高疲劳接头强度的有效方法。

(1) 钢紧固件

1) 钢丝螺套。镁合金的强度低，在镁合金上直接生成的螺纹强度及承载能力都不高，不易满足设计需要。而钢丝螺套正是解决这些缺点的新型螺纹联接结构元件，钢丝螺套（Wire Thread Insert）简称丝套，是一种新型内螺纹紧固件，它是由高强度、高精度、高表面质量的耐蚀菱形截面的钢丝绕制而成，其形如弹簧，末端有一安装柄，利用安装柄借助于专用工具将其拧入基体特定的螺孔中，丝套的外表面靠弹力贴合在螺孔上，其内表面形成新的螺孔，用于拧入螺钉或螺栓，使螺钉或螺栓不直接与基体接触，保护了基体及螺钉，特别在铝、镁合金等低强度工程材料上应用可以明显提高强度和耐磨性,同时它还改善了螺纹的受力情况,使螺纹整体用力,可避免滑丝、错牙现象,并获得优良的连接性能。根据实际的情况决定,是否需要在镁合金上使用钢丝螺套。图10-12是菲亚特Croma镁合金仪表板横梁上的钢丝螺套。

图10-12 菲亚特Croma镁合金仪表板横梁上的钢丝螺套

2)其他钢制螺纹紧固件。螺纹紧固件的表面处理技术主要有粉末渗锌技术、达克罗涂层技术(又称锌铬涂层)、电镀锌及锌-镍合金、氟碳涂层技术(氟碳树脂制成的有机涂层)、复合涂覆层技术等。锌与镁最相容,锌涂层可有效减小钢与镁之间的电偶腐蚀。合理选择垫圈、垫片也能有效控制镁合金与异种金属连接处的电偶腐蚀。

一般,如果直接连接到镁合金基体上的紧固件采用达克罗涂层;若不直接与镁合金接触,则采用其他紧固件常用的表面处理。

(2)铝合金紧固件

铝合金紧固件应用于镁合金的连接越来越受到关注,相对于钢,铝合金螺栓有更轻质量、更少夹紧载荷损失和更少的电偶腐蚀等优点。在腐蚀性环境下,在热负载状态下来连接镁部件,Al6056是最佳选择。采用这种合金适宜的热处理工艺参数,Al6056可达到的抗拉强度为400N/m,并且和镁接触有着良好的抗电偶腐蚀性能。

铝合金紧固件包括铝制螺栓、螺钉、螺母、垫圈、垫片等,均可用于镁合金的连接。这些铝合金紧固件用于最高约为150℃的热负荷状态下,表现出非常稳定的力学性能。汽车动力系统零部件部件,即发动机和变速器要求较高的工作温度一般在150℃范围,铝合金紧固件能满足上述温度要求。这种铝合金紧固件不需要任何额外的抗腐蚀涂层,采用简单的润滑剂就可以控制紧固机理,在连接点的使用寿命期间耐腐蚀性能不改变。KAMAX的公司研制的OKS1700合成蜡特别适合于作为铝合金紧固件的润滑剂,当温度升到最高150℃时,摩擦因数仍相当稳定。

(3)螺纹联接典型方式及案例

压铸镁合金仪表板横梁螺纹联接的典型方式有以下几种,如图10-13~图10-15所示。

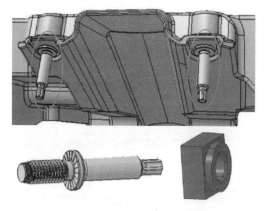

图10-13 双头螺柱+标准螺母

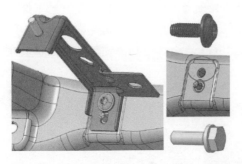
图 10-14 自攻螺钉+光孔、标准螺栓+螺纹孔

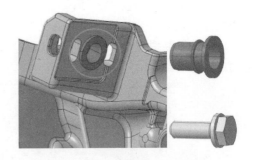
图 10-15 拉铆螺母+标准螺栓

图 10-16 为吉利汽车帝豪的镁合金仪表板横梁的螺纹联接方式，采用六角法兰面螺栓+光孔，镁合金仪表板横梁上为光孔，通过螺栓将仪表板横梁连接在车身上，车身上带有螺纹孔。

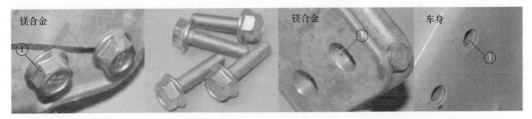
图 10-16 吉利帝豪镁合金仪表板横梁螺纹联接方式：六角法兰面螺栓+光孔

图 10-17 为上海汽车荣威 550 的镁合金仪表板横梁的螺纹联接方式，采用内梅花头六角螺钉+螺纹孔，镁合金仪表板横梁上带螺纹孔，通过螺钉将车身附件与仪表板横梁螺纹孔联接。

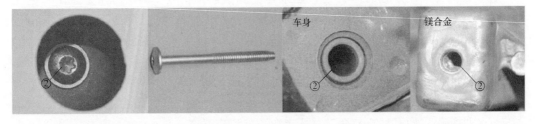
图 10-17 荣威 550 镁合金仪表板横梁螺纹联接方式：内梅花头六角螺钉+螺纹孔

图 10-18 为菲亚特 500X 镁合金仪表板横梁螺纹联接方式，采用双头螺柱+垫圈+螺母，为了增大镁合金基体的螺纹联接强度，采用了一些附件、垫圈、螺钉（含尼龙内螺纹）。

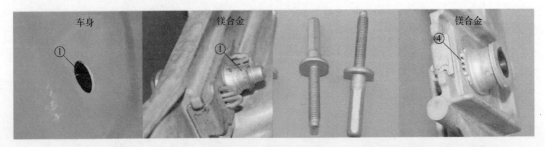
图 10-18 菲亚特 500X 镁合金仪表板横梁螺纹联接方式：双头螺柱+垫圈+螺钉+螺母

(4) 压铸镁合金仪表板横梁连接方案

前期方案在连接的地方加塑料或铝合金垫片或者涂尼龙等进行保护，确保镁合金和异种金属不直接接触即可，减少装车时腐蚀问题。

经过调研发现，宝马 X5 的镁合金仪表板横梁的安装与连接方式未采用垫片；奇瑞汽车公司多次验证后未发现问题，故奇瑞汽车开发的镁合金仪表板横梁连接部位直接钢制螺栓联接，不使用垫片（图10-19）。

10.3.6 腐蚀与防护

镁合金的腐蚀类型有全面腐蚀、电偶腐蚀、局部腐蚀、应力腐蚀开裂与腐蚀疲劳和晶间腐蚀等。

镁合金在不同的腐蚀介质中表现出不同的腐蚀特征，对于汽车内饰件的压铸镁合金的腐蚀大多为电偶腐蚀（又称接触腐蚀），由于镁合金的电极电位很低，

图 10-19 奇瑞汽车某仪表板横梁采用钢制螺栓联接

与电极电位高的金属材料接触时极易发生电偶腐蚀，可以是与镁合金接触的其他金属材料，或者镁合金内部的第二相和杂质元素，分别称为外部电偶腐蚀和内部电偶腐蚀。Fe、Ni、Cu 等元素具有低氢过电位，通常充当高效阴极，在镁合金中会导致严重的电偶腐蚀，而 Al、Zn、Cd 等金属具有较高的氢过电位，在一定程度上可以提高镁合金的耐腐蚀性能。

减少电偶腐蚀的方法：①减少异种金属接触的相对面积；②减少不同金属和镁之间有效腐蚀电位的差异；③具有共同电解质的不同金属与镁保护涂层。

影响镁合金耐蚀性的主要因素有合金成分、显微组织、腐蚀介质。因而镁合金腐蚀的防护措施主要有：①改善镁合金的基体耐腐蚀性，即通过优化合金成分，改善镁合金的微观组织等方式提高基体材料的耐蚀性；②采用表面防护处理技术，通过表面防护层对基体进行保护，隔离腐蚀介质与基体的接触，从而提高镁合金的耐腐蚀性。

镁合金表面处理技术主要有表面改性技术和表面涂层处理，表面改性技术有化学转化膜处理、阳极氧化、微弧阳极氧化、激光表面改性、离子注入等；表面涂层处理有电镀和化学镀、气相沉积、热喷涂、涂覆等。

由于仪表板横梁在汽车仪表板内部，工作环境相对较好，不与液态物质等有害杂质接触，目前开发高纯镁合金材料已成为镁合金压铸仪表板横梁的主要途径，主要采用纯净化处理工艺，降低有害杂质元素含量，提高本体耐腐蚀性。

经过多方调研与验证，奇瑞汽车开发的压铸镁合金仪表板横梁不采用表面处理技术。上文中的压铸镁合金仪表板横梁均无表面处理。

10.3.7 性能验证

根据产品设计要求，分别对所开发的镁合金仪表板横梁进行零件性能试验、道路试验和碰撞安全试验。

1. 零件性能试验

实际中，仪表板横梁总成上连接转向管柱系统，具有承受方向盘受力的作用，对于此处

受力的仪表板横梁需要具有抵抗变形的作用，这个性能指标成为仪表板横梁总成的关键性能指标，因为这直接使驾驶员感受到方向盘在抖动或碰撞时的侵入变形量。因而有必要开展静态管柱"入侵"和转向管柱处横梁刚度台架试验。静态侧面负载试验是为了验证侧面冲击载荷 CAE 仿真分析的准确性，是否满足产品性能要求。

(1) 静态管柱"入侵"试验

试验方法：将镁合金仪表板横梁样件两端分别固定在两个夹具上，一端模拟固定在乘客座的 A 柱处，另一端模拟中间通道的 H 梁固定。夹具盘安装在管柱支架安装处，其与管柱支架功能形状一样。试验时，通过加载缸沿"X"方向加载负荷，加载点位于夹具盘上。记录力—变形曲线，找出零件在失效前所能承受的最大力（图 10-20）。

(2) 转向管柱处横梁刚度试验

试验方法：将镁合金仪表板横梁样件两端分别固定在两个夹具上，一端模拟固定在乘客座的 A 柱处，另一端模拟中间通道的 H 梁固定。夹具盘安装在管柱支架安装处，其与管柱支架功能形状一样。负荷就加在此夹具上（图 10-21）。

图 10-20　静态管柱"入侵"试验

图 10-21　转向管柱处横梁刚度试验

(3) 静态侧面负载试验

试验方法：将镁合金仪表板横梁样件两端分别固定在两个夹具上，一端模拟固定在乘客座的 A 柱处，另一端模拟中间通道的 H 梁固定。夹具盘连接到驾驶座的 A 柱处，并与气缸相连。试验时沿"Y"方向，通过加载缸对零件的驾驶员处的 A 柱施加负荷，直到零件失效。记录力—变形曲线，找出零件在失效前所能承受的最大力（图 10-22）。

图 10-22　静态侧面负载试验

经过静态管柱"入侵"、转向管柱处横梁刚度和静态侧面负载台架试验验证,试验结果均符合标准要求(表10-8)。

表10-8 台架性能试验结果

试验项目	最大载荷/刚度值	目标值	判定
静态管柱"入侵"	14.5kN(断裂)	≥9.5kN	合格
转向管柱处横梁刚度	1085.38N/mm	≥580N/mm	合格
静态侧面负载	19kN(未断裂)	≥16kN	合格

2. 道路试验

在完成了材料和零部件台架试验之后,又对搭载镁合金仪表板横梁的整车进行了30000km强化坏路试验和1600km比利时路试验,试验过程中没有发现镁合金仪表板横梁发生锈蚀、开裂等失效情况发生,结果完全满足产品的性能要求。镁合金仪表板横梁与其他零部件的装配关系符合设计要求。

3. 碰撞安全性能试验

碰撞安全性能试验可以验证仪表板横梁的耐撞性,同时验证安全CAE仿真分析的准确性。汽车受到正面冲击时,发动机舱前端的车身部件会发生溃缩吸收掉大部分撞击能量,但还会有相当一部分撞击能量会传递到乘员舱,仪表板横梁是乘员舱中有效阻断和吸收这部分能量的重要结构件和吸能件之一。

为了验证镁合金仪表板横梁的耐撞性,对搭载镁合金仪表板横梁的整车进行C-NCAP正面100%重叠刚性壁障碰撞试验(简称正碰)和C-NCAP可变形移动壁障侧面碰撞试验(简称侧碰)。根据碰撞后仪表板横梁碰撞的位置、变形损伤情况、管柱中心位移量以及车身侵入量等关键数据,综合衡量仪表板横梁的耐撞性是否满足要求。

正碰和侧碰试验结果表明,试验过程中,镁合金仪表板横梁起到很好的支撑作用,没有发生变形或开裂,碰撞安全试验结果满足标准要求,如图10-23~图10-25所示。

图10-23 正碰试验照片

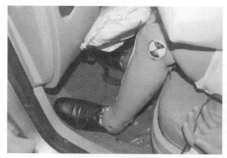
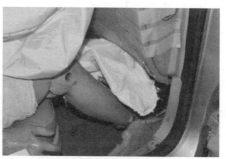

a) 驾驶员膝部位置照片　　　　b) 乘员膝部位置照片

图10-24 正碰后驾驶员及乘客膝部位置照片

a) 左侧碰撞　　　　　　　　　　b) 右侧碰撞

图 10-25　侧碰试验照片

10.4　总结

镁合金应用于汽车仪表板横梁主要利用其减振阻尼性能、轻量化，以及集成度高等特点。从技术上讲，目前已非常成熟，但由于镁合金原材料本身价位因素，导致其综合成本还略高于传统的钢制和铝合金等材料，因此目前国产中低端车型应用镁合金还是有一定的成本压力。随着新能源汽车的发展，镁合金仪表板横梁在国内的产量和规模都将有进一步的增加，进而也会带动成本下降，因此其应用前景也是非常广阔的。

参考文献

[1] 范军锋，冯奇，凌天钧. 镁合金仪表板横梁开发和研究 [J]. 汽车工艺与材料，2012，(8)：64-69.
[2] 赵琛，陈云霞，李中兵. 轻量化材料镁合金在汽车上的应用 [J]. 汽车工艺与材料，2011，(7)：54-57.
[3] 赵立军，刘艳峰，汽车仪表板材料的现状和发展 [C] //中国汽车工程学会. 中国汽车工程学会 2003 年学术年会. 出版地不详：出版者不详，2003：467-469.
[4] 莫日宏. 汽车用压铸镁合金的开发与应用新进展 [J]. 金属材料与冶金工程，2013，41（3）：59-63.
[5] 曾正南，彭小仙，刘楚明. 压铸镁合金及其应用 [J]. 金属材料与冶金工程，2007，35（2）：3-7.
[6] 杜莉，庄玉娣. 仪表板横梁的分析方法及过程 [J]. 轻型汽车技术，2010，(2) 8-13.
[7] 陈飞，陈云霞，李军，等. 镁合金在汽车仪表板横梁上的应用 [J]. 现代零部件，2013，(8)：37-39.
[8] 王艳光，彭晓东，赵辉，等. 大型薄壁精密镁合金铸件铸造技术进展 [J]. 兵器材料科学与工程，2011，34（5）：101-104.
[9] 马小黎，游国强，李阳，等. 镁合金机械连接技术综述 [J]. 兵器材料科学与工程，2015，38（3）：143-147.
[10] 苏鸿英. 中国轻型化镁部件的技术连接 [J]. 世界有色金属，2006，(12)：19.
[11] 苏鸿英. 铝紧固件的新应用—镁合金部件的零件 [J]. 中国通报，2014（47）：19.
[12] 高志恒. 镁合金的腐蚀特性及防护技术 [J]. 表面技术，2016，45（3）：169-177.
[13] 张磊. 镁质车体前端设计开发及 NVH 性能优化研究 [D]. 杭州：浙江大学，2014：24-25.
[14] 李征，刘永强. 镁合金仪表板横梁碰撞性能优化的分析方法 [J]. 上汽汽车，2015（11）：30-32.

第11章 行李舱盖拓扑优化设计

11.1 拓扑优化的背景

11.1.1 结构优化在工程中的应用

有限元已经为各领域中产品设计、科学研究做出了贡献,并且取得了巨大的经济和社会效益。结构设计一般分为结构强度设计、结构刚度设计、结构稳定性设计、结构可靠性设计和结构优化设计。前四种设计是基于结构的使用安全性考虑,其结构设计思路是根据已有的基本理论和工程设计人员的设计经验设计出产品的初始结构,然后进行强度分析,如果不符合要求,再重新设计,重新分析,直到满足用户的要求。

结构优化设计是指在不牺牲零部件强度和性能的基础上,通过减轻结构的重量降低其制造成本。具体到汽车零部件,结构优化设计可以降低汽车制造成本、改善零部件和整车性能。结构优化通常分为尺寸优化、形貌优化、拓扑优化和结构类型优化。虽然目前尺寸优化和形貌优化技术已经比较成熟,但是在结构布局已定的情况下,工程师对设计的修改程度有限,优化设计所能产生的效果有限。结构拓扑优化又称为结构布局优化,它是一种根据约束、载荷及优化目标而寻求结构材料最佳分配的优化方法。

结构拓扑优化设计主要应用在产品开发的初始阶段,是一种概念性设计,对最终产品的成本和性能有着决定性影响。近年来,随着汽车工业的快速发展,材料、能源问题日益突出,为了满足对汽车设计的新要求,对汽车零部件开展拓扑优化设计具有重要的现实意义。因此,结构拓扑优化设计把传统结构设计理念向前推动了一大步,是结构设计的一个新的里程碑,是目前工程设计人员必须学习和研究的一个方向。

11.1.2 拓扑优化研究发展概述

随着结构优化理论的进一步发展,结构拓扑优化作为一种更高层次的结构优化设计方法被认为是结构优化领域中更为复杂、困难和更具挑战性的课题。实际上,拓扑优化的历史可以追溯到1904年由Michell提出的Michell桁架理论。由于数学上的复杂性,Michell桁架理论只能解决一些承受简单载荷和简单支撑情况的问题,后来虽然有许多人对这一理论进行了完善和发展,但是这些研究都属于经典布局理论优化范畴。为了克服经典布局理论在实践应用中的困难，Dorm、Gomor 和 Greenberg（1964）首先在离散结构拓扑优化中使用了基结构法，该方法只考虑单工况和应力约束，不考虑位移约束和协调条件，以内力作为设计变量，从而导出了一个线性规划问题，杆截面由满应力法求得，将截面面积为 0 的杆件从基结构中删除，从而求得结构的最优化拓扑解。

结构拓扑优化设计包括离散结构和连续变量结构的拓扑优化设计。连续体结构的拓扑优化是研究在给定外载荷和边界条件下，如何将材料分布到给定的初始区域上，使材料在某些区域上集中保留、在某些区域上没有而形成孔。"变厚度法"是最早被采用的拓扑优化方法，这方面工作可追溯到 1977 年 Rossow 和 Taylor 的变厚度应力膜最优设计，它的基本思想是以单元的厚度为设计变量，以优化后的厚度分布来确定最优拓扑，是尺寸优化的直接推广，具有方法简单、概念清楚等优点，但是对优化对象受到限制，不能推广到三维连续体的结构优化中。20 世纪 70 年代，法国科学家 Lions 提出"均质化方法"，并且将其应用到具有周期性结构材料的分析中，1980 年，Cheng 和 Olhoff 首先把材料的微观模型引进到结构优化设计中，1988 年，丹麦学者 Bendose 与美国学者 Kikuchi 提出基于均质化方法的结构拓扑优化设计，Bendsoe 和 Kikichi 等人的方法在优化时只考虑体积约束和平衡条件，以最小柔顺性为目标，有限元模型中每一单元的微观结构指定为相同并以其尺寸和转角作为设计变量，优化算法属于准则法，其最优准则由变分法导出。

变密度法是结构拓扑优化设计中的另一种有效方法，与均质化方法不同的是人为地引入一种假想的材料，材料的密度是可变的，材料参数与材料密度间的关系也是人为假定的，拓扑优化设计时取密度为设计变量，优化结果是材料的最优化分布，材料的分布反映了结构的最优拓扑。Mlejenek、张东旭（1992）等人运用变密度法对二维结构进行了拓扑优化，Yang 等人（1994，1995）将变密度法推广到三维连续体结构，并在汽车结构设计中得到应用。结构拓扑优化设计具有广泛的应用领域，该方向目前已经成为国际工程结构与产品创新设计领域的研究热点。

在汽车设计领域、航天领域、机械制造领域以及微机电系统方面都有一定的应用。现在结构拓扑优化的发展趋势主要是在 SIMP（Solid Isotropic Microstructure of Penalization）方法的基础上寻找新的方法，对连续体结构拓扑优化模型进行准确的描述，对复杂算法的简化分析，以及在材料分布等各种工程设计问题中的推广应用等。

国外针对汽车底盘、发动机等零部件的拓扑优化分析与设计的已经比较成熟，国内各大汽车厂家也开始使用此项技术。伴随着计算机硬件的飞速发展和一些比较好的分析软件（如：HyperWorks、MSC.Patran/Nastran、ANSYS、Optishape-ts、Tosca 等）的日趋成熟，极大地提高了计算的效率，也使运用拓扑优化技术来进行车身零部件的设计得以实现，拓扑优化设计技术对于复杂的车身零件更为有效，主要应用于 A/B 柱、白车身车体、行李舱内板、车门内板、发动机罩内板、车门密封条、地板等。

11.2 拓扑优化基本原理、方法及应用

11.2.1 拓扑优化基本原理

结构优化通常划分为尺寸优化、形貌优化、材料和结构类型优化、拓扑优化。其中，尺

寸优化和形貌优化技术已经很成熟，已广泛应用在产品设计中，材料优化最早是由 Sigmund 在 20 世纪 90 年代提出来的，是材料领域研究的一个全新方向。拓扑优化设计是现代创新设计领域中的重要核心技术与定量设计方法，是传统的尺寸设计和形貌设计的扩展与延伸，它的基本原理是在给定材料质量的情况下，通过优化设计与数值求解过程获得具有最大刚度的结构布局及构件尺寸。

很多专家认为，应该在结构设计的初步设计阶段引入结构优化，即要将结构选型、布局拓扑优化的理论引入到结构设计中。连续体的拓扑优化是在给定外力及约束的条件下，确定连续体的布局，同时满足各种设计要求，在确定拓扑的同时也就确定了结构的形状。本章节中主要介绍当前比较流行的拓扑优化的三种方法：密度法、均质化法和变厚度法。

1. 密度法

密度法（Density Method）是一种常用的拓扑优化方法，属材料（物理）描述方式，其基本思想是人为地引入一种假想的密度可变材料，材料物理参数（如许用应力、弹性模量）与材料密度间的关系也是人为假定的。优化时以材料的密度为拓扑设计变量，这样拓扑优化问题被转换为材料的最优分布问题。

2. 均质化法

均质化法也称为均匀化法，最早起源于复合材料领域，用于计算具有周期性结构的材料微观尺寸参数与其宏观弹性性质之间的关系，其数学基础是 Besoussan 等发展的基于摄动理论的周期性分析方法。1988 年，丹麦学者 Bendose 与美国学者 Kikuch 提出基于均质化法的结构拓扑优化设计方法，并将该方法成功应用于连续体的拓扑优化设计中。该方法是连续体结构拓扑优化设计中应用最广泛的方法，属于材料描述方式。其基本思想是在拓扑结构的材料中引入微结构（单元），微结构的形式和尺寸参数决定了宏观材料在此点处的弹性性质和密度，优化过程中以微结构的单元尺寸为拓扑设计变量，通过单元尺寸的消长来实现微结构的增删，并产生由中间尺寸单元构成的复合材料，以拓展设计空间，实现结构拓扑优化模型与尺寸优化模型的统一和连续化。

3. 变厚度法

变厚度法是较早采用的拓扑优化方法，属几何描述方式，其基本思想是以基结构（基结构是由结构节点、载荷作用点和支撑点组成的节点集合，结合所有节点之间用杆件相连接的结构）中单元厚度为拓扑优化设计变量，将连续体拓扑优化问题转化为广义的尺寸优化问题，通过删除厚度为尺寸下限的单元实现结构拓扑优化的变更。该方法的突出特点是简单，适用于平面结构（如膜、板、壳等），推广到解决三维问题有一定的难度。

11.2.2 拓扑优化四种常用算法

拓扑优化设计的另一个重要方面是选择优化算法。目前，可采用的优化算法很多，通常在选择最优方法时，首先应当明确数学模型的特点。例如：问题的规模（即维数、目标函数及约束函数的数目），目标函数及约束函数的性质（例如函数的非线形程度，连续性及计算时的复杂程度）以及计算的精度等。这些特点是选择最优化方法的主要依据。

由于在拓扑优化设计中结构的单元材料密度分布的设计变量大，使求解时占用的机器时间长，因此需要选择适当的优化方法，使得到快的收敛速度和可靠的优化结果。拓扑优化常用的几种算法：

1) 拉格朗日（Lagrangian）乘子法。
2) 连续线形规划（Sequential Linear Programming）。
3) 有指导启发式搜索方法（DHS）。
4) 遗传算法（Genetic Algorithm，GA）。

11.3 行李舱盖内板的拓扑优化设计

11.3.1 行李舱盖内板初版三维设计

在优化设计之前，通常会根据主断面及检查清单（CheckList）要求进行初版草图数据的三维设计。此版数据对行李舱止口密封面、铰链安装面、锁安装面等后续难以优化的区域进行了详细设计，以确保尺寸做到最优。

1. 人机开口尺寸设计

行李舱盖入口尺寸的大小主要由造型给定的行李舱盖分缝决定，设计时应考虑到行李舱物品拿取方便性，可对标竞品车入口尺寸数据进行调整，行李舱盖入口主要参考尺寸：$W1$（行李舱下部入口宽度）、$W2$（行李舱最大入口宽度）、$W3$（行李舱纵向入口宽度），如图11-1和图11-2所示。

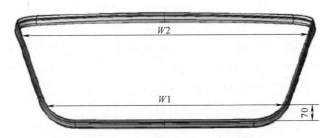

图 11-1　行李舱 Y 向入口宽度

2. 行李舱盖内板密封面设计

(1) 止口线设计原则

要建立一个完美的行李舱盖止口线，必须满足以下基本的设计原则：

1) 止口线由四条曲线组成，使流水槽有比较好看的外观。

2) 减少每条曲线的节点数，一般最多允许由3个节点组成，避免不必要的曲线变化。

3) 拐角上，限制止口线旋转的现象，特别是在比较高的铰链轴线的区域，要避免太多的凹凸曲线，曲率变化要一致。

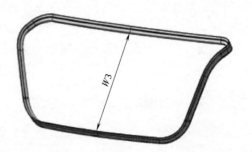

图 11-2　行李舱纵向入口宽度

4) 优化上部流水槽曲线半径 R，保证流水槽具有很好的排水导向性。

5) 检查所有曲线相切或曲率连续，如果可能，尽量让曲率连续。

(2) 止口及密封条相关设计参数

第11章 行李舱盖拓扑优化设计

要保证密封条具有良好的密封性，止口及密封面的相关设计参数，必须按照下面的断面参数来进行设计（图11-3），具体要求如表11-1所示。

表11-1 密封面截面相关设计要求

项目标记	项目内容	具体要求
a	止口高度	$a>a1$（满足唇边搭接量要求）
b	密封间隙	满足密封条泡管压缩量要求
c	密封面宽度(1)	泡管压缩后宽度需满足水密要求
d	密封面宽度(2)	泡管压缩后宽度需满足水密要求
e	止口高度差	满足尺寸工程需求
f	止口内侧板件高度	满足密封条断面需求
h	密封条搭接止口翻边宽度	满足密封条断面需求
k	密封条安装空间	满足DMU要求
r	圆角半径	$r>r1$（满足唇边搭接量要求）
E_p	止口钣金料厚	满足密封条钳口要求

在主断面确定后，密封面的设计主要是各区域之间搭接面的设计，各区域的密封面应连接位置适当，使过渡面尽量平滑。由于各区域密封面的角度不同，过渡面容易出现扭曲，此时要通过调整密封面角度、密封面连接位置进行调整，应确保有效的密封面无明显的扭曲现象。

密封面应设计成左右对称的整圈面，同时还要设计出密封条夹持翻边的参考面，参考面在断面中应与密封面保持垂直，且应位于有效密封面的正中，扫描路径、剪切位置都应与密封面保持一致。

有效密封面受到密封面两侧的斜面控制，斜面距离过近，有效密封面减少，反之亦然。有效密封面宽度应不低于最小水密宽度要求，否则将影响密封效果。

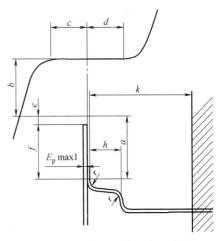

图11-3 行李舱盖密封断面参数

(3) 止口密封面排水性设计

1) 止口线走势（排水性）要求，如图11-4所示，止口线必须与水平夹角大于3°。

图11-4 行李舱止口线走势

2) X向平直段止口密封面设计要求：侧面的止口与上部一样，满足止口方向沿止口点（止口在内板上的投影）切向一样，但是考虑到侧面流水槽板件的成型角度，一般可以向内,见图 11-5 的 β 角。

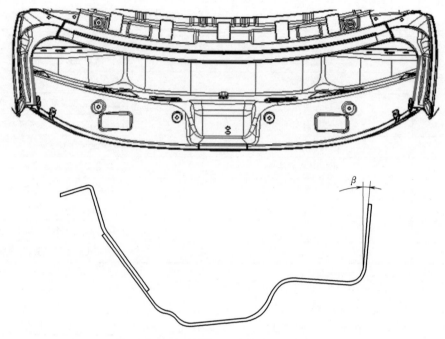

图 11-5 行李舱 X 向平直段止口

(4) 门槛处止口密封面设计要求

门槛处的密封条最高端要低于门槛,避免抬升行李磨损密封条。如图 11-6 所示。

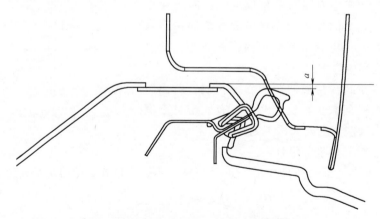

图 11-6 行李舱门槛处止口密封面设计要求

3. 行李舱铰链安装面

(1) 内板铰链固定点 Y 向坐标

为增加行李舱盖的 TB 模态,铰链的跨距通常越大越好,较大的跨距比也能增强减重效果。可以根据性能对标结果,制定其设计目标要求,见图 11-7 和表 11-2。

(2) 内板铰链固定点 X 向坐标

内板铰链固定点 X 向坐标依据主断面,考虑开闭过程中铰链与密封条、铰链与侧围、铰链与后档玻璃、铰链与后隔板之间的运动间隙,如图 11-8 所示。

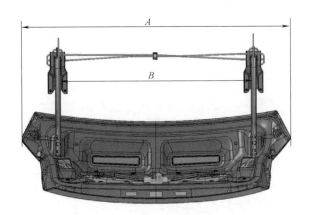

图 11-7 行李舱盖铰链跨距要求

表 11-2 行李舱铰链跨距对标分析

参数	对标车 A	对标车 B	对标车 C	对标车 D	对标车 E	某车型
B/mm	1052.8	1075	1050	1083	1020	940
A/mm	1494.6	1396.6	1466	1468	1393.6	1300
B/A	0.70	0.77	0.716	0.737	0.731	0.723

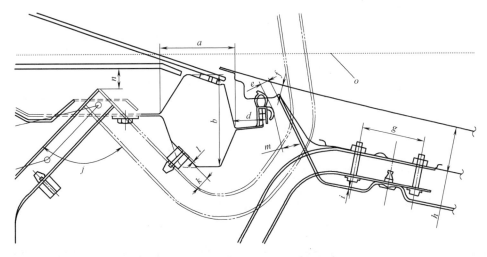

图 11-8 行李舱盖内板铰链安装面设计

4. 行李舱锁安装面设计

行李舱盖锁断面构成要素有行李舱盖支撑立面、锁、锁扣安装部、包边、密封面,具体见图 11-9,布置要求见表 11-3。从整体结构刚性及轻量化的角度出发,门锁应该布置得靠近分缝线。

5. 行李舱盖内板主筋形式

行李舱盖内板形状构成要素主要从以下三个方面来考虑:①$Y0$ 断面;②行李舱盖内板基准面;③安装过孔。

行李舱盖外板造型决定内板实际的形状，一般分为以下三种结构形式，如图 11-10 所示，根据上述项目综合确定内板形状。

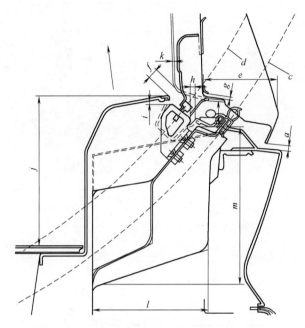

图 11-9　行李舱盖内板行李舱锁安装面设计

表 11-3　行李舱锁布置界面要求

检查项目	参考目标
内板结构	由行李舱宽度决定
	由行李舱盖过冲击行程决定
	防止行李舱盖支撑立面部干涉
	保证漏水孔，保证设计后的强度
	漏水孔个数、大小、位置根据工艺调整
密封面宽度	密封面的宽度按照密封条厂家的要求
锁、锁扣安装布置	锁的设计按以下顺序考虑：行李舱取物方便性；锁进入方向；安装锁扣的螺栓、螺母与锁本体的间隙；锁与锁扣的通用化

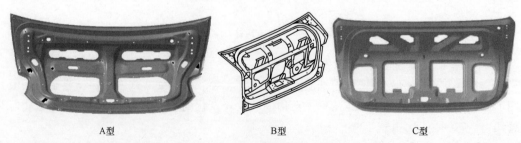

图 11-10　行李舱盖内板主筋形式

主副筋结构连接情况如图 11-11 所示，可供参考，其中重要度主筋>副筋>辅助筋。

6. 行李舱盖涂胶设计

行李舱内外板之间，除了周边包边以外，还应在中部设计涂胶位置，以增强行李舱盖总成的整体刚度和强度。涂胶可通过涂胶翻边和涂胶沉台来实现（图11-12）。

设计涂胶沉台时，应使沉台底面距离外板间隙在涂胶规范尺寸以内，使涂胶后内外板能紧密贴合。

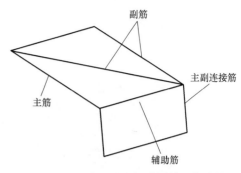

图11-11 行李舱盖内板主副筋结构连接

设计涂胶翻边时，内板上涂胶翻边的高度应控制在一定范围以内，否则翻边自身偏软，不利于强度的增加，内外板之间的距离应控制在涂胶规范尺寸，确保涂胶后内外板能紧密贴合。

如果在内板距离外板较远的区域设计涂胶翻边，可首先在内板上制作沉台，在沉台的底面设计翻边，这种两级台阶的设计方式使翻边高度得到减少，同时也提高了翻边周围开孔区域的强度。

设计涂胶翻边，需要特别注意的是，沿翻边展开方向，应计算开孔大小，使开孔部分的材料足以用于冲压翻边。

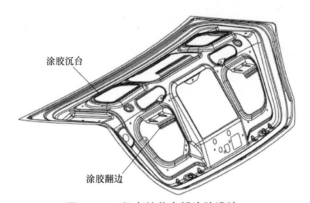

图11-12 行李舱盖内板涂胶设计

11.3.2 优化前仿真分析结果

根据11.3.1介绍的设计准则，设计的初版三维数模如图11-13所示，对应的行李舱盖内板重量为4.25kg。

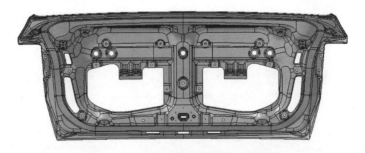

图11-13 行李舱盖内板初版三维数模

根据初版三维数据建立有限元模型进行自由模态计算,行李舱盖总成的仿真结果如下:一阶扭转模态为 33Hz,一阶弯曲模态为 50Hz,都小于目标值,见图 11-14 和图 11-15。

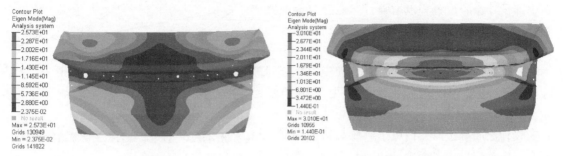

图 11-14　一阶扭转模态（见彩图）　　　　　图 11-15　一阶弯曲模态（见彩图）

分析结果显示,一阶扭转模态和一阶弯曲模态均未达到目标要求。本章节旨在通过拓扑优化的方法,在完成行李舱盖板件总成的 CAE 性能目标的同时,也要达成行李舱盖板件总成的减重目标。

11.3.3　拓扑优化模型

拓扑优化是指在指定的设计区域内寻找最佳的材料分布。一个优化问题通常由以下 3 个要素组成:

1) 设计变量是发生改变从而影响目标函数的变量。
2) 目标函数是要求最优的设计性能,实现对系统响应的最大(小)化,或者使响应趋于目标值,是关于设计变量的函数。
3) 约束条件是对设计的限制,是对设计变量和其他性能的要求。

拓扑优化数学模型为:

$$\text{Minimize}: f(X) = f(x_1, x_2, \cdots, x_n)$$
$$\text{Subject to}: g_j(X) \leq 0 \quad j = 1, \cdots, m$$
$$h_k(X) \leq 0 \quad k = 1, \cdots, m_h$$
$$X_i^l \leq X_i \leq X_i^u \quad i = 1, \cdots, n$$

式中,$X = (x_1, x_2, \cdots, x_n)$ 是设计变量,如产品的结构尺寸等;$f(X)$ 是设计目标,如各种力学性能或者质量;$g_j(X)$ 和 $h_k(X)$ 是需要进行约束的设计响应,如对产品工作时的变形和应力进行约束。

11.3.4　拓扑优化过程

(1) 定义拓扑优化的边界及优化区域

在布置空间允许的前提下,行李舱铰链 2 以尽量靠车前车外为设计原则,行李舱锁 3 及行李舱密封面 4 以尽量靠近分缝为设计原则,涂胶区域 1 以在满足内板成型的前提下尽可能做大。

在确定密封面、铰链安装面以及行李舱锁安装面后,其余区域作为行李舱盖内板的优化设计区域。在铰链/锁/密封面不变的基础上,将行李舱盖内板内部的开孔填上,如图 11-16 所示。

第11章 行李舱盖拓扑优化设计

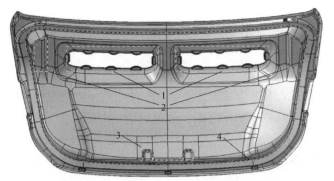

图 11-16 行李舱盖内板拓扑优化区域

1—涂胶区域　2—行李舱铰链区域　3—行李舱锁区域　4—行李舱密封面

（2）定义拓扑优化的设计变量

设计变量为设计空间里每个单元的材料密度。

（3）定义拓扑优化的约束

1）一阶扭转模态>扭转模态目标值。

2）一阶弯曲模态>弯曲模态目标值。

（4）定义拓扑优化的目标

行李舱盖内板的材料使用最少。

11.3.5 拓扑优化结果

最后进行拓扑优化，HyperWorks软件是自动进行多次迭代运算，直到满足优化参数中所规定的收敛公差。行李舱盖内板的拓扑优化结果如图11-17所示。

根据其工程可实施性（钣金结构冲压成型性、附件安装界面等），细化三维数据如图11-18所示。

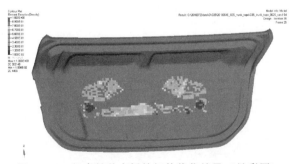

图 11-17 行李舱盖内板的拓扑优化结果（见彩图）

图 11-18 拓扑优化结果调整的三维数据

基于某车型优化实例，一阶扭转模态由33Hz优化到40Hz，一阶弯曲模态由50Hz优化到55Hz，具体结果见表11-4。

表 11-4 拓扑优化前后的自由模态

	一阶扭转模态/Hz	一阶弯曲模态/Hz
拓扑优化前	33	50
拓扑优化后	40	55
改善效果	提高7Hz	提高5Hz

11.4 行李舱盖内板的形貌优化设计

形貌优化技术广泛应用于提高各种冲压板件的性能,如减少变形、提高模态等。在形貌优化中,设计空间由大量的节点波动向量组成,这些节点波动向量按照一定的模式进行组合以满足设计约束,并最终生成优化后的最佳形貌。

基于11.3.4的拓扑优化分析结果,在不增加重量的前提下,通过型面起筋来增加行李舱盖板件总成的自由模态,故需通过形貌优化对行李舱盖内板进行设计。

11.4.1 形貌优化过程

与拓扑优化类似,形貌优化同样需要定义设计目标及设计变量。
1) 设计目标:一阶扭转模态和一阶弯曲模态最大化。
2) 设计约束:行李舱盖内板型面筋的高度<5mm(考虑内板的冲压可行性)

11.4.2 形貌优化结果

行李舱盖内板的形貌优化结果如图11-19所示,红色区域是需要重点起筋的区域。

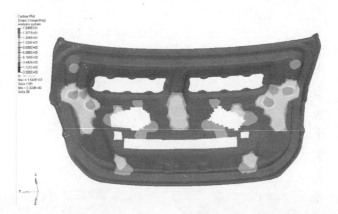

图11-19 行李舱盖内板的形貌优化结果(见彩图)

11.4.3 基于工程可行的三维设计及同步工程分析

基于行李舱盖内板的形貌优化结果,参考起筋的位置、大小及高度,完成优化后的三维设计如图11-20所示。

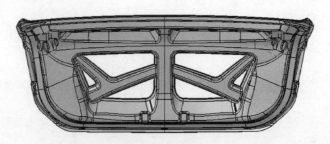

图11-20 根据形貌优化结果优化的三维数据

第11章 行李舱盖拓扑优化设计

考虑行李舱装饰灯、尾灯、行李舱盖护板、行李舱锁等附件的布置及工具的安装通道，详细的三维设计如图 11-21 所示。

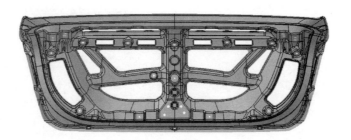

图 11-21 根据附件布置细化的三维数据

将细化的三维数据提交给工艺部门进行成形性分析，三维数据在以下几个方面进行细化，确保产品的成形性满足质量要求。

1. 产品的拉延

如图 11-22 所示，预计产品在以下 7 处出现开裂的情况，且均是未到底前 1.5mm 之内的开裂，初步判断对冲压成形性的优化不会影响行李舱盖板件的 CAE 性能。

产品从以下几个方面进行优化：

1) 序号 1 (到底前 1.0mm)：加大凹台侧壁斜度，如有可能，将凹台底面平行抬高，不改变冲孔方向。

2) 序号 2 (到底前 0.5mm)：降低高度、加大侧壁角度和上下圆角，再做个大球头。

3) 序号 3 (到底前 1.5mm)：优化斜度或上下圆角。

2. 产品的修边

图 11-23 所示的 4 个减重孔，修边冲孔方向以锁孔法线为基准，局部超过修边角度极限（修边线显示为黑色的部位），按冲压工艺要求进行形面优化，确保修边角度不要超差。

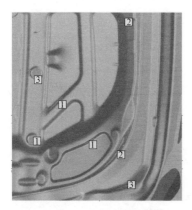

图 11-22 冲压成形性分析

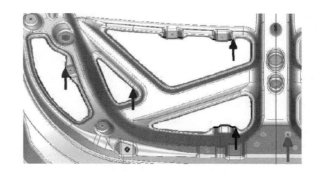

图 11-23 产品修边分析

3. 冲压及焊装吸盘、导柱设计

(1) 导柱布置原则

考虑侧压料板导柱、工作螺钉、起重等的布置，目前产品无法布置侧压料板工作螺钉及安全螺钉。

要求两侧各留出 6 处 $\phi 45$（黄色），4 处 $\phi 60$（蓝色）以上的区域（OP30 工序沿锁孔方向、OP40 工序铰链孔方向），如图 11-24 所示。

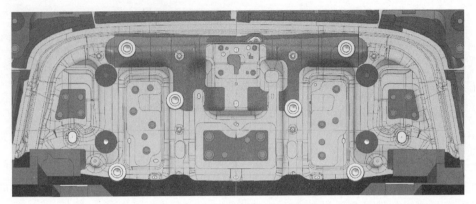

图 11-24　行李舱盖内板导柱布置

（2）吸盘布置原则

要求至少留出 8-$\phi 60$ 均匀分布在零件上，具体数量根据零件重量和吸盘承重确定，保证吸盘吸力为零件重量的 2~3 倍，如图 11-25 所示。

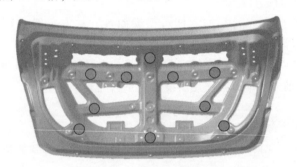

图 11-25　行李舱盖吸盘布置

11.4.4　形貌优化结果

根据最终版的三维数据，对行李舱盖钣金总成系统的自由模态进行分析，如图 11-26 和图 11-27 所示，由图可知其一阶扭转模态为 45Hz、一阶弯曲模态为 57Hz。终版结构的行李舱盖内板的重量为 4.05kg。

图 11-26　行李舱盖板件系统的一阶弯曲模态（见彩图）

第11章 行李舱盖拓扑优化设计

图 11-27 行李舱盖板件系统的一阶扭转模态（见彩图）

基于某车型行李舱盖总成优化实例，具体结果见表 11-5。

表 11-5 形貌优化前后的自由模态及重量变化

对比项	CAE 性能		重量/kg
	一阶扭转模态/Hz	一阶弯曲模态/Hz	
拓扑优化前	33	50	4.25
拓扑优化后	40	55	/
拓扑优化+形貌优化	45	57	4.05
最终优化效果	提高 12Hz	提高 7Hz	减重 0.2kg

在此基础上，对行李舱盖总成系统其他性能管控项进行分析，结果均满足性能目标要求，如表 11-6 所示。

表 11-6 优化后行李舱盖总成其他 CAE 性能管控项达成情况

工况	仿真结果	工况	仿真结果
行李舱盖模态	优于目标值	行李舱盖耐阵风强度	钣金应力小于屈服强度
行李舱盖弯曲刚度	优于对标车	行李舱盖突然关闭强度	钣金应力小于屈服强度
行李舱盖扭转刚度	优于对标车	推行李舱盖强度	钣金应力小于屈服强度
行李舱盖横向刚度	优于对标车	拉行李舱盖强度	钣金应力小于屈服强度
行李舱盖铰链横向刚度	优于对标车	行李舱盖过关闭分析	环境件无干涉
行李舱盖缓冲块处局部刚度	优于对标车	行李舱盖开闭耐久分析	满足耐久当量
行李舱盖铰链安装点局部刚度	优于对标车	行李舱盖密封反力变形	满足铰链补偿量
行李舱盖锁安装点处局部刚度	优于对标车	道路耐久	满足车身大扭转需求
行李舱盖外板指压刚度	满足指压刚性评价标准	TB 模态	避开白车身频率

11.5 结论

本章以某车型行李舱盖为对象，采用了拓扑优化和形貌相结合的轻量化设计方法，利用当今通用的 CAE 技术和工具，推动轻量化设计开发工作在以下三个方面得到了提高：

1）在实现行李舱盖轻量化目标的同时，也实现了 CAE 性能目标的达成。

2）行李舱盖内板三维设计的工作效率得到了极大的提升，同时减少了 CAE 性能的验证工作。在以往项目中，每出一版三维数据，就要对应进行一轮 CAE 分析，设计人员再根据

CAE 仿真分析结果进行优化，优化的结果是否满足目标要求需要等到下一轮 CAE 仿真才能得到验证。如今，应用本章拓扑优化的方法，优化设计方向更加明确，同时减少了三维结构设计及 CAE 验证工作。

3) 拓扑优化轻量化技术在该车型行李舱盖上的成功应用，为后续项目的开发提供了宝贵的经验。同理，车身上的大钣金总成件也同样适用此方法，对整车轻量化目标的达成有重要指导参考作用。

参考文献

［1］ 许素强，夏人伟. 结构优化方法研究综述［J］. 航空学报，1995（4）.
［2］ 陆金桂，肖世德. 结构形貌优化设计的研究［J］. 矿山机械，1995.
［3］ 范守哲. YQ-1 型轿车行李舱内板拓扑优化分析［D］. 长春：吉林大学，2006.
［4］ MICHELL A G M. The limits of economy in frame structure［J］. Philo. Mag. sect，1904，6（8）：589-597.
［5］ ROSSOW M P，TALYLOR J E. A Finite Element Method for the Optimal Design of Variable Thickness Sheets［J］. AIAAJ，1973，11（11）；
［6］ LIONS L J. Some methods in the mathematical analysis of system and their control［C］. Beijing：Science Press，1981.
［7］ CHENG K T，OLHOFF N. An investigation concering optimal design of solid elastic plates［J］. Int. J. Solids Structures 17，1981（3）.
［8］ 程耿东，张东旭. 受应力约束的平面弹性体的拓扑优化［J］. 大连理工大学学报，1995（1）.
［9］ YANG R J，CHUANG C H. Optimal topology design using linear programming［J］. Computers and Structures，1994（7）：265-275.
［10］ LIN Y，ANANTHASURESH G K. Topology optimization of compliant mechanisms with mutiple materials using a peak function interpolation sche me［J］. Structure and Multidisciplinary Optimization，2001，23（1）：49-62.
［11］ BENDSOE M P. Optimization of structure topology，shape and material［M］. Spring，1995：139-180.
［12］ BENDSOE M P，KIKUCHI N. Generating Optimal Topologies in Structure Design Using a Homogenization Method Comp［J］. Meth. Appl. Mech. Eng. 1988，71（2）：197-224.
［13］ 汪树玉，刘国华，包志仁. 结构优化设计的现状与进展［J］. 基建优化，1999（4）.
［14］ 郭铃铃，谭东升，刘向征. 基于拓扑优化和多目标优化的掀背门轻量化研究［J］. 汽车零部件，2017（6）.

第12章 碳纤维复合材料汽车零部件开发

12.1 碳玻复合材料车顶盖开发案例

12.1.1 概述

下面以某款自主品牌越野车的后车顶盖为研究对象,进行原材料的选择与结构的优化。此产品采用了4层铺层结构设计,进行结构优化设计、黏结面结构设计、低成本玻璃钢模具制作,采用真空辅助成型工艺进行后车顶盖内板和外板试制,将内板与外板黏结成一个后车顶盖,再进行切边、打孔、表面处理和喷漆等后处理,成功制得碳纤维-玻璃纤维增强复合材料后车顶盖样件。

此次开发的碳纤维-玻璃纤维增强复合材料后车顶盖样件,通过表面质量及外观要求、外形尺寸要求、力学性能指标、装车匹配、实际路试试验等验证,达到了技术规范要求。在轻量化方面,碳纤维-玻璃纤维增强复合材料后车顶盖重量为21kg,相比钢质后车顶盖减重18kg,减重率为46%;相比手糊玻璃钢后车顶盖减重9kg,减重率为30%。本案例在满足产品使用性能与设计技术要求下,实现零部件减重,从而使整车油耗降低,取得了良好的节能减排效果。

12.1.2 技术对标

1. 材料对标

后车顶盖的尺寸为1200mm×1500mm×800mm,如图12-1所示,属大型复杂部件,所用材料主要有钢质和手糊玻璃钢两种,钢质部件质量为39kg,手糊玻璃钢部件质量为30kg。在开发该后车顶盖时,综合对比了钢、铝合金、手糊玻璃钢、碳纤维增强复合材料、碳纤维-玻璃纤维增强复合材料等几种方案,有关对比情况如表12-1所示。

从材料成本、前期模具投入及分摊、加工周期等综合考虑,结合经验分析:单车年产5万台以上,钢质车顶盖更具有优势;单车年产在1万台及以下时,手糊玻璃钢车顶盖具有优势;单车年产1万~2

图12-1 可拆卸式后车顶盖

万台及以下时，碳纤维增强复合材料真空成型、碳纤维-玻璃纤维增强复合材料真空成型的车顶盖，具有前期模具成本低优势，适合小批量、多品种的车型，部件成型周期完全可满足汽车生产节拍。

表 12-1 多材料方案对比

项目	钢	铝合金	手糊玻璃钢	碳纤维-玻璃纤维增强复合材料	碳纤维增强复合材料
密度/g·cm^{-3}	7.8	2.7	1.7~1.9	1.3~1.7	1.2~1.5
抗拉强度/MPa	260~350	230~300	120~180	150~200	300~500
加工工艺	冲压+喷涂	冲压+喷涂	手糊工艺	真空辅助成型	真空辅助成型
加工周期/(min/件)	1~2	3~8	120~180	≤30	≤30
适合车型	大批量,全系	小批量,中、高级	小批量,中、低级	小批量,中、高级	小批量,中、高级

为实现与手糊玻璃钢后车顶盖相比至少减重 30% 的轻量化目标，同时兼顾项目模具投入、样件成型周期、材料成本等综合因素，经过充分的技术论证与可行性分析，最终选择碳纤维-玻璃纤维增强复合材料为后车顶盖材质。

2. 结构对标

原后车顶盖为两片式结构，由外板（均匀壁厚 2.5mm）、内板（均匀壁厚 2.5mm）两部分组成，分别如图 12-2a、b 所示，外板和内板通过胶粘在一起。

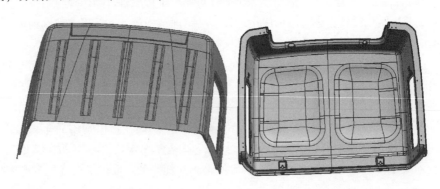

a) 车顶盖外板　　　　　　　　b) 车顶盖内板

图 12-2 车顶盖的内外板

外板和内板通过结构胶胶粘而成，胶槽位置如图 12-3 所示，密封带安装槽如图 12-4 所示。

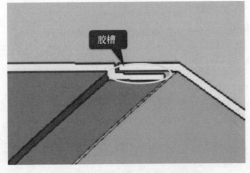

图 12-3 外板和内板胶粘胶槽

图 12-4 密封带安装槽

12.1.3 总体思路

碳玻复合材料顶盖开发的总体思路如图 12-5 所示。

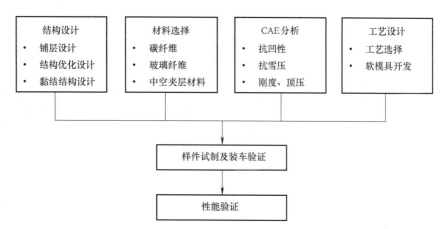

图 12-5 碳玻复合顶盖开发总体思路

12.1.4 结构设计

1. 铺层结构设计

后车顶盖的内板和外板都采用 4 层铺层结构设计，如图 12-6 所示，分别为表面层（胶衣）、增强层（玻璃纤维二维织物）、芯材层（一种新型玻璃纤维中空三维织物）和背部增强层（碳纤维二维织物）。

2. 结构设计优化

沿用玻璃钢材质后车顶盖结构，进行碳纤维-玻璃纤维增强复合材料后车顶盖的结构设计，后车顶盖由内板和外板组合而成，两者之间通过胶粘成为一体。为充分发挥碳纤维-玻璃纤维增强复合材料的优异性能，在满足技术要求的前提下，可对强度要求较弱的部位进行结构设计优化，从而进一步体现轻量化效果。将后排乘员头顶部位，改为仅有外板的单层结构，如图 12-7 所示，但该处芯材厚度为 3mm（其余部位都是 2mm）。经力学性能测试，后排乘员头顶部位材质关键技术指标抗拉强度超过 150MPa，结构设计优化合理，满足技术要求。

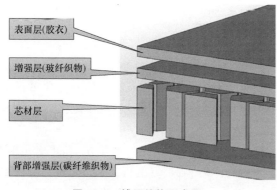

图 12-6 铺层结构示意图

图 12-7 局部单层结构优化

3. 黏结结构设计

图 12-8 是碳纤维-玻璃纤维增强复合材料后车顶盖黏结结构设计图。图 12-8 中内板和外板的边缘，以及后排乘员头顶部位（图 12-7 中井字格部分）的边缘均为黏结接触面，黏结接触面的宽度为 25mm。

12.1.5 材料选择

在本案例中，选取了碳纤维斜纹织布（图 12-9），结合玻璃纤维韧性好等特点，取长补短，各尽其用。芯材主要用于增加产品刚性，并有足够的耐冲击、耐压性能和良好的层间结合力。选用一种新型玻璃纤维中空三维织物（图 12-10）作为增强材料。与传统的玻璃纤维布相比，该织物制成品具有更轻、更强的特点，抗冲击，不分层，保温、隔热、隔声效果优异，同时具有减振吸能的特点。

图 12-8 黏结结构设计图

图 12-9 碳纤维斜纹织布

图 12-10 玻璃纤维中空三维织物

采用快速固化配方体系的环氧树脂，可大大缩短产品固化时间，提高产品生产速率。环氧树脂固化体系的特点如表 12-2 所示。

表 12-2 环氧树脂固化体系特点

项目	混合比例 A：B：C	黏度	可使用时间 (25℃)	固化时间 (80℃)	拉伸强度 /(kgf/cm^2)	收缩率（%）
指标	100：100：50	100~360	15~30min	40min	380	0.5
备注		适合真空辅助成型工艺	导入操作时间小于此时间	全程小于 30min	纯树脂	低收缩性能，反映在产品中为 0.15% 左右

12.1.6 性能分析

根据 GB 26134—2010《乘用车顶部抗压强度》抗压强度标准及企业使用的典型评价准则，采用 CAE 仿真方法在设计阶段对车顶盖的抗凹强度、抗雪压强度、顶压强度等性能进行评估，减少试验成本，同时缩短研发周期。

基于 HyperWorks 软件分别建立车身、复合材料车顶盖模型，结构采用 shell 单元模拟，胶粘采用实体单元创建，仿真分析评估，复合材料车顶盖各项性能指标满足要求，如表 12-3 所示。

第12章　碳纤维复合材料汽车零部件开发

表 12-3　复合材料车顶盖各项性能指标结果表

分析项	指　标	评估结论
抗凹强度	各点最大位移及残余变形满足指标要求	满足
抗雪压强度	最大位移满足指标要求	
顶压强度	加载位移至127mm,最大支反力≥1.5倍车重	

12.1.7　软模开发

由于本案例中后车顶盖尺寸较大，因此确定以较低成本的玻璃钢模具制成小批量样件。该模具采用专用模具胶衣、低收缩专用模具树脂手糊成型，可用于手糊工艺成型和真空辅助成型工艺成型。模具设计为阳模和阴模两片模具，分别成型内板和外板后，再将两者黏结为一体，阳模和阴模的边缘四周用螺栓固定。

为了能够顺利脱模，将阴模和阳模设计成多块拼接的方式。阴模由4个部分拼装组成，如图12-11所示，其左侧为阴模的外加强板，将其安装到图12-7右侧的半片阴模上，然后将两个半片模具拼接为完整的阴模；阳模由3个部分组成，如图12-12所示，左、右侧安装玻璃处设计成活动结构，并用螺栓固定。

图 12-11　后车顶盖玻璃钢模具阴模

图 12-12　后车顶盖玻璃钢模具阳模

12.1.8　样件试制

1. 铺层小样试制

首先，进行铺层小样设计，铺层设计系列方案如表12-4所示，并检测其力学性能，验证其可行性。

表 12-4 铺层小样方案对比

试样编号	铺层设计	工艺
1#	碳布+0.4布(5层)+碳布	手糊工艺
2#	表面毡+0.2布+0.4布(5层)+0.2布	手糊工艺
3#	碳布(2层)+3mm中空织物+碳布(2层)	手糊工艺
4#	0.2布+0.4布+3mm中空织物+0.4布+0.2布	手糊工艺
5#	0.2布+0.4布(11层)+0.2布	真空工艺
6#	碳布(18层)	真空工艺
7#	0.2布+0.4布(2层)+2mm芯材+0.4布	真空工艺
8#	碳布+0.4布(2层)+2mm芯材+0.4布	真空工艺
9#	碳布(3层)+3mm中空织物+碳布(3层)	手糊工艺
10#	碳布(3层)+0.4布(2层)+2mm芯材+碳布(3层)	真空工艺

据样板铺层设计的试验结果，确定产品性能与材料工艺的对应性和铺层设计的可行性，并选择试验9#、10#，分别进行后车顶盖首次样件1、样件2的试制，样件试制详见表12-5。

表 12-5 样件试制

	铺层方式	成型方式	成型周期	结果评价
样件1	试验6	真空辅助成型	0.5h	—
样件2	试验9	手糊成型	4h	不满足要求
样件3	试验10	真空辅助成型	0.5h	满足要求

2. 样件试制

采用真空辅助成型工艺（Vacuum Assisted Resin Infusion，VARI，一种低成本树脂传递成型工艺），进行本案例的后车顶盖样件生产。真空辅助成型工艺流程简图如图12-13所示。

主要步骤如下：

1）在阳模表面喷涂透明胶衣，凝胶后将按设计尺寸裁剪的玻璃纤维、芯材层和碳纤维增强材料依铺层顺序逐层铺放到阳模上。

2）在碳纤维增强材料上铺放脱模布、导流网和导流管，用真空袋包覆模具阳模表面，并用胶条密封阳模四周，阳模边缘处留有进胶口和连接真空泵的接口。

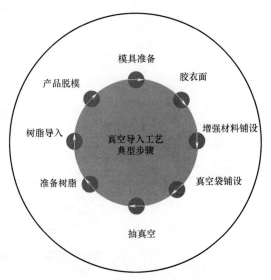

图 12-13 真空辅助成型工艺简图

3）开启真空泵对阳模抽真空，同时检验真空袋的气密性，确保无漏气现象后，利用真空负压将配好的树脂吸入模具内；待树脂充分浸渍纤维增强材料，保压一定时间后，固化成型，即制得后车顶盖内板。

4）按照以上步骤，用阴模成型制作后车顶盖外板。

5) 黏结制得的内板与外板。
6) 进行切边、打孔、表面处理和喷漆,直至达到设计技术要求。

样件见图 12-14 所示。

图 12-14 碳纤维-玻璃纤维增强复合材料后车顶盖样件

12.1.9 试验验证

1. 外观检验

产品表面质量及符合要求,表面光滑、平整,无针孔、裂纹、漆点和砂纸印等缺陷。

2. 零件尺寸

零件外形尺寸符合要求,通过装车检测,产品装配尺寸公差符合设计要求。

3. 力学性能试验

零件力学性能检测结果如表 12-6 所示。

表 12-6 碳纤维-玻璃纤维增强复合材料后车顶盖力学性能检测结果

项目	目标值	检测值
拉伸强度/MPa	>150	176
拉伸弹性模量/GPa	未要求	13.5
弯曲强度/MPa	>160	171
弯曲模量/GPa	未要求	12.0
冲击强度/kJ·m^{-2}	>180	185

4. 整车搭载试验

整车搭载碳纤维-玻璃纤维增强复合材料后车顶盖进行道路试验,在车速为 120km/h 时,未出现共振等不良现象。

5. 轻量化效果评价

几种不同材质后车顶盖的重量及其减重效果如表 12-7 所示。

表 12-7 不同材质的后车顶盖重量及减重效果分析

项目	钢质后车顶盖	手糊玻璃钢后车顶盖	碳纤维-玻璃纤维复合增强塑料后车顶盖	碳纤维复合材料后车顶盖
实际重量/kg	39	30	21	15.5
减重量(相比钢质)/kg	—	-9	-18	-23.5

(续)

项　　目	钢质后车顶盖	手糊玻璃钢后车顶盖	碳纤维-玻璃纤维复合增强塑料后车顶盖	碳纤维复合材料后车顶盖
减重率（相比钢质）(%)	—	23	46	60
减重量（相比玻璃钢）/kg	—	—	−9	−14.5
减重率（相比玻璃钢）(%)	—	—	30	48

12.1.10 小结

本章较系统地阐述了碳纤维-玻璃纤维复合增强塑料后车顶盖制造应用技术，涉及选材、铺层设计、结构优化及黏结设计、软模具制作、样件试制、性能验证、轻量化效果评价等方面。

通过采用真空辅助成型工艺，制成了碳纤维-玻璃纤维复合增强塑料后车顶盖，其力学指标达到性能要求。与手糊玻璃钢后车顶盖相比，净减重9kg，减重30%。碳纤维-玻璃纤维复合增强塑料后车顶盖的材料成本介于碳纤维增强复合材料后车顶盖和手糊玻璃钢后车顶盖之间，具有较强的推广价值。

12.2 碳纤维复合材料中通道加强板开发案例

12.2.1 概述

随着对汽车节能、环保要求的日益提高，轻量化成为所有整车企业越来越重视的课题。碳纤维增强复合材料（Carbon Fiber Reinforced Polymer/Plastic，CFRP）以其优异的力学性能、抗疲劳性能，以及远低于金属的密度，成为汽车轻量化特别是具有较高力学性能要求的车身结构件轻量化的重要材料。

宝马汽车公司开创了CFRP从豪华跑车到量产车大规模应用的先河，宝马i3和i8电动汽车采用了CFRP单体式车身，大大增加了续驶里程；宝马新7系率先采用钢-铝-CFRP混合车身，在车身上应用了16个CFRP部件，其中，地板中央通道加强板等8个车身加强板类部件采用CFRP湿法模压工艺制造，整车减重130kg。奥迪汽车公司全新推出的A8也舍弃了全铝车身设计，采用了钢-铝-镁-CFRP混合车身，其后排座椅靠背及行李舱隔板用CFRP制造，减重的同时为车身抗扭刚度提升做出了重要贡献。

本案例以某款乘用车地板中央通道加强板为研究对象，采用CFRP替代原来的钣金材料，对CFRP地板中央通道加强板开发过程中的选材设计、结构设计、铺层设计、连接设计、CAE仿真分析、总装方式设计、样件试制和成本分析等方面进行介绍。

12.2.2 材料及成型工艺简介

CFRP一般是以碳纤维或碳纤维织物为增强相，以固化树脂（环氧类树脂为主）为基体组成的增强塑料。它具有低密度、高强度、高刚性的特点。CFRP材料的密度大约为钢材的1/4，若将传统钢板部件采用CFRP制造，其理论减重率可达到约50%。因此，作为实现整车轻量化手段之一，越来越多的中高端汽车零部件，如车顶盖、发动机舱盖、后背门、翼子板等采用CFRP材料制造。除有效减重外，CFRP部件还可优化外观、降低腐蚀、改善噪声及振动阻尼，在高速撞击下有效保护乘员安全等方面有着明显的优势。

CFRP成型工艺比较多，常见成型工艺有热压罐、手糊、真空辅助成型、树脂模塑成型（Resin Transfer Molding，RTM）、预浸料模压、SMC模压、缠绕成型等。得益于材料科学的进步，亨斯迈、汉高、瀚森化工等材料巨头开发了专用牌号的快速固化树脂，湿法模压成型（Wet Compression Molding，WCM）及高压树脂模塑成型（HP-RTM）技术近年来迅速成熟。这两种成型工艺效率高，更能适应汽车生产节拍要求。迪芬巴赫、克劳斯玛菲、康隆等大型设备制造商均已开发了适用于这两种工艺的自动化生产线。

与汽车钣金冲压工艺相比，CFRP部件的湿法模压、HP-RTM、一般模压成型工艺的生产节拍对比如图12-15所示。

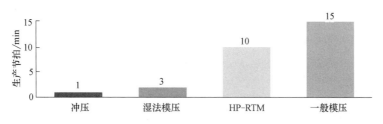

图12-15 不同工艺的生产节拍对比

12.2.3 技术目标

本案例开发的地板中央通道加强板原采用HC340LAD+Z冲压工艺，厚度为1mm，尺寸为1690mm×440mm×140mm，重量为7.97kg。该部件的主要功能是提高车身刚度和强度，在碰撞时起到优化力的传递路径，提升车辆正面碰撞性能。该部件通过焊接方式与前地板中通道、地板通道加强支架、排气管安装支架总成、驻车支架加强板总成、驻车制动拉线安装板等部件相连接，详见图12-16。

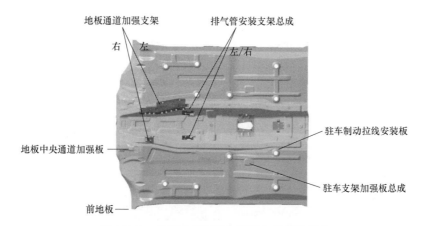

图12-16 地板中央通道加强板及其周边部件

设计中采用CFRP代替钣金件，通过对地板中央通道加强板进行全新的选材设计、结构设计、铺层设计、连接设计、CAE仿真分析、总装方式设计，以湿法模压成型工艺进行样件试制,在各项性能指标不低于原钣金件的条件下,实现减重率超过50%,并且满足成本控制目标要求。

CFRP地板中央通道加强板的总体技术指标详见表12-8。

表12-8 总体技术指标

序号	指标项	关键技术要求
1	轻量化指标	减重率≥50%,减重量≥4kg
2	工艺要求	湿法模压,成型周期为≤3min/件
3	部件性能要求	• 装配尺寸、外观、表面质量符合要求 • 高低温性能、湿热循环符合要求 • 禁限用物质要求符合要求
4	CAE评价指标	NVH、抗弯刚度、抗扭刚度、强度、热流场符合要求,正碰、侧碰符合要求
5	连接技术	CFRP与钢采用胶粘+铆接连接,强度、刚度等性能需满足使用要求
6	原材料要求	• CFRP单层板、层合板性能合格 • 碳纤维丝、碳纤维布、环氧固化树脂、黏结剂、铆钉符合要求
7	外观要求	表面无折叠、凹陷、砸痕、裂纹等缺陷
8	尺寸公差要求	±0.5mm
9	ELV法规	$Pb \leq 0.1\%$、$Hg \leq 0.1\%$、$Cd \leq 0.01\%$、$Cr^{6+} \leq 0.1\%$、多溴联苯$\leq 0.1\%$、多溴联苯醚$\leq 0.1\%$

12.2.4 选材设计

通过对标宝马新7系等车型的CFRP选材特点,结合国内复合材料行业资源,进行选材设计,最终选择的原材料清单详见表12-9。选用大丝束低成本的碳丝,用双轴向布缩短铺层时间(单向布与双轴向布对比详见表12-10);用快速固化树脂体系缩短成型时间,满足汽车生产节拍要求;在碳纤维部件最外层铺设一层玻璃纤维布,以隔离碳纤维和钢质地板,防止其直接接触产生电位差,引起电化学腐蚀;选用聚氨酯结构胶,在充分保证黏结强度的同时具备较好的延伸率。

表12-9 原材料清单

材料种类	规格或类型
碳纤维	T700 24K 双轴向布,300g/m²
基体树脂	环氧树脂
玻璃纤维	方格布 100g/m²
结构胶	聚氨酯结构胶

表 12-10 碳纤维单向布与双轴向布对比

对比项	单向布	双轴向布
力学性能	由纤维丝束轴向编制而成,可发挥纤维丝强度性能	属于多轴向布的一种,由两层方向不同的单向带叠加在一起,并通过纵向较少的丝束缝编制成,力学性能比单向布略低
疲劳性能	单向布无需编织,生产过程中对纤维损伤小,抗疲劳性能优异	双轴向布中纤维是直的,在承受压缩载荷时,其受力点分布比较均匀,不会发生应力集中的现象,疲劳性能较好
工艺要求	铺覆中单向布可能出现劈叉现象,对铺覆工艺的操作要求较高;可以根据铺层方式进行流道设计,设计选择性较多	• 缝编织物采用涤纶纤维捆绑,通过调整线圈长度可控制织物松紧,适应不同的模具,特别是在复杂曲面模具上 • 树脂容易渗透,工艺时间短;流道选择性范围比单向布小
材料成本	低	高

基于试验实测值数据,建立了 CFRP 和结构胶材料卡片,为后续的 CAE 仿真分析提供输入,详见表 12-11 及表 12-12。

表 12-11 CFRP 材料卡片

序号	CFRP 材料参数	
1	密度/(g/cm^3)	1.53
2	体积分数(%)	51.3
3	0°拉伸强度/MPa	771.6
4	0°拉伸模量/GPa	63.9
5	泊松比 V12	0.06
6	90°拉伸强度/MPa	724.7
7	90°拉伸模量/GPa	64.2
8	0°压缩强度/MPa	490
9	0°压缩模量/GPa	63.7
10	90°压缩强度/MPa	490
11	90°压缩模量/GPa	63.7
12	面内剪切强度/MPa	77.78
13	面内剪切模量/GPa	5.05
14	层间剪切强度/MPa	39.4

表 12-12 结构胶材料卡片

序号	结构胶材料参数	
1	弹性模量/MPa	1184
2	密度/(g/cm^3)	1.28
3	泊松比	0.429
4	屈服应力/MPa	15
5	拉伸强度/MPa	22.2
6	剪切强度/MPa	13.3
7	拉断伸长率(%)	60

12.2.5 工艺设计

综合对比湿法模压成型（WCM）工艺，其原理、流程和主要特点如图 12-17 所示。WCM 工艺是先行在增强纤维上涂布一层能快速固化的树脂，使其进入纤维层内以减少纤维浸渍的时间，合模后加热加压进行固化，脱模得到复合材料制品。

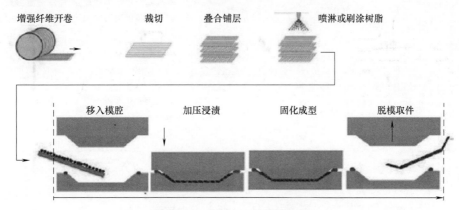

图 12-17 WCM 工艺简要流程

树脂传递模塑成型（RTM）工艺，其原理、流程和主要特点如图 12-18 所示。是一种用刚性闭合模具制造复合材料的技术，基本原理是在模具型腔中预先放置增强纤维，合模后在一定温度和压力下将树脂体系注入模具，浸渍增强纤维，然后固化成型，脱模得到复合材料制品。

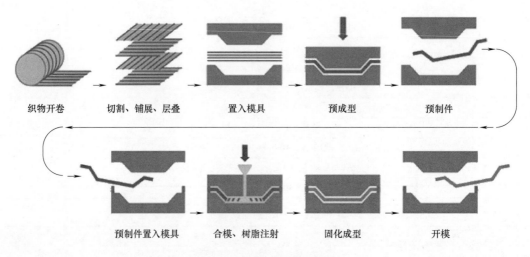

图 12-18 RTM 工艺简要流程

通过工艺对比（表 12-13），两种工艺均可成型中央通道加强板这类较简单结构的零件，而 WCM 工艺在成本、生产节拍等方面更适于汽车大批量生产的需求，所以选择采用 WCM 工艺。

WCM 工艺主要特点是：

1）成型过程需要加热。加热目的是使树脂降低黏度加速流动，充满模腔，并加速树脂基体材料的固化反应。

表 12-13 两种工艺对比

对比项	WCM 工艺	RTM 工艺
性能	较好	较好
表观质量	好	较好
适用结构	结构简单,产品 Z 向尺寸较小	形状复杂,可变截面
尺寸限制	受压机台面限制较大	对模具依赖性较大
适用材料	超低黏度树脂,连续纤维	低黏度树脂,连续或非连续纤维预制体
效率	高	较高
设备投资	较高	中等
生产周期	1~5min	5~60min
适用批量	大	较大
成本	中等	较高

2)树脂基体和增强纤维同时填满模腔各个部位。树脂充满模腔过程中,通过流动充分浸润增强纤维,同时带动纤维填满模腔的各个部位。

3)成型压力大。在合模过程中将充分挤压树脂渗透整个法向纤维层。

4)要求金属模具高强度、高精度和耐腐蚀,并要求用专用的热压机,严格控制固化成型温度、压力、保温时间等工艺参数。

12.2.6 结构设计

参照原钣金件的数模结构,结合 CFRP 材料、工艺特性,在安装方式和周边部件装配关系基本保持不变的基础上,重新对 CFRP 部件进行了结构优化设计,其结果如图 12-19 所示,主要变化有:

1)厚度由 1mm(钣金件)调整为 2.1~3.1mm(CFRP 件)。

2)消除典型冲压加强特征。

3)去除电泳孔,保留线缆过孔。

4)去除原金属小转角结构,增大圆角。

12.2.7 铺层设计

1. 性能目标设定

下面讨论以等刚度原则对 CFRP 结构进行铺层厚度优化设计,因此,需要对原钣金件进行刚度分析,为 CFRP 结构铺层优化提供性能指标输入。原钣金件模型如图 12-20 所示,材料性能见表 12-14,分析结果见表 12-15。

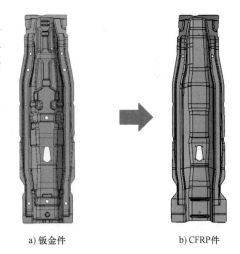

a) 钣金件　　　　　b) CFRP件

图 12-19 地板中央通道加强板 CFRP 数模

图 12-20 原钣金件地板中央通道加强板

表 12-14 原钣金材料性能

材料	密度/(g/mm³)	弹性模量/MPa	泊松比	屈服强度/MPa	疲劳强度/MPa	失效应变
HC340LA	7.8	210000	0.3	410	577	0.18

表 12-15 原钣金件地板中央通道加强板刚度分析结果

序号	项目	边界条件	加载	分析结果
1	轴向压缩	加强板前端固定支撑	在后端形心处抓取刚性单元,约束 Y、Z 方向平动自由度,载荷沿 X 负向,大小 10000N	X 负向位移 0.39mm
2	轴向拉伸	加强板前端固定支撑	在后端形心处抓取刚性单元,约束 Y、Z 方向平动自由度,载荷沿 X 正向,大小 10000N	X 正向位移 0.39mm
3	侧向弯曲	加强板前端固定支撑	在后端形心处抓取刚性单元,载荷沿 Y 轴正向,大小 1000N	Y 正向位移 4.2mm
4	垂向弯曲	加强板前端固定支撑	在后端形心处抓取刚性单元,载荷沿 Z 轴负向,大小 1000N	Z 负向位移 8.6mm
5	扭转	加强板前端固定支撑	在后端形心处抓取刚性单元,扭矩沿 X 轴正向,大小 100000N·mm	扭转角度为 1.558°

2. 铺层优化设计

CFRP 结构铺层优化主要是对各铺层角度的厚度进行优化,即可得到各角度的铺层比,进而得到结构总厚度,为铺层设计提供输入。为达到更好的减重效果,优化采用分区域不等厚方式,CFRP 结构分为上缘条、腹板、下缘条三个铺层区域,如图 12-21 所示。

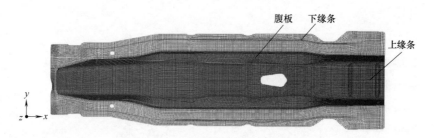

图 12-21 CFRP 结构初始铺层区域图示

利用 HyperWorks 软件中的 OptiStruct 模块进行 CFRP 结构尺寸优化(铺层厚度优化),以 X 向为 0°铺设方向,初始铺层定义为 [0,45] s,单层初始厚度均为 1.0mm,以单层厚度为优化变量,质量最小为优化目标,金属结构静力工况条件下的各位移量为约束条件,CFRP 结构采用壳单元模拟,单层双轴向布材料性能如表 12-16 所示。

表 12-16 单层双轴向布材料性能

序号	性能	指标
1	0°拉伸强度/MPa	771.6
2	0°拉伸模量/GPa	63.9
3	主泊松比 V12	0.06
4	90°拉伸强度/MPa	724.7
5	90°拉伸模量/GPa	64.2

(续)

序号	性能	指标
6	0°压缩强度/MPa	490.7
7	0°压缩模量/GPa	63.7
8	90°压缩强度/MPa	490.7
9	90°压缩模量/GPa	63.7
10	面内剪切强度/MPa	77.78
11	面内剪切模量/GPa	5.05
12	层间剪切强度/MPa	39.4
13	单层板密度/(t/mm³)	1.53e-9

经多次迭代优化，根据铺层设计原则，最终确定上缘条和腹板铺设8层，厚度为2.0mm；下缘条铺设12层，厚度为3.0mm，总重为3.70kg，减重率为53.6%，同时减少了丢层，更利于制造，铺层设计如表12-17及图12-22所示。

表12-17 CFRP结构最终铺层设计

样件铺层表(双轴向布)		
PLY	1	2
P001	0°/90°	0°/90°
P002	0°/90°	0°/90°
P003		0°/90°
P004	±45°	±45°
P005		0°/90°
P006	0°/90°	0°/90°
P007	0°/90°	0°/90°
P008		0°/90°
P009	±45°	±45°
P010		0°/90°
P011	0°/90°	0°/90°
P012	0°/90°	0°/90°
厚度	2.0mm	3.0mm

图12-22 CFRP结构最终铺层设计图示

12.2.8 性能分析

基于 CFRP 结构及铺层设计，采用 CAE 分析方法，分别对 CFRP 中央通道加强板零部件结构自由模态、刚度、力学性能，搭载车身总成级静刚度、静强度、动刚度、模态、整车碰撞安全性能进行分析，并与原钣金件中央通道加强板进行对比，分析结果显示相关性能指标均与原钣金件中央通道加强板相当，满足性能要求。

1. 零部件性能分析

采用 CAE 方法分别对 CFRP 中央通道加强板及原钣金件进行自由模态、刚度、强度分析，分析结果如表 12-18 所示，满足性能目标要求。

表 12-18 中央通道加强板结构性能对比

项目		CFRP 件		原钣金件	
		频率	振型	频率	振型
自由模态	第 7 阶	18.14Hz	整体扭转	13.01Hz	整体扭转
	第 8 阶	34.02Hz	垂向压塌	28.12Hz	垂向压塌
	第 9 阶	82.03Hz	前端局部模态	47.81Hz	前端局部模态
刚度	轴向压缩	相当			
	轴向拉伸	相当			
	侧向弯曲	相当			
	垂向弯曲	相当			
	扭转工况	相当			
强度	刚性墙挤压	相当			
	压弯工况	相当			

2. 车身总成级性能分析

通过仿真分析分别对车身总成搭载 CFRP 中央通道加强板及原钣金件进行性能验证，分析结果如表 12-19 所示，CFRP 中央通道加强板白车身模态、静刚度、静强度、TrimBody 接附点动刚度各项指标均与原钣金件相当，满足总成级性能要求。

表 12-19 车身总成级性能分析

分析项		车身总成搭载 CFRP 中央通道加强板			车身总成搭载原钣金件		
	方向	X 向	Y 向	Z 向	X 向	Y 向	Z 向
TrimBody 接附点动刚度/(N/mm)	排气系统第一吊钩右侧	25093.90	19164.70	3533.25	25230.60	19580.10	3507.14
	排气系统第一吊钩左侧	763.91	83.40	800.93	491.98	80.16	697.15
	排气系统第二吊钩	742.93	69.53	786.20	575.45	62.32	634.57
	排气系统第三吊钩	61.62	119.26	66.96	61.74	118.94	66.97
	排气系统第四吊钩	67.26	14.01	33.48	67.22	14.00	33.46
车身模态	一阶弯曲频率/Hz	相当					
	一阶扭转频率/Hz	相当					
车身静刚度	扭转刚度[N·m/(°)]	相当					
	弯曲刚度/(N/mm)	相当					
车身静强度	关重件	相当					

3. 整车碰撞安全性能分析

建立整车碰撞 CAE 模型,对整车搭载 CFRP 中央通道加强板的正面 40% 重叠可变形壁障、正面 100% 重叠刚性壁障、侧面 100% 重叠可变形壁障碰撞等工况进行碰撞安全仿真分析,正面碰撞分析结果如图 12-23 和表 12-20 所示,侧面碰撞分析结果如图 12-24 和表 12-21 所示,相关性能指标与原钣金件结构相当,满足碰撞安全性能要求。

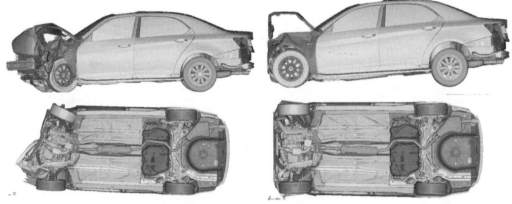

a) 正面40%重叠可变形壁障碰撞　　　　b) 正面100%重叠刚性壁障碰撞

图 12-23　整车搭载 CFRP 件正面碰撞分析结果

表 12-20　正面碰撞分析性能指标对比

工况	评价项目	B柱加速度/g	
		左	右
正面 40% 重叠可变形壁障碰撞	原钣金件结构	45.0	36.0
	搭载 CFRP 件	41.5	38.0
正面 100% 重叠刚性壁障碰撞	原钣金件结构	41.3	39.0
	搭载 CFRP 件	42.0	36.3

 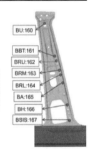

a) 侧视图　　　　b) 仰视图　　　　c) B柱考察点

图 12-24　整车搭载 CFRP 件侧面可变形壁障碰撞分析结果

表 12-21　侧面可变形壁障碰撞分析性能指标对比

B柱指标		BU	BBT	BRU	BRM	BRL	BA	BH	BSIS
侵入量 /mm	原钣金件结构	122	192	198	214	219	230	248	237
	搭载 CFRP 件	120	191	198	215	220	230	249	236
侵入速度 /(mm/ms)	原钣金件结构	3.7	5.2	5.4	5.8	5.9	6.3	6.8	6.5
	搭载 CFRP 件	3.7	5.2	5.4	5.8	6.0	6.3	6.8	6.5

注:B柱考察点见图 12-24c。

12.2.9 连接设计

CFRP 中央通道加强板与其下部 6 个钢质支架采用胶粘方式连接。由于这些支架受到的载荷较小，支架与加强板的贴合面面积较小，因此在贴合区域全部施胶。胶粘区域如图 12-25 所示（图中深蓝色面为胶粘面）。

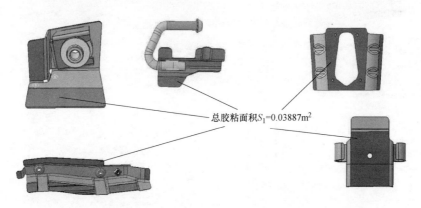

图 12-25　钢质支架与 CFRP 中央通道加强板胶粘区域（见彩图）

CFRP 中央通道加强板与钢质前地板采用胶粘加铆钉的混合方式连接。胶粘区域如图 12-26 所示（图中棕色面为胶粘面）。胶粘均采用聚氨酯结构胶，胶厚设计为 0.5mm。在工厂装配流水线上，不可能在装配时等待胶粘稳固后再进行后续组装，为了节省工序时间，需要用铆钉将刚胶合的零件紧固，使之能够在后续的组装过程中保证零件不会脱落，同时起到零组件定位的作用，确保了连接部位的强度和可靠性。

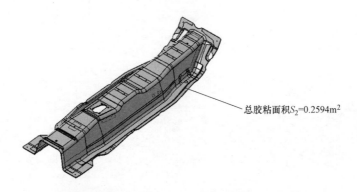

图 12-26　钢质前地板与 CFRP 中央通道加强板胶粘区域（见彩图）

CFRP 中央通道加强板由于尺寸较大，从装配稳定性和定位最优化考虑，选择采用两侧底部缘条各 3 颗、顶部 2 颗的 6 号抽芯铆钉进行布置。如图 12-27 所示，每 3 颗钉都能保证围成 1 个三角形（稳定性最强）。

12.2.10 总成分析

原钣金件中央通道加强板与周边部件的连接方式为焊接，其装配在焊装车间进行。CFRP 中央通道加强板总成不需过电泳，在总装线上采用胶粘+铆接方式装配到白车身的前

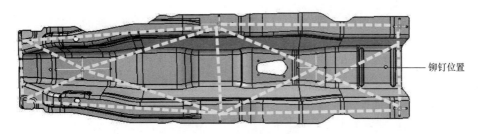

图 12-27 铆钉布置示意

地板总成上。装配流程如图 12-28 所示。

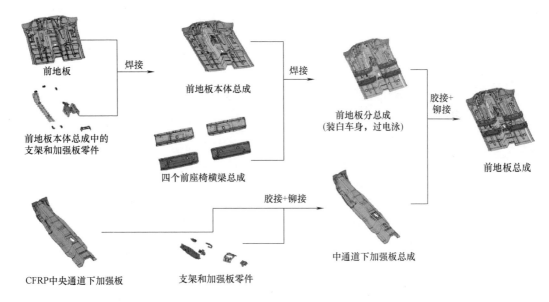

图 12-28 CFRP 地板中央通道加强板装配示意图

12.2.11 样件试制

采用湿法模压成型工艺，对 CFRP 中央通道加强板样件进行了试制。首批样件如图 12-29 所示。经验收，样件重量为 3.7kg，达到轻量化目标要求。样件表面光滑平整，无折叠、凹

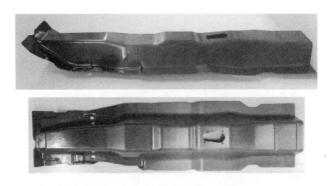

图 12-29 CFRP 中央通道加强板样件

陷、砸痕、裂纹等缺陷，符合外观要求。后续将进行车身前地板总成的装配，以验证尺寸公差；并进行高低温存放要求、湿热循环、耐温性、禁限用物质要求等性能试验。

12.2.12 小结

通过对CFRP中央通道加强板开发关键技术进行的研究，我们总结如下一些技术要点。

1）采用T70024K碳纤维双轴向布、快速固化环氧树脂，通过结构优化设计和铺层优化设计，采用湿法模压固化成型工艺，成功试制了CFRP中央通道加强板样件。

2）对CFRP中央通道加强板零部件结构自由模态、刚度、强度性能，搭载车身总成级静刚度、静强度、动刚度、模态性能，搭载整车碰撞安全性能等进行CAE分析，各项性能指标均与原钣金件结构相当，满足设计要求。

3）与原钣金件相比，CFRP中央通道加强板减重4.27kg，减重率为53.6%，达到了原先设定的轻量化指标要求。

4）对CFRP中央通道加强板与周边钢质部件的连接方式进行了全新设计，可满足整车制造装配要求。

综上所述，通过进行CFRP汽车零部件的应用开发，具有较强的推广意义。随着碳纤维原材料成本的下探和新成型工艺的不断改进，相信CFRP在汽车节能减排方面将发挥日益重要的作用。

参考文献

[1] 郭海艳. 汽车后车顶盖部件轻量化的研究 [J]. 汽车工艺与材料，2015（10）：46-48.
[2] 尚红波. 碳纤维_玻璃纤维复合增强塑料后车顶盖的制造技术 [J]. 汽车工艺与材料，2016（5）：1-3.
[3] 段瑛涛，栗娜. CFRP薄壁管件工艺及在汽车轻量化方面的应用 [R]. SAMPE中国2017年会国际学术会议，2017：692-701.
[4] 尚红波. 碳纤维复合材料在汽车车身轻量化中的应用研究 [J]. 中国塑料橡胶，2017（1）：73-74.
[5] 沈真，章怡宁，黎观生，等. 复合材料结构设计手册 [M]. 北京：航空工业出版社，2004.